협력의 원리

협력으로 집단지성 구현하기

권찬호

박영사

머리말

집단지성이라는 용어가 시대적 화두로 떠 오른 이후 상당한 기간이 지났다. 산재된 지식과 경험과 아이디어들을 모아 집단의 문제들을 해결하는 사례가 점점 더 많아지고 있다. 집단지성이 형성되는 과정의 핵심요소들은 몇 개로 나누어지지만 이를 합쳐서 표현하면 집단 내에서의 '상호작용과 협력' 그리고 '질서와 거버넌스'라고 할 수 있다. 이 책은 집단 속에서 구성원들이 협력을 통하여 질서를 만들고 집단지성을 구현하는 방법에 대한 논의이다.

인류는 살기 위하여 협력해 왔다. 우리가 누리는 문명과 문화는 협력과 질서의 산물이다. 진화생물학자 마틴 노왁(Martin Nowak)은 우리의 삶은 집단적인 기획에 의존한다고 하였다. 개인의 역량 못지않게 집단내의 협력이 중요하다는 뜻이다. 최근에 개인 전문가 또는 조직들이 집단지성 방식으로 협력하여 문제를 해결하는 혁신모델로 컬렉티브 임팩트(collective impact)란 조어도 등장하였다.

그렇다면 사람이나 집단은 이기심과 경쟁을 넘어 왜 그리고 어떻게 협력을 하는 것일까? 협력이 자기희생을 수반한다면 합리적인 행위로 설명할 수 있는 것일까?

'협력'은 집단 속의 개별 행위자들이 가진 능력과 구성원들의 다양성을 집단화하는 것을 말한다. 협력의 결과로 만들어지는 '질서'는 새로운 정보들이 모여 형성되는 집단의 형태를 말한다. 협력은 집단에서 문제해결을 위한 가장 중요한 단계로서 집단 내 구성원들 간의 상호작용 양상, 협력을 촉진하기 위한 원인, 조건, 방법 등이 관심의 대상이 된다. 질서는 무질서에서 질서로 가는 과정, 네트워크의 양상과 안정성, 질서를 형성하면서 새로운 창발을 만들어 내는지의 여부 등이 주된 연구 과제이다.

아울러 가상공간인 웹(web)에서의 협력 양상도 탐구할 것이다. 정보화 사회를 넘어 초연결 사회를 살고 있는 우리는 가상공간에서 정보재를 통해 이루어지는 협력이 어떤 모습인지 파악할 필요가 있기 때문이다.

협력을 위해서는 어떤 방식으로든지 조율이 필요하다. 그 방법은 각 개인이 스스로 자신의 행동을 조정하는 경우, 행위자들이 서로의 행동을 견제하면서 조율하는 경우, 외부의 권위가 행위자들의 선택을 일률적으로 통제하는 경우 등이 있다. 이 책에서는 조율 과정에서 작동하는 이타심, 공감, 연민 등의 도덕 감정의 발현, 상대 방과의 상호이행, 제도와 관행을 통한 강제 등을 연구할 것이다.

그 과정에서 혈연선택 이론, 자연선택에 의한 진화 이론, 집단선택 이론, 이기적 유전자 이론, 이타적반응 이론, 유전자-문화공진화 이론 등을 살펴보고, 합리성이 초래하는 사회적 딜레마를 풀기 위해 반복 게임이론에 기초한 직접적 상호성, 간접적 상호성 및 일반화된 상호성이론과 협력의 집단적 패턴으로서 공간선택에 기초한 네트워크이론을 검토할 것이다.

나아가 이 책은 사회과학적 입장에서 거버넌스의 형성과 그 유형 및 거버넌스 내부에서의 협력을 극대화하고 유지시켜 나가는 방법을 탐구할 것이다. 아울러 자연과학적 입장에서 구성원들의 분산된 행동이 집합적 목표를 향해 결합되는 자기조직화 과정과 복잡계에서의 질서를 중요하게 다룰 것이다. 인간행동의 기초는 자연과학의 원리에서부터 그 단초를 찾아야 한다고 보기 때문이다.

협력의 가치를 평가하는 사람들은 우리 인류가 풀어야 할 난제들인 지구적 재난이나 불치의 암이나 바이러스의 확산뿐 아니라, 경제의 위기나 전쟁 등 공유지를 둘러싼 비극을 해결할 수 있는 유일한 해법은 협력이라고 역설한다. 또한 학자들은 협력을 통해 질서가 형성되는 구조와 규칙을 파악하고, 무질서와 질서 간의 갈등과 변화를 연구하며 복잡한 체계, 즉 복잡계에서 작동하는 자기조직화 원리를 찾는 일은 어려운 문제들을 함께 해결하는 집단지성의 과제라고 주장한다.

이 책은 2018년도에 저자가 교육부 산하 한국연구재단의 지원을 받아 출판한 『집단지성의 이해』가 매진됨에 따라 그 책의 내용들 중에서 거시이론에 해당하는 부분들을 대폭 보완하여 출판하는 것이다. 미시이론에 해당하는 집단지성의 원리에 대한 내용을 구체적으로 알고 싶은 독자들은 저자의 『집단지성의 원리』(2022)를 읽어보기를 권한다.

독자 여러분들은 이 책을 읽고 집단 내·외부에서 협력을 통하여 집단지성을 창출하는 데 기여하는 안목을 갖게 되기를 바란다. 인류를 위한 지식은 공공재이므로 다수가 공유할수록 더욱 발전한다. 우리 사회 구성원들이 서로 협력하는 역량을 키워 집단지성의 수준이 높아지기를 기대한다.

권 찬 호

차 례

서 장
협력과 집단지성 —3

지구의 정복자 ··· 3

유인(Incentive)과 정보(Information) ···································· 5

협력의 정의 ·· 6

부산물적 협력 ··· 8

문화적 진화(Cultural Evolution) ·· 10

영리한 집단 ··· 12

사회적 정보 ··· 13

스티그머지 ·· 14

제도의 출현 ··· 15

하이어라키적 제도와 자연발생적 질서 ································· 16

응집성과 다양성 ·· 16

제1장
질서와 거버넌스의 이해 —19

1. 질 서 ··· 19

　질서의 기본 개념 _ 19

　자생적 질서와 인위적 질서 _ 20

　최적의 질서 찾기 _ 23

2. 거버넌스 ·· 25

　집단지성과 거버넌스 _ 25

　거버넌스의 등장 _ 28

　굿거버넌스(Good Governance) _ 29

제2장

질서(거버넌스)의 세 유형 — 32

1. 거버넌스의 이념형 분류 ·· 32
　세 가지 이념형 _ 32
2. 하이어라키 ··· 36
　하이어라키의 기본 개념과 기능 _ 36
　하이어라키의 네 가지 유형 _ 37
　하이어라키의 단점 _ 39
3. 헤테라키 ··· 40
　헤테라키의 기본 개념과 기능 _ 40
　헤테라키 기능의 재조명 _ 42
4. 아나키 ··· 43
　아나키의 기본 개념과 기능 _ 43
　무질서와 랜덤 _ 45
5. 아나키의 가격과 하이어라키의 그림자 ································ 47
　아나키의 가격 _ 47
　하이어라키의 그림자 _ 48

제3장

협력의 의의 — 51

1. 상호작용과 협력 ··· 51
　상호작용 _ 51
　협력이란 무엇인가 – 협력과 협업 _ 53
　상호주관성의 확보 _ 55
　부동의의 동의 _ 57
　경쟁과 협력, 비교하는 인간 – 엔트로피와 네겐트로피 _ 58
　협력의 역사 _ 60
　협력의 동기 _ 63

　　　협력자의 수 _ 68
　　2. 협력과 선택: 합리적 선택이론과 게임이론 ································· 70
　　　협력과 합리적 선택 _ 70
　　　합리적 선택이란 무엇인가 _ 72
　　　사람들은 합리적으로 행동하는가 _ 73
　　　전략적 합리성과 게임이론 _ 76

제4장

협력의 방법 — 78

　　1. 사회적 딜레마 ··· 78
　　　자연조화의 실패 _ 78
　　　사회적 딜레마 사례 _ 81
　　2. 협력의 방법들 ··· 83
　　　협력의 세 가지 유형 _ 83
　　　최후통첩 게임 _ 93
　　　독재자 게임 _ 94
　　　이기심과 이타심의 경계 _ 95
　　　공정성규범, 칸트주의, 공리주의 _ 98

제5장

네트워크와 협력 — 111

　　1. 네트워크와 공간적 구조 ··· 111
　　　상호이행과 공간적 구조 _ 111
　　　상호관계와 네트워크 _ 113
　　　네트워크의 의의 _ 114
　　2. 반복게임과 협력규범의 발생 ·· 115
　　　·반복게임의 효과 _ 115
　　　2인 죄수의 딜레마 반복게임 _ 116
　　3. 네트워크 구조와 협력 ··· 120

　　　　선택적 상호작용 _ 120

　　　　네 가지 네트워크 유형들 _ 121

제6장

웹(web) 공간에서의 협력 — 132

　　1. 웹 공간에서의 협력의 특징 ··· 134

　　　　가상공간의 특징들 _ 134

　　　　정보재의 특징들 _ 136

　　　　공공재의 무임승차 딜레마 _ 137

　　　　정보재와 협력의 동기 _ 139

　　2. 위키피디아의 사례 ·· 140

　　　　참여의 동기 _ 140

　　　　조정비용의 증가 _ 142

　　3. 웹에서의 공공재 게임 ··· 144

제7장

복잡계 이론과 협력 — 152

　　1. 복잡계와 자기조직화 ·· 153

　　　　개념의 다차원성 _ 153

　　　　구성요소들 간 상호작용과 예측가능성 _ 155

　　　　협력의 자기조직화 _ 160

　　　　스티그머지 _ 161

　　　　자기정렬 _ 163

　　　　공간적 분업 _ 163

　　　　시간적 분업 _ 164

　　　　집단화 _ 164

　　　　군집 행동의 원리들 _ 165

　　　　군집행동의 사례와 평가 _ 167

　　2. 행위자기반 모형 ··· 169

　　랜덤 행위자 모형 _ 170

　　최소행위자 모형 _ 171

　　복잡행위자 모형 _ 172

　　브라운 운동 　173

　　세포자동자 모형 _ 176

　　카오스 상태 _ 179

　　베르누이 사상 _ 180

　3. 집단화와 유형들 ··· 193

　　집단화 방법 _ 193

　　집단화 유형들 _ 195

제8장

협력의 미래 — 197

협력이론의 기초들 ·· 197

자연 선택(Natural Selection)과 협력의 진화 ············ 198

인간의 협력과 전역적 최적의 추구 ···················· 200

협력의 편익과 딜레마 ······································ 201

상호성과 호혜적 관계의 확장 ···························· 203

일반화된 상호성 ··· 205

사회적 휴리스틱(social heuristic) ······················ 207

결 론

협력으로 집단지성 구현하기 — 208

이타적 유전자 ·· 208

상호성과 이타성 ··· 210

협력의 양상, 여건과 지속 ································· 212

협력을 통해 지성으로 ····································· 214

협력의 유토피아를 위하여 ································ 215

부록1

집단지성 개념의 이해 — 218

집단지성의 개념 정의 ·· 218

집단과 지성의 의미 ·· 220

빅데이터와 집단지성 ·· 221

창발과 환원 ·· 222

왜 집단지성인가? ·· 224

집단지성 연구의 역사 ·· 225

집단지성 관련 연구 주제들 ·· 228

부록2

집단지성의 모형들 — 230

"More is Different" ·· 230

통계모형 ·· 231

인지모형 ·· 232

진화모형 ·· 234

유형별 특징 ·· 235

참고문헌 ·· 238

찾아보기 ·· 253

표 및 그림 차례

표

[서   장] 동물들의 사회적 행동 구분 ··· 6

[표 1-1] 질서의 유형(Hayek와 Elster) ··· 22

[표 1-2] 굿거버넌스의 지표들 ·· 31

[표 2-1] 거버넌스 이념형 분류 ·· 33

[표 2-2] 질서와 거버넌스의 세 가지 이념형 ······································ 35

[표 2-3] 죄수의 딜레마 게임 ·· 47

[표 3-1] 동기적 요인들에 관한 이론들 ·· 66

[표 3-2] 천재 모델과 네트워크 모델의 차이 ······································ 69

[표 4-1] 조화게임 ·· 79

[표 4-2] 죄수의 딜레마 게임(2) ·· 80

[표 5-1] 반복게임에서 가능한 전략 조합 ·· 117

[표 5-2] 반복게임의 보수 구조(가정) ··· 117

[표 5-3] 100회 반복게임 후 각 전략이 얻는 보수 ······························ 118

[표 5-4] 눈치우기 게임 ·· 127

[표 7-1] 복잡계의 여러 측면들 ·· 155

[표 7-2] 1차원 세포자동자의 진화규칙(예) ·· 178

[표 7-3] 1차원 세포자동자의 진화(예) ·· 179

[표 7-4] 죄수의 딜레마 게임(3) ·· 185

[표 7-5] 사슴사냥 게임 ·· 186

[표 7-6] 치킨게임 ··· 188

[표 7-7] 2인 게임의 딜레마 구조 비교 ··· 189

[표 8-1] 2×2 게임의 기본 모형 ·· 202

[부록 2-1] 통계적 집단지성과 협력적 집단지성의 비교 ····················· 237

그 림

[서   장] 다양성과 집단지성의 관계 ·· 18

[그림 1-1] 거버넌스의 용어 사용 빈도 ··· 30

[그림 2-1] 거버넌스의 등장 기간 비교 ··· 34

[그림 2-2] 하이어라키와 헤테라키의 구조 비교 ····················· 43

[그림 2-3] 라플라스의 유령 이미지(황지유 그림) ················· 46

[그림 2-4] '하이어라키의 그림자'와 협력 동기 ······················ 49

[그림 4-1] 반복게임 실험에서 협력의 빈도 ····························· 93

[그림 4-2] 참여자의 수에 따른 평균효용의 변화 ················· 99

[그림 5-1] 네트워크 유형과 연결 수 분포 ···························· 122

[그림 5-2] 네트워크 유형과 협력자 집단의 비율 ··············· 125

[그림 5-3] 눈치우기 게임 이미지 ·· 126

[그림 5-4] 네트워크에서의 협력의 진화 양상 ····················· 128

[그림 5-5] 네트워크 유형과 협력 수준 ································· 130

[그림 6-1] 위키피디아 활동의 구성 변화 ···························· 143

[그림 6-2] 편집내용 중 되돌림(revert)의 비중 변화 ·········· 144

[그림 6-3] 정보공공재의 특징 이미지(황지유 그림) ··········· 148

[그림 7-1] 창발 현상 이미지(황지온 그림) ························· 157

[그림 7-2] 기체 상태의 분자 활동 ·· 174

[그림 7-3] 폰 노이만 이웃과 무어 이웃 ······························ 177

[그림 7-4] 카오스가 나타나는 베르누이 사상 ····················· 182

[그림 7-5] 집단지성의 구성요소와 형성과정 ······················· 193

[그림 8-1] 국지적 최적과 전역적 최적 ································· 199

[부록 1-1] 집단지성의 개념 ·· 219

[부록 1-2] 개미 이미지(황지온 그림) ·································· 226

협력의 원리
-협력으로 집단지성 구현하기-

서 장   협력과 집단지성

제1장   질서와 거버넌스의 이해

제2장   질서(거버넌스)의 세 유형

제3장   협력의 의의

제4장   협력의 방법

제5장   네트워크와 협력

제6장   웹(web) 공간에서의 협력

제7장   복잡계 이론과 협력

제8장   협력의 미래

결 론   협력으로 집단지성 구현하기

부 록1   집단지성 개념의 이해

부 록2   집단지성의 모형들

협력과 집단지성

지구의 정복자

사회생물학의 창시자이자 개미 연구의 최고 권위자로 평가받는 에드워드 윌슨(E. Wilson)은 개미와 인간을 지구의 두 정복자라고 불렀다(Wilson, 2012). 개미를 인간과 같은 반열에 두는 것이 의아하게 여겨질지도 모르지만, 사실 개미는 인간보다 더 긴 역사와 더 많은 개체수를 자랑한다. 오랜 세월 동안 끈질기게 살아남았을 뿐 아니라 현재 지구상 최대의 개체 수를 자랑하고 있으니 인류와 어깨를 같이할 만하다. 베르나르 베르베르는 소설 "개미" 시리즈에서 '벨로캉'이라는 대규모 개미 제국을 묘사하면서 불개미들이 24만여 평의 규모에 64개의 분가 도시에서 지하 50층 지상 80층까지 1만5천여 개의 집을 소유하며 살고 있다고 하였다.

하지만 인간과 개미 사이에는 큰 차이점이 존재한다. 개미는 인간보다 훨씬

긴 진화 시간을 가졌다. 개미의 진화 기간은 대략 1억 3천만여 년, 그리고 인간의 역사는 대략 250만 년에 불과하다. 긴 진화 시간에도 불구하고 개미의 살아가는 방식은 1억 년 전이나 지금이나 대동소이하다. 여전히 페로몬(pheromone) 흔적으로 소통하고 흙으로 집을 짓는다. 반면 인간의 살아가는 방식은 계속 변화해 왔다. 더욱이 그 변화의 속도가 갈수록 빨라지고 있다. 농경사회에서 산업사회로 바뀌는 데 수천 년이 걸렸지만, 다시 수백 년 만에 산업사회에서 정보사회로 변신했다. 초연결사회(Hyper-connected Society)에 진입한 지금 앞으로 인간사회의 모습이 어떻게 바뀔지는 예상하기조차 쉽지 않다.

사회구성이 변화를 거듭하는 동안 인간은 엄청난 문명을 일구어왔다. 자연이 준 눈으로는 볼 수 없는 미시세계를 맨 밑바닥까지 샅샅이 들여다볼 수 있는 능력을 갖추었을 뿐 아니라, 위로는 수많은 별을 단순히 보는 것에 그치지 않고 탐사선을 계속 보내고 있으니, 조만간 인간을 우주의 정복자로 칭해도 무방한 때가 올 것 같기도 하다.

인간의 이 경이로운 진보를 어떻게 이해해야 할까? 다른 생명체에게서는 볼 수 없는 이 놀라운 능력은 어디에서 비롯된 것일까? 이 의문에 접근하는 가장 유력한 두 개의 키워드는 협력과 집단지성이다.

협력이 인류의 독특한 성공을 설명해주는 핵심어라는 점에 대해서는 생물학자 그리고 많은 사회과학자가 한목소리를 내고 있다. 진화생물학자 마틴 노왁(Nowak & Highfield, 2012)은 지구상의 모든 종을 통틀어 놀랍도록 다양한 협력의 메커니즘을 사용하는 것은 인간뿐이라는 점을 들어 인간을 초협력자(Supercooperators)라고 칭했다. 그래서 "인간 협력의 근접 근원과 궁극 근원을 이해하는 것이 모든 행동과학의 근본 쟁점"(Gächter & Herrmann, 2009: 791)이라는 언명에 이의를 제기하는 사람은 거의 없다.

협력의 연구 역사는 매우 길다. 멀리 플라톤과 아리스토텔레스 그리고 동양의 제자백가 등은 모두 부국강병의 방안에 대해 사색한 사람들이었다. 이후 비슷한 주제가 여러 언어, 여러 논리로 서술되었지만 관통하는 논지는 대부분 '협력의 확장'이라는 말로 귀착된다. 이에 비해 집단지성이란 말이 주목받기 시작한 것은 매우 최근의 일이다. 20세기 말부터 학술적 연구가 시작되었지만 대체로 21세기부터 꽃피우기 시작한 개념이다. 그런데 이 두 개념의 관계를 어떻게 이해해야 할까? 비슷한 말일까 아니면 전혀 다른 말일까?

유인(Incentive)과 정보(Information)[1]

집단지성과 협력은 모두 인간의 사회성(sociality) 때문에 생겨난 개념이다. 로빈슨 크루소처럼 혼자만 사는 세상에 협력이나 집단지성이라는 잣대를 들이대기는 어렵다. 사회 혹은 집단이란 둘 이상의 개인 또는 개체가 상호작용을 통해 연결된 체계를 가리킨다. 구성원들의 상호작용을 최적화함으로써 전체 체계의 성과를 극대화하는 방안을 찾으려는 것이 협력 그리고 집단지성 연구의 목적이다. 그러므로 두 개념의 관심사는 비슷하다.

어떤 집단이나 사회가 시너지를 잘 발휘하려면 구성원들의 행동을 친사회적으로 조향(操向)하는 것이 중요하다(이것을 '유인의 문제'라고 한다). 동시에 무엇이 좋은 선택인지를 판단할 수 있는 능력이 전제되어야 한다. 이 능력은 이미 주어져 있는 것이 아니다. 계속해서 변화하고 증감한다. 이 지식의 양을 얼마나 빨리 늘리는가가 집단의 성과를 좌우할 수도 있다(이것을 '정보의 문제'라고 한다).

협력에 관한 연구들은 대부분 유인의 문제에 초점을 둔다. 이에 비해 집단지성은 정보의 흐름을 문제 삼는다. 그러므로 협력과 집단지성은 인간의 사회성을 다룬다는 점에서 비슷하지만 주된 관심사가 각각 유인과 정보라는 점에서 구별된다.

유인의 문제와 정보의 문제가 서로 무관한 것은 아니다. 행위자 간 협력 수준이 높으면 정보의 흐름이 더 원활해질 수 있다. 또 사회 내 정보의 총량이 많을수록 협력의 효과가 커질 것이다. 하지만 연구단계에서는 이 둘을 함께

---

1) 협력의 문제와 관련하여 사용될 때 '유인'이란 이기적 동기에서 벗어나 이타적(친사회적) 동기에 따르도록 유도하는 것을 말한다. 보통 보상과 처벌이라는 기제가 거론되지만, 그 외 사회화를 통한 규범의 내면화 등도 고려된다. 협력에 관한 연구는 결국 유인 기제의 발견 또는 처방이라는 문제로 귀착된다. 미국 조지 메이슨 대학의 경제학자 피터 뷧키 (P. Boettke)와 피터 리슨(P. Leeson)은 하이에크의 사상과 케네스 애로의 사회선택 이론을 비교분석 하는 흥미로운 글에서 "모든 정치체계와 경제체계는 지식의 문제 (knowledge problems)와 함께 유인의 문제(incentive issues)와 대결해야 한다."라고 말한 바 있다(Boettke & Leeson, 2002). 여기서는 이후 논의와의 일관성을 위해 '지식' 대신 '정보'란 말을 썼다. 지식과 정보는 구분 없이 쓰이는 경우가 많다.

다루기가 어렵다. 그래서 협력 연구에서는 사회 내 정보의 양이 주어진 것으로 간주한다. 정보를 상수로 취급함으로써 오직 유인의 문제만을 논의 대상으로 삼는다. 반면 집단지성 연구들은 대개 유인의 문제를 주어진 것으로 다루고 정보의 품질이나 총량만을 논의의 과제로 삼는다(Boettke & Leeson, 2002).

협력과 집단지성이 이처럼 밀접하게 얽혀있다면 우리는 협력의 수준이 집단지성의 품질에 어떤 영향을 주는지, 그리고 집단지성의 수준이 협력 가능성에 어떻게 작용하는지를 알아볼 필요가 있다. 이 문제의식을 전면에 내세우는 연구는 그리 많지 않다. 먼저 협력과 집단지성이란 말이 어떻게 정의될 수 있는지를 서술함으로써 본문의 내용을 이해하는 데 도움을 주고자 한다.

협력의 정의

협력이란 말이 자주 사용되고 있긴 하지만 그것이 무엇을 뜻하는지는 그리 분명하지 않다. 이타주의, 호혜주의, 상호주의 등이 협력과 동의어로 사용되는가 하면, 조정(coordination), 협업(collaboration) 등이 협력(cooperation)이란 말과 구분 없이 쓰이기도 한다. 더욱이 경쟁과 협력의 관계도 모호하다. 종종 협력과 더불어 경쟁을 사회발전의 주요 동력으로 간주하기도 한다.

이 문제에 대해 영국 에든버러 대학의 생물학자 스튜어트 웨스트(Stuart. A. West) 등은 협력의 문제 연구와 관련하여 발생하는 의미상의 혼란을 줄이기 위해 협력과 그 유사 용어들을 아래 표와 같이 구분해서 쓸 것을 제안한 바 있다.

구분	수혜자에 대한 효과	
행위자에 대한 효과	+	−
+	상호편익(mutual benefit)	이기주의(selfishness)
−	이타주의(altruism)	저주(spite)

자료: West et al.(2006: 418).

[표] 동물들의 사회적 행동 구분

진화생물학에서 협력의 문제는 한 개체의 행동이 자신은 물론 다른 개체의 적합도(fitness)에도 영향을 줄 때 발생한다. 그 영향 관계는 크게 4가지 경우로 나누어 볼 수 있다. 위 표에서 보듯이 (1) 나의 적합도와 상대의 적합도를 둘 다 증가시키는 경우, (2) 나의 적합도만 높이고 상대의 적합도는 낮추는 경우, (3) 나의 적합도는 낮추고 상대의 적합도를 높여주는 경우, (4) 나와 상대의 적합도를 모두 낮추는 경우로 나뉜다. 웨스트 등은 (1)을 '상호편익(mutual benefit)', (2)를 '이기성(selfishness)', (3)을 '이타주의(altruism)', (4)를 '저주(spite)'로 칭하자고 제안한다.

이 넷 중 '협력(Cooperation)'은 어디에 해당하는가? 우선 (1)과 (2) 즉 상호편익과 이타주의를 모두 포함하는 말로 사용하는 것을 생각해 볼 수 있다. 그래서 협력은 "상대에게 편익을 주되 자신에게는 편익을 줄 수도 있고 비용만 부과할 수도 있는" 행동으로 정의된다. 하지만 이 정의는 의도치 않은 협력도 포함될 수 있다는 점에서 문제가 있다. 예컨대 코끼리가 배설하면 딱정벌레가 편익을 얻는다(경제학에서는 이런 것을 외부성이라 부른다). 이런 행위도 협력이라고 할 수 있을까? 그래서 "상대에게 편익이 간다는 이유로 [의도적으로] 선택한 행동"만을 협력이라 칭하는 것이 적절하다고 웨스트 등은 결론짓는다.

한편 사회과학자들이 사용하는 '협력'에는 넓은 정의와 좁은 정의가 있다(Richerson et al., 2002: 374). 넓은 정의는 위 웨스트 등이 논한 협력 개념과 거의 같다. 둘 이상의 개인들 사이에서 일어나는 모든 형태의 호혜적 및 이타적인 공동행동이 협력으로 지칭된다. 반면 좁은 정의는 딜레마가 존재하는 상황만을 가리킨다. 협력의 딜레마는 배반했을 때의 보수가 협력했을 때의 보수보다 더 클 때 발생한다. 그래서 개인으로서는 배반을 택하는 것이 현명하지만 그런 행위는 전체 집단에 손해를 입힌다. 전체 집단의 총 이득이 줄어들면 결국 자신도 피해를 보게 된다. 그러므로 장기적으로는 보면 배반이 좋은 선택이 아니게 된다.

이처럼 개인 이익과 집단 이익, 단기적 이익과 장기적 이익 사이에 갈등이 존재하는 상황을 가리켜 '협력의 딜레마'라고 한다. 게임이론으로 보면 죄수의 딜레마 상황이 그 전형적인 예이지만, 다른 유형의 딜레마도 여럿 있다. 사회과학에서는 이런 상황을 가리켜 '집합행동의 문제', '무임승차의 문제' 등으로 부르기도 한다. 위 표에서는 '이타주의'가 대략 여기에 해당한다(Ibid). 협력의 딜레마에 대해서는 본문에서 상세히 다룰 것이다.

부산물적 협력

인간사회의 협력을 다루기 전에 먼저 동물 세계에서의 협력을 살펴보자. 진화생물학자들의 주요 관심사 중의 하나인 동물들의 협력은 인간사회 협력의 기원이라는 점에서, 그리고 인간과 다른 동물들의 협력이 어떻게 다른지를 알게 해 준다는 점에서 중요하다.

생물학자들이 열거하는 동물 세계의 협력 메커니즘은 수리 생물학자인 마틴 노왁(M. Nowak)이 잘 정리했듯이 대체로 다섯 가지로 요약할 수 있다. 혈연선택(Kin Selection), 직접적 상호성(Direct Reciprocity), 간접적 상호성(Indirect Reciprocity), 네트워크 상호성(Network Reciprocity), 그리고 집단선택(Group Selection)이 그것이다.[2] 미국의 진화생물학자 리 듀갓킨(L. Dugatkin)은 노왁의 분류를 혈연선택, 상호성, 집단선택으로 압축하고 여기에 "부산물적 호혜주의(By-product Mutualism)"를 주요 범주로 넣는다(Dugatkin et al., 1996).

이들 내용은 본문에서 검토되지만, 여기서 우리는 부산물적 호혜주의에 주목할 필요가 있다. 부산물적 호혜주의란 자신의 이익 극대화를 위한 노력이 결과적으로 집단 전체의 이익을 증가시키는 경우를 가리킨다. 예컨대 물고기가 떼를 짓는 것은 다른 포식자가 침입하는 것을 막기 위한 수단인 경우가 많다. 하지만 물고기들이 전체에 협력하겠다는 의도로 무리에 합류하는 것은 아니다. 자신의 안전을 지키기 위한 노력이 무리에 합류하는 행위로 이어진 것이다. 즉 안전이라는 자기 이익을 위한 행동이 결과적으로 무리에 힘을 보탠 것이다.

이것은 보초 서는 미어캣이나 소리를 질러 적의 침입을 동료들에게 알리는 몇몇 동물들의 행동과는 다르다. 미어캣이나 다른 동물들의 소리를 내는 행동은 포식자에게 먼저 당할 위험을 감수해야 한다. 그러므로 자기희생의 가능성이 전제된 협력이다. 하지만 물고기들이 무리에 들어가는 것은 자기 안전을 지키기 위한 것이다. 즉 자기 이익과 전체이익 사이에 갈등이 없다.

---

2) 각 메커니즘의 의미에 대해서는 Nowak(2011) 참조

인간사회에도 이런 부산물적 호혜주의 행동이 매우 많다. 어떤 마을에 외적이 침입했을 때, 혼자 도망치려고 하면 오히려 먼저 발각되어 피해자가 될 가능성이 크다. 이러면 남이 어떤 행동을 하는지와 상관없이 자신은 열심히 싸울 수밖에 없다. 마을 사람 모두가 그렇게 행동하면 외적의 침입을 막을 수도 있을 것이다. 하지만 각 개인이 마을을 위해 협력하자는 마음으로 함께 싸운 것이 아니다. 자신을 지키기 위해 죽기 살기로 싸우다 보니 자연히 마을 전체에 힘을 보탠 것이다.

인간사회에서 일어나는 협력 중에서 이런 부산물적 협력이 얼마나 많을까? 추측건대 매우 큰 비중을 차지할 것 같다. 애덤 스미스는 빵 만드는 사람이나 푸줏간의 주인이 밤낮없이 열심히 자기 이익을 위해 일하지만, 그것이 결국 사회 전체의 후생을 증진하게 만든다는 점을 지적했다. 그러므로 이 '보이지 않는 손' 원리도 결국 부산물적 호혜주의의 한 형태로 볼 수 있다. 앞에서 우리는 경쟁과 협력의 관계가 모호함을 지적했다. 이제 부산물적 호혜주의라는 렌즈로 바라보면 경쟁이 곧 협력이 될 수도 있다. 그러므로 우리는 경쟁을 협력의 한 가지 유형으로 이해할 여지를 갖게 된다.

사람들 사이 협력은 부산물적 호혜주의가 매우 많은 부분을 차지한다. 다만 이 자연 조화의 원리가 가끔 작동하지 않는 경우가 있는데, 그것이 바로 협력의 딜레마이다. 그러므로 협력에 관한 학자들의 연구는 협력 현상 전체를 다루는 것이 아니라 문제시되는 극히 일부분만 다루고 있음을 알 수 있다. 사회 전체에서 일어나는 협력을 빙산이라고 한다면 이론적으로 문제 삼는 부분은 그 일각이고, 나머지 대부분은 이런바 부산물적 호혜주의에 해당하는 협력임을 알 수 있다. 게임이론에서는 이런 상황을 조화게임(harmony game)으로 분류한다(Helbing, 2009). 조화게임에서는 협력이 우월전략이므로 협력이 저절로 발생한다.

부산물적 협력은 집단지성 문제와 관련성이 높다. 집단지성의 많은 부분이 이 조화게임 상황에 의존하고 있기 때문이다. 예컨대 구글 검색의 페이지랭크(PageRank)나 리캡차(reCAPTCHA) 알고리즘의 경우 각자 자신의 목적을 위해 검색하고 리캡차에 타이핑할 뿐이다. 그 데이터들이 가공됨으로써 신속한 검색이나 문자인식 기술의 발전과 같은 보편이익에 이바지하는 것이다. 갤턴의

황소 무게 맞추기나 병 속의 사탕 개수 맞추기 등에서도 가장 정확한 답을 내겠다는 이기적 노력이 결과적으로 집단적 정확성을 높이는 데 이바지한다.[3]

문화적 진화(Cultural Evolution)

부산물적 협력(조화게임)이 인간 사이 상호작용의 많은 부분을 차지하기는 하지만, 그것에서 사람과 동물의 결정적 차이를 찾기는 어렵다. 동물 세계에서도 이런 유형의 협력이 자주 발견되기 때문이다. 그러므로 인간 문명의 비상한 발전을 설명하려면 다른 요인을 찾아야 한다.

인간사회 협력의 중요한 특징 중의 하나는 협력의 딜레마를 극복하는 기술이 매우 발달했다는 점이다. 규범이나 법률과 같은 제도의 확립이 그 대표적인 예이다. 사실 협력의 딜레마를 극복하는 가장 명쾌한 방법은 강제적 보상과 처벌을 할 수 있는 중앙권위를 창설하는 것이다. 수많은 동물 중에서 국가라는 제도를 만들고 그것을 효과적으로 사용해 온 것은 인간이 유일하다. 여기서 유의할 점은 인간이 처음부터 국가 생활을 해 온 것은 아니라는 사실이다. 250만 년이라는 인류의 긴 진화 역사에서 국가 속에서 살기 시작한 것은 극히 최근의 일일 뿐이다. 그러므로 국가를 만들 줄 아는 능력이 처음부터 유전자 속에 입력되어 있었다고 보기는 어렵다. 유전자가 아니라면 국가와 법률, 관습과 규범 등을 만들 줄 아는 능력은 어디서 유래했나?

피터 리처슨(P. Richerson), 로버트 보이드(R. Boyd), 그리고 조셉 헨리히(J. Henrich)는 각각 미국의 생물학자, 인류학자, 경제학자이다. 이들은 제도를 만들 줄 아는 능력이 자연이 준 유전자에서 비롯된 것이 아니라 문화의 진화 동학 때문이라고 주장한다. 인간사회 발전의 일차적 원인은 사회성(사회를 이루고 산다)이지만 사회생활을 한다는 것만으로는 인간 진화의 특징을 설명할 수 없다. 사회생활에서 집단의 힘을 끌어내는 기술 즉 협력의 기술을 발전시켜 온 것이 중요 원인이다. 그러면 왜 인간만이 협력의 기술을 비상히 발전시킬 수 있었을까? 리처슨과 보이드는 그 비밀이 문화라고 본다(Richerson, et al., 2003).

문화란 뭘까? 문화는 정의하기가 극히 까다롭기로 정평이 나 있는 단어다. 리처슨 등은 문화를 "모방이나 학습을 통해 획득한, 개인의 두뇌(또는 책이나 다

---

3) 이들 집단지성 사례들은 저자의 『집단지성의 원리』(2022) 참조

른 매체) 속에 저장된 정보"(Ibid.)라고 정의한다. 이 말의 의미는 다음과 같다. 사람이 태어날 때는 규범이나 문제해결에 관한 지식을 가지고 있지 않다. 하지만 태어나 자라면서 규범을 배우고 법률에 따르는 것이 올바른 행동이라고 배운다. 물론 이 규범이나 지식이 고정된 것은 아니다. 예컨대 100여 년 전 한국 사람들은 머리에 상투를 트는 것이 당연하다는 정보를 전승받으며 살아왔다. 하지만 여러 시행착오를 거쳐서 단발하는 것이 더 나은 규범임을 배우게 되었다. 이것이 바로 "모방과 학습"이다.

사람들 머릿속에 들어있는 지식은 이처럼 타인에 대한 모방과 학습을 통해 습득한 것이 대부분이다. 왜 타 집단의 규범을 모방하고 배울까? 그것은 집단 간 경쟁 때문이다. 만일 다른 나라에서 전기를 생산하여 전차를 굴리는데 우리나라만 그것을 귀신불이라 하여 배척한다면 국가 간 경쟁에서 도태될 것이다. 기업 간의 경쟁도 마찬가지다. 그러므로 모방과 학습은 경쟁에서 살아남기 위한 불가피한 선택이다(모방과 학습의 대상이 되는 정보 단위를 밈(Meme)이라고 부르기도 한다). 이 문화 간 경쟁을 통해 협력의 제도가 점차 발전해 왔다는 것이 리처슨 등의 주장이다.

문화진화론은 협력에 대한 '유전자-문화 공진화(gene-culture coevolution)' 이론으로 불리기도 한다(op. cit.; Richerson & Boyd, 2008). 인간은 태어날 때부터 다른 동물들보다 더 많은 협력의 성향을 가진 것으로 추측되고 있다. 공공재 게임 등 여러 실험이 그것을 뒷받침해 주고 있다. 하지만 이 선천적 협력 성향으로 인간의 모든 협력을 설명할 수는 없다. 제도의 진화가 그 나머지 부분을 설명해주는 변수이다. 그러나 제도는 금방 변하지 않는다. 개인 간 경쟁(개인선택), 집단 간 경쟁(집단선택)을 통해 장기간에 걸쳐 진화할 뿐이다. 문화진화론은 이처럼 제도의 장기적 변화를 설명하기 위한 장치이다. 유전자-문화 공진화론은 유전적 요인으로 인간사회 협력을 전부 환원시켜야 직성이 풀리는 생물학자들, 특히 윌슨으로 대표되는 사회생물학자들에 대한 반론이다. 그래서 리처슨과 보이드가 공저한 2005년의 책 제목이 『유전자만이 아니다(*Not by Genes Alone*)』이다.

영리한 집단

이제 집단지성에 관해 이야기해 보자. 협력이란 말과 마찬가지로 '집단지성' 이란 용어도 정의하기가 매우 까다롭다. 그 이유는 집단지성의 존재 양식이 매우 다양하기 때문이다. 넓은 의미로 본다면 집단지성은 "집단이 발휘하는 문제해결 능력"을 가리킨다. 지성이 "문제해결 능력"으로 정의될 수 있기 때문 이다. 좀 더 범위를 좁힌다면 "집단이 임의의 구성원 개인보다도 더 뛰어난 문 제해결 능력을 발휘할 때"만을 가리키는 것으로 한정할 수도 있다. 하지만 집 단지성 연구에서는 넓은 정의와 좁은 정의를 애써 나눌 필요가 적다. 왜냐하 면 개인보다 집단의 문제해결 능력이 더 크다는 것은 쉽게 수긍할 수 있는 통 념이기 때문이다. 그래서 주된 과제는 어떻게 집단지성을 끌어내느냐가 된다.

앞에서 언급했듯이 집단지성의 연구 초점은 정보의 흐름이다. 정보란 무엇 일까? 지식, 데이터와는 얼마나 다를까? 정보의 일상적 의미는 비교적 분명하 다. 정보란 소통되는 것이다. 다시 말해 행위자 간 의사소통을 통해 교환될 수 있는 것이 정보이다. 그러나 우리는 가끔 데이터와 정보 그리고 지식을 구분 해서 사용하는 것이 필요한 때가 있다. 그래야 더 정확한 서술이 가능해지기 때문이다. 데이터는 우리가 감각기관이나 다른 경로를 통해 입수하게 되는 자 료이다. 이 데이터를 자신의 목적에 맞게 정리, 분석, 가공했을 때 그것을 정 보라고 부른다. 그러므로 정보란 "의미가 있도록 처리된 데이터"(Floridi, 2010) 라고 말할 수 있다. 특별한 가공 절차가 필요하지 않은 데이터는 그 자체가 정 보가 된다. 한편 지식은 행동의 지침이 될 수 있는 형태로 머릿속에 입력된 정 보를 가리킨다. 정보가 특별한 학습의 과정 없이 기존의 지식을 갱신하거나 부가시킬 수 있다면 그 정보는 곧 지식이 된다. 이처럼 데이터, 정보, 지식의 경계는 희미하다. 그래서 자주 혼용해서 쓰기도 한다. 여기서는 정보와 지식을 구분 없이 사용할 것이다.

사회적 정보

집단이 개인보다 더 큰 문제해결 능력을 갖추는 이유는 무엇일까? 그 가장 큰 이유는 우리가 획득하는 지식 또는 정보 대부분이 타인과의 접촉을 통해 얻어지기 때문이다. 집단지성의 대표적 연구자 중의 일인인 토마스 맬런(T. Malone)은 어떤 현대인이 타임머신을 타고 4만 5천여 년 전의 아프리카 열대 우림으로 들어가는 사고실험을 해보자고 말한다. 그가 지금 알고 있는 지식 그대로를 가지고 있다고 하더라도 열대우림의 낯선 환경에 맞설 지식을 혼자 서는 만들기 어려울 것이고, 그래서 결국 그는 사자의 점심밥이 될 확률이 높 다(Malone, 2018). 그러나 만약 여러 명이 함께 있었다면 사자의 먹이가 되는 최악의 상황을 면할 가능성이 크다. 왜냐하면 각자 가진 지식을 동원하여 새 로운 환경에 적응하는 방법을 찾을 것이고 그 지식이 모두에게 공유될 것이기 때문이다. 게다가 머리를 맞대고 새로운 지식을 조금씩 만들어 낼지도 모른다.

이처럼 타인으로부터 얻는 정보를 가리켜 '사회적 정보(social information)'라 부른다. 보통 사회적 정보란 말은 크게 두 가지 의미로 사용되고 있다. 첫째는 타인에 관한 정보를 가리키는 말로 쓰인다. 즉, 사회적 적응에 필요한 타인에 관한 여러 가지 정보를 뜻한다. 둘째, 타인으로부터 얻는 정보를 가리키는 말 로 쓰이기도 한다. 집단지성 연구에서는 두 번째 의미가 더 중요하다.

우리는 살아가면서 정보 대부분을 타인으로부터 얻는다. 그것도 거의 공짜 로 말이다. 한라산이나 지리산이나 설악산 정상을 오를 때 어느 코스가 바람 직한지, 어느 음식점 요리가 맛있는지, 누구의 가게가 더 친절한지, 어느 제품 이 더 좋은지, 수도꼭지가 얼었을 때 어떻게 대처해야 하는지, 커피를 얼마나 자주 마시는 것이 건강에 좋은지, 어느 사이트가 가 볼 만한지 등등 우리의 일 상 행동의 많은 부분은 타인으로부터 얻는 정보에 기초해서 이루어진다. 이런 사회적 정보 취득은 적극적으로 이루어질 수도 있고(예컨대 누구에게 조언을 구한 다 등), 소극적으로 이루어질 수도 있다(타인의 행동에 대한 관찰, 타인이 남긴 흔적 의 발견 등). 그뿐만 아니다. 도서관에서 책을 읽는다면 책이라는 매개체를 통 해서 타인의 지식을 흡수하는 것이다. 이런 것들을 가리켜 사회적 정보 또는 사회적 학습(Social Learning)이라고 한다.

스티그머지

사회적 정보는 집단지성의 가장 큰 부분을 차지한다. 동물 중에서 사회적 정보 메커니즘을 가장 잘 활용하는 예로는 개미를 들 수 있다. 널리 알려져 있듯이 개미들의 집단생활은 페로몬 흔적을 이용한 협업 즉 스티그머지(Stigmergy)에 대부분 의존하고 있다. 그렇지만 스티그머지 메커니즘이 개미의 전유물은 아니다. 일부 연구자들은 인간의 대량협업 역시 대부분 스티그머지적 지성(stigmergic intelligence)을 통해서 이루어진다고 주장한다(Parunak, 2005; Heylighen, 2016a; Heylighen, 2016b; Elliott, 2007).

하버드 대학의 컴퓨터학자인 반 다이크 파루낙(H. Van Dyke Parunak)은 인간사회에서 스티그머지적이지 않은 제도를 찾기 어려울 정도로 이 메커니즘이 만연해 있다고 말하기도 한다. 특히 네트워크의 확산으로 인해 웹에서의 행동을 중앙통제하기가 극히 어려워진 것을 그 주요 이유로 들고 있다. 예컨대 위키피디아의 경우를 보자. 유저들에게 이런 글을 쓰라든가 저런 글을 고쳐라든가 등을 아무도 지시하기가 어렵다. 그저 타인이 남긴 글을 기초로 자기 행동의 정할 뿐이다. 시장 행위자들도 마찬가지다. 어떤 한 소비자가 특정 상품의 가격을 올리거나 내릴 수 없다. 그는 그저 가격을 기준으로 상품을 살지 말지만을 결정한다. 하지만 여러 소비자의 선택이 취합됨으로써 가격은 변동한다. 다시 말해 소비자들은 다른 구매자들의 거래 흔적에 기초해서 자신의 선택을 결정하는 것이다. 이런 스티그머지적 행동을 통해 위키피디아나 시장가격 등의 집단지성이 출현한다.

그래서 (1) 타인의 행동 결과가 환경에 흔적을 남기고, (2) 그 흔적 정보에 기초해서 다른 행위자들이 행동을 정하며, (3) 여러 행동이 취합되어 체계 수준에서 새로운 창발적 결과가 출현한다면 이 과정들은 모두 스티그머지적 집단지성이라고 부를 수 있다. 그러므로 스티그머지 개념은 그 적용 범위가 매우 넓다. 스티그머지에 대해서는 본문에서 다시 다루겠지만, 이 현상은 앞으로 집단지성 연구자들이 더 많이 관심을 가져야 할 분야가 아닌가 싶다.

제도의 출현

스티그머지적 집단지성은 중앙통제가 없는 아나키(anarchy) 상황을 전제로 한다. 하지만 이 아나키에 기초한 시스템만으로는 대규모의 집단지성을 만들어 내기 어렵다. 인간이 다른 동물들과 나뉘는 지점이 바로 이 아나키로부터의 탈출이다. 앞서 언급했듯이 인간은 제도를 사용할 줄 안다는 점에서 다른 동물들과 구분된다. 직립, 도구의 사용, 언어의 사용 등이 인간종의 특징으로 자주 거론되지만, 제도의 사용도 인간 진화의 도약 단계 중의 하나로 간주할 수 있을 것이다.

협력의 딜레마를 해결하기 위해 도입된 대표적인 제도가 하이어라키(hierarchy)이다. 하이어라키는 역사가 기록되기 시작된 이래 인간사회를 지탱해 온 주요 주춧돌 중의 하나였다(Diefenbach, 2013). 사람들이 왜 자신의 자유를 구속할 수 있는 중앙권위를 창설하게 되었을까? 인류학자들은 그 가장 큰 이유로 사회 규모의 확대를 든다. 사회 규모가 커지면 복잡성이 증대한다. 이 늘어난 복잡성을 다룰 능력을 상실하는 순간 그 집단은 해체될 수밖에 없다.

하이어라키 제도의 발생을 복잡성 문제와 연관을 짓는 대표적인 학자가 허버트 사이먼이다. 사이먼은 복잡체계에서 하이어라키의 불가피성을 아주 분명하게 주장한다. 그에 따르면 복잡체계에서 하이어라키의 발생은 우연이 아니다. 그것은 복잡체계가 자기 정체성을 유지하려 할 때 나타나는 본질적 경향의 하나라는 것이다(Simon, 1962). 핀란드의 수학자 올린 아흐마바라(A. Aulin-Ahmavaara)는 사이먼의 이 논의를 사이버네틱스 이론과 결합해 "필수 하이어라키 법칙(The Law of Requisite Hierarchy)"으로 정식화하기도 했다 (1979). 실제로 기업과 같이 생존에 예민한 집단들은 대부분 위계적 조직을 채택하고 있다. 캐나다의 정신분석가이자 사회과학자인 엘리엇 자끄스(E. Jaques)는 기업에서 관료제 조직이 등장한 것은 우연이 아니며, 기업이 많은 사람을 고용하면서도 그 책임성을 모호하지 않게 할 수 있는 유일한 조직방식이기 때문이라고 주장한 바도 있다(Jaques, 1991). 제도, 질서, 거버넌스, 하이어라키 등에 관해서는 본문에서 다시 다룰 것이다.

하이어라키적 제도와 자연발생적 질서

이제 협력과 집단지성의 관계에 대해서 살펴보자. 협력과 집단지성의 접점은 정보이다. 경제학을 유인이 아니라 정보의 관점에서 다룬 대표적 학자는 하이에크이다. 그러므로 그를 최초의 집단지성 연구자라고 해도 무방하다.

하이에크는 질서의 자연발생을 중시한 사람으로 잘 알려져 있다. 그 내용은 본문의 질서 부분에서 다룬다. 그는 왜 하이어라키와 같은 제도가 아니라 자연발생적 질서를 더 강조했을까? 협력의 확대라는 관점에서만 보면 사려 깊게 고안된 계획된 질서가 더 효과적일 가능성이 크다. 하지만 하이에크가 보는 기준은 협력 가능성이 아니라 지식의 확장 가능성이다. 다시 말해 질서를 단순히 협력의 증진이라는 관점에서만 보아서는 안 되며, 정보의 생산과 유통 그리고 그로 인한 사회 내 지식의 총량 증가를 고려해야 한다고 생각했기 때문이다. 하이어라키가 협력의 딜레마를 해소하는 데는 좋지만, 그것이 사회 내 지식의 동원과 축적을 가로막지 않도록 해야 한다는 것이 그의 주된 논지이다

하이에크가 제도의 중요성을 간과한 것은 아니다. 다만 그는 제도가 인위적 설계에 의해서가 아니라 문화의 진화와 같은 자연적 조정 과정을 통해서 만들어지고 바뀌어 가야 한다고 보았다. 하이에크가 이처럼 인위적 개입을 경계한 것은 사회의 복잡성 때문이다. '복잡성'은 용어 자체에 이미 "인간이 이성으로 해결하기 어려운 속성"이라는 뜻을 내포하고 있다. 그러므로 하이에크가 비판하는 인위적 개입은 그 정의상 인간의 이성이 해결하기 어려운 문제를 인간의 이성으로 해결하려 하는 무모한 시도가 될 수밖에 없다.

응집성과 다양성

사이먼은 복잡성이 증가하는 체계에서 하이어라키의 등장은 필연적이라고 주장한다. 반면 하이에크는 사회의 복잡성이 증가할수록 하이어라키와 같이 인위적 개입이 늘어나는 제도를 피해야 한다고 말한다. 누구의 견해가 옳을까?

사이먼은 체계를 구성하는 요소 간의 일사불란한 협력을 중시했다. 다시 말해 체계의 통합성과 정체성의 유지를 우선적 가치로 보았다. 반면 하이에크는

사회가 활용할 수 있는 정보가 극대화되어야 한다고 보았다. 경제발전의 일차적 동력이 정보라고 믿기 때문이다. 이 두 주장이 양립될 수 있을까? 두 견해가 공존할 수는 있지만 양립되기는 어려울 듯싶다. 그 이유는 협력과 집단지성이 본질적으로 긴장 관계에 있기 때문이다.

협력은 응집성(cohesion)을 중시한다. 사상과 견해가 통일되고, 목표를 공유하며, 구성원들이 공동의 목표를 위해 기꺼이 자기 이익을 희생할 용의가 높을수록 그 집단, 사회의 협력 수준은 높아질 것이다. 하지만 다양성이 중요한 집단지성에서 통일성은 그리 반길 만한 상황은 못 된다. 가장 대표적인 예가 집단사고(Groupthink)이다. 어빙 재니스(I. Janis)는 집단사고를 응집성 있는 집단에서 전원일치의 합의를 추구하는 경향으로 말미암아 반대의견을 피력하거나 새로운 대안을 모색하는 것이 억제되는 현상으로 정의했었다(Janis, 1971). 이처럼 목소리가 획일화되면 집단이 똘똘 뭉쳐서 공동의 목표로 나아가는 데는 유리하다. 그렇지만 빈약한 정보로 인해 상황에 대해 객관적인 평가를 못하게 될 것이고 그로 인해 잘못된 판단을 내릴 가능성이 커진다.

저자의 『집단지성의 원리』(2022)에서는 다양성(diversity)을 강조하였다. 그리고 집단지성에서 다양성은 구성원 수 못지않게 중요한 것도 사실이다. 그러나 집단지성에 유리하다는 이유로 다양성이 무조건 증가하는 것도 바람직하다고 보기 어렵다. 왜냐하면 다양성의 과도한 증가는 집단의 정체성을 약화시킴으로써 집단지성 출현의 중요한 견인력인 공동의 목표가 힘을 잃을 것이기 때문이다. 협력과 집단지성은 이처럼 상보적이면서 동시에 경합적이기도 한 미묘한 관계에 있다. 인간의 역사는 이 다양성과 응집성이라는 갈등하는 두 요구 사이에서 진동해 왔다. 그 아슬아슬한 줄타기를 앞으로도 계속해야 할 운명일지 모른다. 아래 그래프는 다양성과 집단지성이 역 U자의 관계에 있음을 나타낸 것이다. 다양성이 증가하면 처음에는 집단지성의 가능성이 증가하지만, 어느 지점 이상으로 다양성이 과도해지면 집단지성의 가능성이 오히려 감소한다는 것을 보여준다.

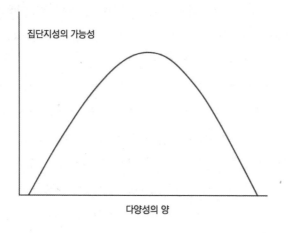

집단지성의 가능성

다양성의 양

[그림] 다양성과 집단지성의 관계

제1장

질서와 거버넌스의 이해

분산된 지성의 집단화는 집단 구성원들 간의 협력과 질서 있는 거버넌스를 통해 일어난다. 이 장은 협력의 결과로 나타나는 질서와 거버넌스에 대한 개괄적 설명을 제공하는 데 목적이 있다. 협력을 보다 잘 이해하기 위해서는 질서부터 파악하는 것이 필요하다고 보았기 때문이다. 거버넌스는 질서 개념을 기본 구성요소로 삼고 있다. 먼저 질서를 어떻게 정의할 수 있는지에 대해서 살펴본 다음 거버넌스의 의미에 대해 알아보겠다.

제1절 질 서

질서의 기본 개념

질서를 연구한다는 것은 거버넌스의 구성요소들의 상호작용이 어떤 모습으로 귀결되는가에 대한 연구이며, 이것은 곧 집합적 문제해결 능력의 발생에 관한 연구이기도 하다. 다시 말해 집단지성에 대한 연구를 위하여 거버넌스의 이해가 긴요하며 거버넌스 내부의 상호작용 양태를 알기 위하여 질서에 대한 이해가 필요한 것이다.

질서에 대한 완벽한 정의는 불가능할 것이다. 여기서는 질서를 "구성요소들 간의 안정적 상호작용 관계의 집합"으로 정의한다. '안정적'이라는 것은 상호작용의 규칙들이 반복적으로 적용된다는 뜻이다. 자연과학에서는 질서라는 말

보다 "패턴"이라는 말을 더 많이 사용한다.[1]

사회 내에는 무수한 관계 혹은 연결(links)이 존재한다. 구성원들 간의 관계가 안정화되기 위해서는 다면적이고 중층적인 연결들이 양립될 수 있어야 한다. 예컨대 A, B, C 3인으로 구성된 사회를 가정해 보자. 이들이 모두 합리적 행위자들이라고 하자. 합리적이란 말은 각기 나름의 효용함수를 가지고 있고, 효용의 극대화를 추구한다는 말이다.

세 명으로 구성된 사회에서는 A-B, B-C, C-A의 세 연결이 존재한다. 이 세 연결 짝은 각 짝의 두 행위자의 합리성이 양립할 수 있을 때만 그 관계가 안정될 수 있다. 그래야 양자 관계가 반복될 수 있다. 그러나 집단 전체 수준의 안정화를 생각해보자. 전체 수준에서 관계가 안정화되기 위해서는 A-B, B-C, C-A 세 국지적(local) 양자관계가 전역적(global)으로 양립 가능해야 한다. 예컨대 A가 B보다 크고 B가 C보다 크다면 A가 C보다 커야 한다. 질서란 어떤 집단의 내부의 연결들이 전역적으로 양립 가능한 방식으로 배열되었을 때의 연결방식이라고 말할 수 있다(Castelfranchi, 2000).[2]

다층적, 다면적 관계에서 양립가능성은 크게 두 가지 방식으로 실현될 수 있다. 하나는 자연발생적으로 만들어지는 경우이고, 다른 하나는 인위적으로 만들어지는 경우이다. 하이에크의 분류가 그 대표적인 예이다.

자생적 질서와 인위적 질서

하이에크는 질서를 "전체가 다양한 종류의 구성요소들 다수로 서로 연결되어 있고, 그 전체의 어떤 공간적, 시간적 일부에 대해 익숙해져서 나머지 다른 부분에 관한 기대를 올바르게 할 수 있는 상태"[3]로 정의했다. 이 정의에 기초

---

1) 배열, 배치, 조직, 패턴, 모양, 구조, 관계 등이 모두 질서와 유사한 의미를 가지고 있다 (Von Baeyer, 2003: 22).
2) 또 "여러 척도에서 효율적인 행동(efficient behavior on many scales)"이라는 개념으로 군집지성의 발생 과정을 설명하려 하고 있는 Fleischer(2005)도 유사한 주장을 펴고 있다.
3) 원문은 "a state of affairs in which a multiplicity of elements of various kinds are so related to each other that we may learn from our acquaintance with some spatial or temporal part of the whole to form correct expectations concerning the rest, or at least expectations which have a good chance of proving correct."(Hayek, 1998: 36).

해 그는 질서를 자생적 질서(Cosmos, 'grown' order)와 인위적 질서(Taxis, 'made' order)로 나눈 바 있다.

하이에크는 자생적 질서가 인위적 질서보다 자원배분에 더 효율적임을 강조했다. 인위적 질서가 복잡성 수준이 낮은 문제는 해결할 수 있으나, 사회가 직면하는 문제가 복잡해지면 한계를 드러낼 수밖에 없다고 본다. 그래서 그는 자연발생적 질서의 중요성을 강조했다. 그러나 자연발생적 질서가 항상 가장 효율적인 질서를 만들어낸다는 보장이 있을까?[4]라는 의문에 욘 엘스터는 없다고 말한다.

엘스터는 질서를 "사회를 하나로 묶어줌으로써 혼돈과 전쟁 상태로 해체되는 것을 막아주는" 어떤 것으로 설명하고, '예측가능성으로서의 질서'와 '협력으로서의 질서'로 나눈다. 엘스터는 질서에 대한 자신의 입장을 다음과 같이 설명했다.

> 나는 사회질서에 대한 두 가지 개념을 논할 것이다. 하나는 안정적, 규칙적, 예측가능한 행위패턴으로서의 사회질서이고, 다른 하나는 협력적 행위로서의 사회질서이다. 따라서 무질서에도 두 가지 개념이 있다. 하나는 예측가능성의 결여로서의 무질서이고……, 다른 하나는 협력의 부재로서의 무질서……이다. 예측가능성과 협력이라는 말 대신 경제학자들은 균형과 파레토 최적을 이야기 한다(Elster, 1989: 1).

예측가능성(predictability)이란 흔히 "기대의 수렴"으로 표현되기도 한다. 엘스터의 논점은 예측가능성의 확립이 반드시 최적성(optimality)의 달성을 뜻하지는 않는다는 것이다. 사회적 딜레마가 그 대표적인 예이다. 따라서 엘스터는 예측가능성은 주어진 것이라고 보고 협력가능성에 무게를 두고 있다. 자연발생적으로 실현되지 않는 협력은 구성원들의 의도적인 노력에 의해서 만들어질 수 있다. 물론 그렇다고 의도적 질서가 항상 최적의 질서를 만들어 낼 수 있다

---

4) 최적성 여부를 판정하기 위해서는 먼저 최적성이 무얼 가리키는지가 정의되어야 한다. 경제학에서는 보통 파레토 효율 개념을 '좋은 질서'를 판단하는 기준으로 사용한다. 파레토 효율 이외에 공리주의나 평등주의 등의 다른 기준이 사용될 수도 있으나 이론적 간명성을 위해서 파레토 효율을 기준으로 삼는 것이 일반적이다.

는 것은 아니다.

하이에크와 엘스터의 주장을 합쳐보면 다음의 표와 같다.

Elster ＼ Hayek	자연적 질서	인위적 질서
예측가능성	상호성, 사회규범	공식적 제도
협력가능성	－조정(coordination) *사회적 딜레마 문제	－협력(cooperation) *복잡성 문제

[표 1-1] 질서의 유형(Hayek와 Elster)

위 표와 같이 질서를 조정(coordination)의 문제와 협력(cooperation)의 문제
로 나누어서 본다면5) 자연적 질서는 조정의 문제를 해결할 수는 있지만 협력
의 문제를 해결해 주지는 못한다는 것이 엘스터의 입장이다. 자연적 질서가
협력의 문제를 해결하지 못하는 대표적인 사례가 사회적 딜레마이다. 자연적
으로 생겨난 사회규범 역시 협력의 발생에 도움이 될 수 있겠지만 항상 최적
의 결과를 만들어 낼 수 있는 것은 아니다(Elster, 1989: chapter 3).

인위적 질서 역시 일차적으로는 예측가능성으로서의 질서를 만들어내는 것
이 목적이다. 여러 사회제도들이 이 역할을 맡고 있다. 나아가 사회제도들은
사회적 딜레마를 해소하는 데 도움이 된다는 장점이 있다. 그렇지만 하이에크
는 인위적 질서가 효율성을 달성하는 데는 한계가 있다고 본다. 그 가장 큰 이
유는 사회의 복잡성(complexity)이다. 복잡성을 다수 행위자들의 암묵지(tacit
knowledge)6)로 해결해 나가는 것이 자연적 질서이다. 그러나 인위적 제도들은
형식지(explicit knowledge)에만 의존하기 때문에 이 복잡성을 처리하는 데 한
계가 있을 것이다.7)

---

5) 여기서의 '협력(cooperation)'과 '조정(coordination)'은 게임이론에서 사용하는 의미이
   다. 게임이론에서 협력은 죄수의 딜레마 게임처럼 파레토 열등인 균형점을 파레토 최적
   의 지점으로 이동시키는 것을 가리킨다. 반면 조정은 사슴사냥 게임처럼 균형점 중에 파
   레토 최적의 결과가 포함되어 있지만 균형점이 복수인 이유로 최적이 실현되지 못할 때
   최적균형점을 확보하는 문제를 가리킨다.
6) 암묵지란 마이클 폴라니의 조어이다. 언어 등을 통해 타인에게 전달 가능한 형태로 표현
   하기 어려운 개별경험에 의해 축적된 지식을 가리킨다. 이것과 대조되는 말이 형식지이다
   (Hayek, 1945).

하이에크의 주장은 광범위한 지지를 받고 있다. 현대의 복잡계 이론가들은 그를 복잡계 이론의 선구자로 보기도 한다. 하지만 하이에크가 말하는 '자연적' 질서의 장점은 '분산적' 질서의 장점으로 보아야 할 것이다.

하이에크가 말하는 자생적 질서는 주로 시장을 염두에 둔 것이다. 하지만 시장이 순전히 자연발생적으로 생겨나고 유지되는 것은 아니다. 칼 폴라니가 지적했듯이 시장의 작동은 사회제도라는 토양에 뿌리를 두고 있어서 제도가 바뀌면 시장이 움직이는 방식도 바뀌게 된다(Polanyi, 1944: chapter 5). 그러므로 시장이 발휘하고 있는 장점은 자연적 질서이기 때문이 아니라 분산적 질서이기 때문일 것이다. 자연적 질서와 분산적 질서의 관계에 대해서 두 가지 점을 더 지적할 수 있다.

첫째, 자연적 질서가 항상 분산적 질서로 귀결되지는 않는다. 많은 경우 자연적 질서가 하이어라키를 만들어내고 있지 않은가? 생명체의 활동방식이 그렇고 거듭제곱 법칙[8]에 따르는 네트워크의 진화과정이 그러하다.

둘째, 모든 분산적 질서가 자연적으로 발생하는 것은 아니다. 예컨대 현대의 인공지능을 비롯한 많은 인위적 생성물들도 분산적 질서의 원리를 구현하고 있다.

최적의 질서 찾기

이런 점으로 미루어 볼 때 질서가 '자연적'이란 말과 '분산적'이란 말은 그 결합이 필연적이라고 볼 수는 없다. 시장은 인위적으로 만들어진 '분산적' 체계로 볼 수 있을 것이다. 이런 관계는 질서의 세 가지 기본 이념형인 하이어라키, 헤테라키, 아나키 개념에 대해서도 마찬가지로 해당된다. 예컨대 아나키와 자연적 질서, 하이어라키와 인위적 질서가 동일시될 수 있는 것은 아니다. 아나키, 헤테라키, 하이어라키는 모두 자연적일 수도 있고 인공적일 수도 있다.

질서는 무질서보다 안정적이다. 그러나 사실은 안정적으로 보일 뿐 불안정

---

7) 하이에크는 중앙계획에 의존하는 경제체제는 개별행위자들의 암묵지를 취합할 수 없기 때문에 실패할 수밖에 없다고 주장했다. 이른바 사회주의 계산 논쟁이 이 문제와 관련되어 있다(Hayek, 1945).
8) 거듭제곱의 법칙에 대해서는 아래에서 자세히 설명한다.

을 내포하고 있다. 왜냐하면 완전한 질서는 존재하지 않기 때문이다. 자연이나 사회는 질서와 무질서 스펙트럼의 어느 중간에 위치할 것이다. 겉으로는 무질서하게 보이지만 질서가 유지되고 있거나, 질서 속에서도 무질서가 난무하기도 한다. 완전한 질서는 고착되어 변화와 발전 가능성을 줄일 수 있다. 자연 또는 사회의 생태계처럼 오랫동안 질서가 형성되어 있지만 활력이 없을 수 있고, 무질서하지만 질서를 찾기 위해 생동감이 넘치는 경우도 있다.

모두 또는 모든 개체를 만족시키는 질서가 존재할 수 있을까? 최적의 질서는 불가능할지 모른다. 그러나 만족도를 높이는 질서를 만들 수는 있을 것이다. 완전한 또는 바람직한 질서에 대한 각자의 선호가 다르고, 다양하다면 그리고 선호에 대한 차별이나 순서가 없다면 개체들 간의 조화가 이루어질 수도 있기 때문이다. 차표나 극장의 표를 구할 때 좌석표를 선택하도록 하는 방법을 택하는 것이 사례 중의 하나이다.

사회가 발전함에 따라 집단의 수나 규모가 증가한다. 이에 따라 집단 내부의 네트워크 연결점인 노드(node)가 증가하고, 집단이 가질 수 있는 상태의 수가 늘어난다. 상태의 수 증가는 필연적으로 복잡성을 증가시키며, 불확실성이 커지고 통제가능성이 줄어든다. 복잡계 내에서 한 요소의 변화가 전체의 복잡계에 영향을 주기 때문이다. 그러므로 집단의 경우에는 복잡성 상태에서 어떻게 질서를 만들 것인가가 중요해진다.[9]

질서란 앞서 설명한 바와 같이 양립가능성이 높아 안정을 이룬 상태를 말한다. 그런데 질서가 있다는 것이 곧 협력수준이 높다는 뜻은 아니다. 협력은 개체들의 선택을 조정하는 일이다. 모두가 최대의 이익을 얻을 수 있도록 조정하는 일은 단순히 양립 가능한 것과는 다르다. 개체들이 협력을 할 의도가 있어야 하고, 의도가 있다고 하여도 협력을 하는 방법을 알아야 하며, 협력의 의도 속에는 협력에 필요한 정보나 가치가 내재되어야 하고, 서로 동 시간에 협력이 이루어져야 한다. 결국 질서란 협력의 체계라고 할 수 있으므로 이 책에서는 먼저 질서를 거버넌스적 관점에서 살펴본 후에 협력의 문제를 다룰 것이다.

---

9) 복잡계에 대해서는 책의 뒷부분에서 별도로 설명할 것이다.

제2절 거버넌스

집단지성과 거버넌스

질서의 궁극적 형태는 거버넌스이다. 협력으로서의 질서를 만들어내려고 하는 의도적 과정들을 보통 거버넌스라고 칭한다. 거버넌스의 관점에서 접근하지 않고서는 집단지성을 충분히 이해하기 어렵다. 그러므로 협력을 통해 "집단지성을 어떻게 끌어낼 것인가?"라는 문제는 집합체의 거버넌스(governance)에 초점을 맞추어야 한다. 그 이유는 다음과 같다.

거버넌스란 쉽게 표현하면 집단구성원들 간의 관계의 규칙성을 만드는 방식이라고 할 수 있다. 집합체라는 개념은 다수의 구성원들을 상정하고 있다. 이 다수의 구성원들 간에 상호작용이 안정적으로 이루어지려면 어떤 식으로든 관계에 일정 수준의 규칙성이 부여되어야 한다. 관계의 규칙성이 어떻게 만들어지며, 그것이 어떤 역할을 하고, 또 어떻게 변화하는가에 대한 이해 없이는 집단지성의 본질이나 동학(dynamics)을 말하기 어렵다.

거버넌스는 매우 복잡하고 또 모호한 단어이다. 거버넌스의 가장 광의의 의미는 의식적인 개입을 통해서 사회질서와 같은 공공재(public goods)를 산출하고 공동체의 문제를 해결하는 것이다(Schneider, 2012: 130). 이때 '개입'은 위계적으로 이루어질 수도 있고, 구성원들의 자율적 행동에 의하여 이루어질 수도 있다.

거버넌스(governance)와 거번먼트(government)와의 차이는 거버넌스의 경우 개입의 주체를 정부기구들로만 한정해서 보지 않고 사회 내 여러 다른 차원의 행위자들까지 확장해서 고려한다는 점이다. 질서유지나 공동의 목표추구와 같은 활동들을 경제학에서는 공공재 공급이라 부른다. 전통적으로 공공재의 공급은 정부가 하는 일이라고 간주해왔다. 그러나 공공재 공급이 정부에 의해서만 이루어지는가에 대한 의문이 제기되었고, 개인이나 민간단체 등 비정부 행위자들도 공공재 공급에 중요한 역할을 담당한다는 시각이 대두되기 시작했다. 이 과정에서 거번먼트보다 더 일반화된 개념인 거버넌스가 인기 있는 용어로 부상하기 시작했다.

초기에는 거버넌스와 거번먼트를 병렬적으로 보아 비정부 행위자들에 의한 공공재 공급 과정만을 거버넌스라고 불렀으나, 이후 개념이 일반화되어 공급의 주체가 정부 행위자냐 비정부 행위자냐에 관계없이 모든 공공재 공급활동을 거버넌스라 칭하게 된다. 앞의 것을 '좁은 의미'의 거버넌스, 뒤의 것을 '넓은 의미'의 거버넌스로 부르기도 한다. 이 글에서는 넓은 의미로만 사용할 것이다.

앞서 말했듯이 집단지성은 여러 유형의 집합체가 발휘하는 문제해결 능력을 가리킨다. 이 집단지성의 거버넌스에는 대부분 정부나 기업의 관리자와 같은 위계적 행위자가 존재하지 않는다. 뚜렷한 중심이 존재하지 않고(multipolar), 위 아래의 계층적인 구분이 없다. 예컨대 웹에서 이루어지는 집합체의 경우 개별 행위자에게 제재를 가하거나 유인을 제공할 수 있는 공공재 공급 전담자가 없는 것이 일반적이다. 그러므로 위계적 거버넌스보다는 자기 거버넌스(self-governance)가 핵심적 중요성을 띠게 된다. 자기 거버넌스란 외부의 권위에 기댐이 없이 구성원들이 자율적으로 질서를 만들어 내는 것을 뜻한다.

자기 거버넌스는 자연과학에서 주로 사용하는 자기조직화(self-organization) 개념과 상통되는 점이 많다. 자기조직화 현상의 해명을 주된 목표로 삼는 이론이 복잡계 이론이다. 그래서 복잡계 이론의 연구 성과들을 인간 사회의 자율적 거버넌스 현상에 적용하려는 시도들이 점점 더 많아지고 있다.

거버넌스와 복잡성(complexity) 개념의 유사성, 그리고 복잡계 이론이 거버넌스 이론의 분석력을 좀 더 날카롭게 다듬는데 어떻게 도움이 될 수 있는지를 정리한 대표적인 연구로는 스나이더의 글(Schneider, 2012)을 들 수 있다. 스나이더가 지적하고 있듯이 거버넌스 개념이 현대사회의 정치나 사회 현상을 이해하는 데에 전통적인 접근법들보다 더 정밀한 개념장치들을 제공해 주고 있긴 하지만, 사실 현재까지의 거버넌스에 관한 연구들은 자기 거버넌스 또는 자율적 거버넌스 현상에 대해 충분히 분석하지 못하고 있다.

이에 비해 복잡계 이론의 자기조직화에 대한 연구는 매우 많은 진척을 보이고 있다. 그러므로 사회의 여러 거버넌스 유형들 중에서 특히 자기 거버넌스에 대해서는 복잡계 이론의 성과를 차용하는 것이 불가피해 보인다. 스나이더

외에도 거버넌스 이론과 복잡계 이론의 유사성에 주목하고 있는 학자들은 많다.[10)]

원래 복잡계 이론은 자연과학, 엔지니어링, 수학에서 출현했었다. 다루고 있는 중심 주제는 자연 및 사회의 여러 수준에서 질서가 어떻게 '저절로' 출현하는가이다. 복잡계 이론은 진화 이론의 현대화된 버전으로 간주되기도 한다 (ibid.: 133).

복잡계 이론에서 다루는 자기조직화 현상은 집단지성 동학의 일반적 모습이다. 예컨대 위키피디아의 경우를 보자. 아무도 인터넷 접속자들에게 이 항목을 담당하라든가, 저 항목을 검토하라든가 지시하지 않는다. 또 표제어들을 제시해주는 경우도 없다. 개인들이 임의로 항목을 설정하고 자발적으로 글을 쓴다. 그럼에도 불구하고 위키피디아라는 양질의 집합적 산출물이 만들어지고 있다. 이런 현상은 자기 거버넌스 또는 자기조직화라는 말 외에 더 적합한 묘사 방법이 없어 보인다.

이 책 역시 집합지성의 거버넌스를 복잡계 이론의 자기조직화 개념에 바탕을 두고 살펴볼 것이다. 그런데 복잡계 이론이라 할 경우 자기조직화나 창발 현상의 해명이라는 주제의 공통성은 있지만 그 방법론에 있어서는 아직 단일한 설명체계가 확립되어 있는 것은 아니다. 게임이론, 의사결정 이론, 진화이론, 정보이론, 네트워크 이론, 수학과 물리학 등등 다양한 방법론들이 모두 사용되고 있다. 그러므로 집단지성을 복잡계적 시각에서 접근한다는 것은 집단지성의 동학을 자기조직적인 현상으로 본다는 것과 이 자기조직적 과정을 통해 만들어지는 지성을 새로운 특성이 출현하는 현상 즉 창발(emergence)로 본다는 것을 주로 의미할 뿐이며, 어떤 특정의 방법론에 한정하여 살펴본다는 것을 뜻하지는 않는다.

---

10) 예컨대 Kooiman(2003), Pierre & Peters(2005)가 있다.

거버넌스의 등장

거버넌스는 너무 많은 뜻과 정의들이 존재한다.[11] 대체로 보면 협치, 통치, 지배, 다스림, 국정관리(governing structure), 지배구조, 통치구조, 통치가능성 (governability) 지배구조, 政, 治(協治, 治理, 治制) 등이 그것이다.[12] 이들 정의들을 수렴하면 거버넌스란 "집합적 규칙을 만들고 집행하거나 집합재를 공급하기 위한 여러 가지 제도화된 사회적 조정양식"(Börzel & Risse, 2010: 114)으로 볼 수 있다. 조금 더 간단하게 정의한다면 "집합행동의 조직화"(Hart & Prakash, 2003: 2)이다.

거버넌스에 대해 마크 베비어(M. Bevir)는 "모든 유형의 통치과정(all of the processes of governing)", 즉 "그것이 정부에 의한 것이든 시장이나 네트워크에 의한 것이든, 그리고 가족, 부족, 공식 및 비공식 조직이나 영토집단을 대상으로 한 것이든, 또는 조직화된 사회의 법에 의한 것이냐, 규범이나 권력, 언어에 의한 것이냐 등과는 상관없이, 모든 질서형성과정(processes of governing)을 가리키는 말이다."고 하였고(Bevir, 2013), 스나이더는 "의식적인 정치적 및 사회적 개입을 통해서 사회질서, 집합재 또는 공공재를 산출하고 문제를 해결하는 것"이라고 하였으며(Schneider, 2012), 코헤인과 나이는 "어떤 집단의 집합적 활동(collective activities)을 인도하고 규제하는 공식적 및 비공식적 과정(process)과 제도(institution)라고 하였다(Keohane & Nye, 2000).

거버넌스는 기본개념이 통치(government)에서 협치(governance)로 바꾸어 가면서 21세기 직전부터 사용빈도가 획기적으로 늘어났다. 협치로 의미가 바뀐 이후에 본래의 뜻(old governance)인 "정부가 하는 일"(政, 治) 'governance by government'[13]이 아니라 새로운 뜻(new governance)인 비정부 행위자(NGAs)의

---

11) "a ubiquitous 'buzzword' which can mean anything or nothing" - Jessop(1998). "empty signifier" - Offe(2009).
12) 거버넌스의 핵심단어인 govern은 "steer, rule, command, direct…"(治, 政)의 뜻을 담고 있는데, 본래 라틴어 kybernan(κυβερνάω)에서 발전하여 gubernare라고 하였다가 프랑스어 gouverner에서 영어 govern으로 발전하여 갔다.
13) Oxford English Dictionary의 정의에 의하면 governance is the action or manner of governing, that is, of directing, guiding, or regulating individuals, organizations, nations, or multinational associations -public, private, or both- in conduct or actions

참여를 의미하며,[14] 나아가 더 확장된 뜻(all forms of governance)은 모든 유형을 지칭한다. 오늘날 거버넌스는 대체로 비정부행위자들이 구조에 참여하는 뉴거버넌스(New Governance)를 의미한다.

거버넌스 또는 뉴거버넌스의 등장은 1970년대에 정부에 의한 통치와 민주주의의 위기에 기인한다. 위기의 원인은 행정수요 증가에 따르는 정부의 과부하(bureaucratic overload), 시민사회의 관여가 불가피하지만 이에 따르는 책임성 부족(civic irresponsibility), 국가 전체적으로 나타나는 사회적 합의의 부족(lack of consensus) 등이 원인으로 지적되고 있다. 그 결과 비정부 행위자들(NGAs)의 공공부문의 역할 증대, 시장에서의 신공공관리론의 확산과 공공업무의 민간이관, 시민사회에서의 민관 파트너십(PPPs)과 사회적 기업 및 제3섹터의 확산 등으로 나타나고 있다. 이런 점에서 뉴거버넌스는 네트워크 거버넌스(network governance)라고 할 수 있다.

1993년도에 등장한 EU는 전통적인 국민국가(nation-state)와 다른 유형의 정치공동체(multi-level governance)로 기능하고 있다. 세계화(globalization)에 따른 UN, World Bank 등 국제기구가 세계 경제를 조율하고 개발도상국을 지원하고 있는 등 국제적인 역할이 증대하고 있는 것은 글로벌 거버넌스(global governance)가 작동함을 보여주고 있다. 최근에는 로컬 거버넌스, 리저널 거버넌스 등 뉴거버넌스는 모든 지역적 범위와 영역에서 정착되어 있다고 할 수 있다. 거버넌스의 용어 사용빈도를 Ngram으로 확인하면 다음과 같다.

굿거버넌스(Good Governance)

거버넌스가 중요 개념으로 부상하면서 흔히 좋은 거버넌스는 어떤 속성을 가진 거버넌스를 말하는지에 대한 연구가 많이 이루어져 왔다. 이른바 굿거버넌스(good governance)의 지표(indicators)에 관한 논의이다. 여기서는 좁은 의미의 거버넌스 중에서 세계 국가 또는 국제기구 단위의 거버넌스를 사례로 들어 굿거버넌스의 지표를 살펴보겠다.[15]

---

14) 이 경우에도 두 유형 즉, NGAs가 부분적으로 참여하는 경우 'governance with government'와 NGAs만 참여하는 경우 'governance without government'로 나눌 수 있다.

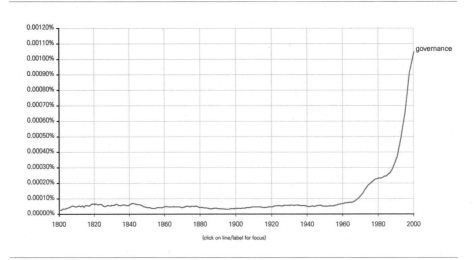

[그림 1-1] 거버넌스의 용어 사용 빈도

<표 1-2>를 보면 지표의 내용에 큰 차이가 있어 보이지는 않는다. UNDP(United Nations Development Program), ESCAP(Economic and Social Commission for Asia and the Pacific), WB(World Bank), ODA(Official Development Assistance)/DFID(Department for International Development), ADB(Asian Development Bank)가 제시한 좋은 거버넌스의 지표들은 책임감, 참여, 규칙의 준수, 투명성, 소통, 형평성, 효과성, 효율성, 책임감, 비전의 존재여부 등이다.

좁은 의미에서 새로운 거버넌스의 대두는 국가와 시민사회와의 관계 변화를 의미한다. 민주주의의 질적 발전(quiet revolution of democracy)을 뜻하기도 한다. 구체적으로 보자면 긍정적 측면으로 시민권력의 증대(governance empowers citizens), 참여기회의 증대(participatory democracy), 심의기회의 증대(deliberative democracy) 등이다. 한편 부정적 측면이 없지는 않다. 가장 큰 문제는 책임성의 약화(downward accountability)라고 할 수 있다. '정치'는 대개 선거나 여러 대중정치적 측면에서 논의된다. 그러나 국민이 국정운영의 주체가 되면 정치적 책임의 소재가 모호해진다.

---

15) 거시 또는 미시 등 거버넌스의 유형에 대해서는 다음 장에서 다룬다.

UNDP	ESCAP	WB	ODA/DFID	ADB
Accountability	Accountable	Accountability	Accountability	Accountability
Participation	Participatory	Participation	Participation	Participation
Rule of law	Follows the law	Rule of law and control of corruption	Legitimacy	Predictability
Transparency	Transparent	Government effectiveness	Transparency	Transparency
Consensus Orientation	Consensus oriented	Regulatory quality		
Equity Building	Equitable and inclusive	Political stability and absence of violence		
Effectiveness	Effective and efficient			
Efficiency				

자료: Turner and Hulme(1997); Waheduzzaman(2007).

[표 1-2] 굿거버넌스의 지표들

굿거버넌스의 지표(indicators)로 거론된 것들은 집단지성의 주요요소인 협력이나 질서의 하위지표들이거나 협력이나 질서의 결과로 나타나는 성과지표들이다. 이 책에서는 굿거버넌스의 세부지표에 대해서는 자세히 다루지 않으려한다. 굿거버넌스와 세부지표는 사실 객관적인 원리의 문제라기보다는 주관적인 평가의 문제이기도 하고, 좁은 의미의 미시적 거버넌스의 영역이기 때문이다.

제2장

질서(거버넌스)의 세 유형

질서의 궁극적 형태는 거버넌스이다. 여기서는 거버넌스의 유형을 요약하여 세 가지 이념형으로 나누고 각 유형별 특징을 설명하고자 한다. 세 유형에 대한 이해는 거버넌스의 구조와 집단의 속성 파악에 도움을 준다.

제1절 거버넌스의 이념형 분류

세 가지 이념형

광의의 거버넌스는 어떤 체계 내에서 공동의 문제들(collective tasks)을 해결하기 위하여 구성요소들 간의 상호작용 방식에 대한 모든 기본규칙들의 집합이라고 말할 수 있다. "개인 및 제도들이 공적으로 또는 사적으로 공동의 문제를 다루는데 사용하는 모든 방식"이라는 UN의 정의가 대표적인 예이다.[16] 반면 좁은 의미로 사용될 때 비정부영역 행위자들이 참여하는 거버넌스만을 가리킨다.[17] 여기서는 집단지성의 관점에서 앞장과 달리 광의의 의미로만 사용할 것이다.

---

16) "Governance is the sum of the many ways individuals and institutions, public and private, manage their common affairs." UN(1995: 2), The Report of the Commission on Global Governance.
17) 이 경우, new governance, collaborative governance, network governance, interactive governance 등 수식어를 붙여서 새로운 유형의 거버넌스임을 표시하는 경우가 많다.

광의의 거버넌스는 아나키, 헤테라키, 하이어라키라는 세 이념형으로 나누는 것이 일반적이다. 앞에서 서술했듯이 이 셋은 자연적 질서와 인위적 질서라는 구분과 별개 차원의 개념이다. 먼저 다음 표를 보자(Powell, 1990; Meuleman, 2008).

거버넌스 유형/요소	위계형 (Hierarchy)	네트워크형 (Network)	시장형 (Market)
인간관	Homo hierarchicus	Homo politicus	Homo economicus
행위자	dependent (subjects)	interdependent (partners)	independent (customers)
의사결정	Public authority	Group	Individual
결정인자	Authority (visible hand)	Trust (shaking hand)	Price (invisible hand)
목표가치	Regulation	Consensus	Competition
유연성	낮다	중간	높다
단점	red tape etc.	no decisions	market failures
Kooiman의 정의(2003)	Hierarchical governance	Co-governance	Self-governance
Jessop의 정의(1998)	Hierarchy	Heterarchy	Anarchy

[표 2-1] 거버넌스 이념형 분류

위 표를 보면 오른쪽 칼럼은 거버넌스의 이념 유형이고, 왼쪽 칼럼은 각 유형별 요소들이다. 유형은 위계형(Hierarchy), 네트워크형(Network), 시장형(Market)으로 나뉜다.

위계형은 인간관이 계급적이며, 행위자는 의존적이고, 의사결정은 권위에 의하여 이루어지며, 목표가치는 규정화되어 있고, 유연성이 부족하며, 문서위주로 업무가 진행됨을 알 수 있다.

반면 네트워크형(Network)은 인간관이 정치적이며, 행위자는 파트너가 독립적이고, 의사결정은 집단으로 이루어지되 집단 내의 신뢰가 중요하며 합의를 목표로 하는 특징이 있어 신속한 결정이 어려울 수도 있다.

시장형은 인간관이 경제적이며, 행위자는 독립적이고, 의사결정은 독자적인 가치판단에 의하여 이루어지며, 목표가치는 경쟁지향적이고, 유연성이 높으나 시장실패에 좌우된다는 단점이 있다.

이 세 유형에 대해 쿠이만(Kooiman, 2003)은 각각 위계거버넌스(Hierarchical governance), 공동거버넌스(Co-governance), 자기거버넌스(Self-governance)라고 불렀고, 제섭(Jessop, 1998)은 각각 하이어라키, 헤테라키, 아나키로 불렀다. <표 2-1>의 우측에 있는 세 개의 칸에 각각 대응시킬 수 있다.

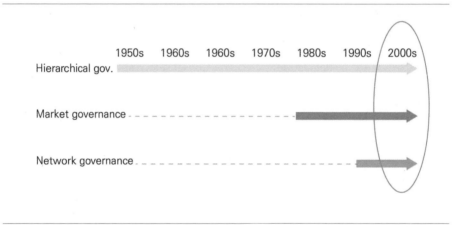

[그림 2-1] 거버넌스의 등장 기간 비교

위 그림은 각 유형의 탄생기간과 존속 양상을 잘 보여주고 있다(Meuleman, 2008). 그리고 화살표의 음영은 거버넌스의 강도를 적절히 표현하고 있다.

다음 <표 2-2>는 세 유형의 특징을 자세히 비교·설명한 것이다.

위 표는 아나키, 헤테라키, 하이어라키가 자연적으로 나타날 수도 있고 인위적으로도 만들어질 수 있음을 나타낸다. 하이어라키의 경우 국가가 인위적 하이어라키의 대표적인 예이다. 국가란 말 대신 흔히 리바이어던이라고 표현하기도 한다. 또 하이어라키는 자연적으로도 출현할 수 있다. 사실 생명체들은

결과＼과정	자연적 (자기조직화)	의도적 (거버넌스)
아나키 (분산적)	물리적 입자	시장: 본성, 신념 (self-enforcement)
헤테라키 (분권적)	신경계, 뉴런	공동체: 규범, 평판 (mutual enforcement)
하이어라키 (집권적)	생명체 (거듭제곱 법칙)	국가: 제도, 권위 (external enforcement)

[표 2-2] 질서와 거버넌스의 세 가지 이념형

거의 모두 하이어라키 구조를 가지고 있다.

헤테라키의 경우도 마찬가지다. 인간사회에 대해 헤테라키라는 말을 사용할 때는 공동체(community)적 방식으로 유지되는 질서들을 가리킨다. 공동체적 방식이란 집권적 권력구조가 없지만 구성원들이 평판이나 비난 등으로 통해 서로의 행동을 조정함으로써 질서를 이루어 나가는 것을 가리킨다. 자연에서는 이 헤테라키적 질서를 매우 자주 볼 수 있다. 헤테라키라는 말 자체가 두뇌의 뉴런이 질서를 유지해 나가는 방식을 표현하기 위해 만들어진 것이기도 하다.

아나키 역시 자연적으로 나타날 수도 있고 인위적으로 만들어질 수도 있다. 자연적 아나키의 최초 형태는 랜덤으로 볼 수 있다. 시장질서도 보통 아나키라고 불리지만 순수한 의미에서의 아나키는 아니다. 그러므로 아나키는 분산적 체계(distributed system)라는 의미로 이해하는 것이 더 옳을 것이다. 인위적인 아나키로는 인공지능이나 MAS(multi-agent system)를 들 수 있다. 자연계에서는 많은 군집지성들이 분산적 방식에 의해 만들어진다.

위 표가 강조하고자 하는 것은 세 이념형이 자연적으로도 만들어질 수 있고 의도적으로도 만들어질 수 있다는 사실이다. 집단지성과 관련해서 거버넌스란 말을 사용할 때는 의도적 질서에 한정해서 쓸 것이라는 점도 위 표에 나타나 있다. 자연적 질서에 대해서는 자기조직화라는 말을 사용할 것이다.

이어서 하이어라키, 헤테라키, 아나키의 구체적 의미를 좀 더 자세히 검토해 보겠다. 세 용어가 각각 무엇을 뜻하는지 여러 각도에서 살펴보려는 것일 뿐 각각의 의미를 특정하려는 것은 아니다.

제2절 하이어라키

하이어라키의 기본 개념과 기능

하이어라키(hierarchy)는 역사가 가장 오래되었지만 현재 가장 인기 없는 용어이기도 하다. 하지만 하이어라키는 인간사회뿐만 아니라 자연에서도 나타나는 보편적 현상이기 때문에 그 중요성은 매우 크다.

하이어라키에 대해서는 다음 질문을 제기할 수 있다. "하이어라키는 과연 가장 효율적인 방식인가, 아니면 반대로 가장 비효율적인 방식일까?", "왜 자연현상에서나 인간사회에서 하이어라키가 만연하고 있을까?"

하이어라키의 만연을 증명하기는 어렵지 않다. 몇 가지 물리적 현상들을 살펴보자. 생명체는 활동을 통제하는 두뇌를 중심으로 하이어라키 방식으로 조직되어 있다. 동물의 먹이사슬도 마찬가지이다. 도서관의 자료들은 모두 대분류, 소분류 등 하이어라키 방식으로 정렬되어 있다. 인터넷 웹페이지들은 거대한 네트워크를 형성하고 있지만 노드(node)들의 연결수가 평등한 것은 아니다. 거듭제곱 법칙(power law)[18]이 말해주듯이, 아마도 '위계적'이라고 표현해도 무방할 불균등한 연결 구조를 가진다.

하이어라키의 이 같은 만연 현상은 하이어라키 조직방식이 비효율적이라기보다 오히려 가장 효율적이기 때문이 아닐까? 그렇다면 하이어라키의 단점은 무엇일까?

인간사회에서 하이어라키 구조가 발생하고 존속되는 이유에 대해서는 대체로 세 가지 설명이 있다. 첫째, 윌리암슨을 중심으로 한 신제도주의 경제학에서는 하이어라키를 시장실패에 대한 효율적인 대응으로 가정한다. 행위자들의 제한된 합리성과 기회주의의 가능성을 고려하면 불확실성과 거래비용이 높아질수록 그 집단이 위계적으로 조직될 가능성이 높아진다고 본다. 둘째, 사회학

---

18) 거듭제곱 법칙(power law)이란 종속변수가 독립변수의 거듭제곱(x^a)형태로 표시되는 관계를 말한다. 신문접기에서 접힌 면의 수가 거듭제곱의 사례이다. 예외처럼 보여야 할 거듭제곱 현상으로서 '큰 사건이나 현상'이 규칙적으로 반드시 일어나는 현상이다. 사회에서도 자산이 많은 소수의 부자가 생기는 이유, 빈도는 적지만 작은 전쟁들 이후에 희생자가 큰 전쟁이 나타나는 이유 등이 거듭제곱의 법칙으로 설명된다.

적 제도주의에서는 하이어라키가 광범위하게 확산된 것은 그 기능 때문이 아니라 그것을 타당한 질서화 방식으로 여기는 가치관의 확산 때문이라고 본다. 셋째, 역사적 제도주의자들은 제도 발전과정의 계기와 다양한 역사에 주목하며 경로의존성이라는 개념으로 설명한다. 어떤 사회가 어떤 질서를 가지느냐가 근본적으로 상황 의존적이라는 것이다. 하이어라키 역시 역사적 우연성의 결과로 본다.

하지만 기존의 사회과학적 설명들은 하이어라키가 사회영역에서뿐만 아니라 왜 자연현상에서도 자주 발견되는지를 설명하지 못한다. 대체로 하이어라키를 불가피한 역기능쯤으로 여기는 경향이 많다. 이에 비해 자연과학자들은 하이어라키를 조금 달리 본다. 예컨대 사이먼은 "자연은 하이어라키를 사랑한다"(Simon, 1977: 246)라고 함으로써 자연에서 발생하는 복잡계의 대부분이 하이어라키 구조를 갖는다는 점을 지적한 바 있다.

사이먼은 복잡계를 분석하면서 하이어라키가 반드시 권위관계로 이해될 필요는 없다고 했다. 그는 하이어라키가 내포적이며 중첩적인 관계성(nestedness)이라는 개념으로 이해될 수 있다고 보았다(Simon, 1977: 128).

하이어라키의 네 가지 유형

하이어라키는 사실 복잡한 개념이다. 데이비드 레인은 하이어라키란 말이 네 가지 다른 의미로 사용될 수 있음을 지적했다(Lane, 2006). 순서 하이어라키(order hierarchy), 포함 하이어라키(inclusion hierarchy), 통제 하이어라키(control hierarchy), 수준 하이어라키(level hierarchy)가 그것이다.

통제 하이어라키는 가장 익숙한 이해방식으로, 사회조직에서 나타나는 권위의 계층구조를 가리킨다. 포함 하이어라키는 상자 속에 작은 상자가 들어 있고 또 그 속에 다시 작은 상자가 들어있는 식의 관계가 반복되는 러시아 상자(Russian boxes) 방식의 계층성을 가리킨다. 순서 하이어라키는 하나의 기준에서 다시 상위 기준으로 연결되는 도서관 목록의 분류와 같은 계층성으로 가리킨다. 수준 하이어라키는 시공간적 포함관계에서 나타나는 계층성을 가리킨다. 예컨대 세포가 모여서 기관이 되고 기관들이 모여서 유기체가 되고 유기체들이 모여서 하나의 종(species)을 이루는 관계를 가리킨다.

이 네 분류는 조금씩 중첩된다. 그래서 "하이어라키란 기본적으로 크기에 기초한 자연적 배열"(Batty, 2006: 144)이라고 일반화되기도 한다. 물론 이때 말하는 '크기'는 여러 차원에서 이야기 될 수 있다.

레인의 설명으로 보면 하이어라키가 자연과 사회 모두에서 자주 나타나는 이유는 이것이 사물들의 관계를 안정화시키는 가장 능률적인 구조이기 때문이 아닐까 싶다. 하이어라키가 구성원들 사이를 최단거리로 묶어주는 원리라는 데서 그 이유를 찾을 수 있다. 도서관의 장서가 계층구조로 배열되어 있지 않다면 원하는 책을 찾아가기까지 엄청난 시간이 소요될 것이다. 또 네트워크에서 거듭제곱 법칙[19]은 거대한 연결망을 '작은 세상'[20]으로 만들어 준다. 거듭제곱 연결구조가 노드(node) 간의 거리를 최대한 단축시켜 주기 때문이다.[21] 자기조직화 등 복잡계의 주요 주제들이 하이어라키 개념을 중심으로 접근되어야 한다고 주장하는 사이먼 역시 복잡계에서 하이어라키 구조가 자주 나타나는 것은 체계로 하여금 각 부분을 나누어 통제할 수 있게 함으로써 전체의 복잡성을 줄여주기 때문이라고 보았다(Simon, 1977).

---

19) 복잡계에서는 이 거듭제곱의 관계가 자주 나타난다. 그래서 이 법칙은 복잡계의 기본속성 중의 하나로 중요시되고 있다(Holmdahl, 2005). 예컨대 인터넷 연결망에서 노드의 연결수 분포를 조사해 보면 거듭제곱 함수형 분포로 나타난다. 구성요소들의 연결이 무작위하게 이루어졌다면 정규분포로 나타났을 것이다. 그렇지 않다는 것은 웹페이지나 네트워크의 연결망 형성이 무작위가 아닌 다른 규칙에 의해서 일어났음을 뜻한다. 바라바시는 거듭제곱형 분포의 원인을 선호적 연결로 보았다. 선호적 연결이란 인기가 많은 노드일수록 다른 노드들이 더 많이 찾아간다는 뜻이다. 이렇게 되면 연결수에서 빈익빈 부익부 현상이 나타나고 그 결과로 거듭제곱형 분포가 나타난다는 것이다(Barabasi, 2002).

20) '작은 세상(small world)'이란 1967년에 사회학자 스탠리 밀그램이 실험을 통해 "지구상의 사람들은 5단계만 거치면 거의 다 알게 된다"고 하는 소위 '여섯 단계 분리(Six degrees of separation)' 이론을 가리킨다. 네트워크 이론에서는 와츠와 스트로가츠의 '작은 세상 네트워크(small-world network)'를 가리킨다. 와츠와 스트로가츠는 격자형 네트워크에서 몇 개의 무작위 연결만 추가되어도 노드 간의 거리가 급격히 줄어드는 현상을 발견하고 이것을 '작은 세상 네트워크'라고 이름지었다(Watts & Strogatz, 1998).

21) 거듭제곱 법칙에 따른 네트워크와 하이어라키 구조를 갖는 네트워크가 동일한 것은 아니다. 거듭제곱형 네트워크도 넓게 본다면 하이어라키의 속성을 가지고 있다고 보기 때문이다.

하이어라키의 단점

하이어라키가 인간사회뿐만 아니라 자연세계에서도 일반적 현상이지만 그렇다고 해서 하이어라키에 문제가 없는 것은 아니다. 그 가장 큰 결점은 관계의 경직성이다. 관계의 안정성은 집단이나 체계의 구성을 효율적으로 만들어주지만 그 반대급부로 환경의 변화에 따른 변신을 어렵게 만들기도 한다. 적응력의 손실은 무생물에게는 문제가 되지 않지만 끊임없이 환경의 변화에 대응해 나가야 하는 생물체에게는 치명적인 약점이 된다.

인간사회의 하이어라키도 약한 적응력이 가장 큰 문제점으로 꼽힌다. 집단지성의 측면에서 볼 때 이점은 특히 중요하다. 적응력이라는 측면에서 보자면 이상적인 체계는 환경의 변화에 즉각 반응할 수 있는 구조를 가질 때일 것이다.

복잡적응체계 관점에서 조직의 문제에 접근하고 있는 스나이더와 솜머스는 체계를 '동결된 체계(frozen system)', '준비된 체계(poised system)', '초적응 체계(hyper-adaptive system)'로 나눈 바 있다. 이들은 체계의 적응능력과 진화에 대하여 다음과 같이 언급하고 있다.

> 모든 체계가 동일한 진화능력을 갖고 있는 것은 아니다. 매우 카오스적인 체계는 나비효과 즉 작은 힘이 체계를 교란시킬 수 있으므로 패턴을 지속적으로 유지할 수 없다. 이런 체계들은 안정적인 즉 동결된 구성요소가 극히 적어서 완충장치가 거의 없고 적응능력과 진화능력이 매우 낮아서 쉽게 무너진다. 고도로 질서화 된 체계는 너무 경직되어 있어서 새로운 행태가 나타날 경우 그것을 조정하지 못하고 마찬가지로 실패한다. 고도로 질서화 된 체계는 많은 구성요소들이 동결되어 있어서 사실상 기껏해야 체계의 작은 변화만을 감당할 수 있다. 완충과정이 너무 많고 그래서 적응능력과 진화능력이 낮다. '준비된(poised)' 체계 즉 카오스의 가장자리에 있는 체계들은……최적화된 진화능력을 가지고 있는 것처럼 보이기 때문에 진화에 특별히 적합할지 모른다(Schneider & Somers, 2006: 355).

환경은 항상 변화한다. 잘 짜인 구조를 가진 체계는 안정적이긴 하지만 변화를 흡수할 수 있는 적응력이 약하다. 반면 자유로운 구조를 가진 체계는 쉽게 변신할 수는 있어도 안정성이 약해 쉽게 해체될 수도 있다. 그러므로 모든 체계는 안정성과 적응성을 동시에 갖출 필요가 있다. 하이어라키 구조는 안정성이 높은 반면 적응성이 약한 '동결된 체계(frozen system)'가 되기 쉽다.

제3절 헤테라키

헤테라키의 기본 개념과 기능

하이어라키도 아니고 아나키도 아닌 관계구조를 가리켜 보통 공동체나 네트워크라고 칭한다. 이때의 네트워크는 수평적이고 비위계적인 관계를 가리킨다. 하지만 현실 속의 모든 네트워크가 수평적 구조만을 가지는 것이 아님을 감안하면 네트워크를 거버넌스의 한 유형을 지시하는 용어로 사용하는 것이 부적절할 수도 있다. 그래서 헤테라키(heterarchy)라는 용어가 필요하다.

헤테라키는 "서열화 되어 있지 않거나, 여러 가지 다른 방식으로 서열화 될 수 있는 가능성을 가지는 구성요소들의 관계"(Crumley, 1995: 3)로 정의된다. 어원상으로 보면 헤테라키는 그리스어 heteros(the other)와 archein(to rule)이 결합된 것이므로, "타자에 의한 지배"를 의미한다. 이때 타자란 상하관계에 있는 타자가 아닌 나와 수평적 위치에 있는 다른 행위자를 가리킨다.

헤테라키라는 말은 원래 복잡계에서 사용되던 용어이다. 헤테라키가 현대적 의미로 처음 사용된 것은 신경생리학자였던 워런 맥컬로(W. McCulloch, 1945)에 의해서이다(Crumley, 1995: 3). 그는 인간두뇌의 인지구조(cognitive structure)가 상당히 질서정연하지만 하이어라키적으로 조직화되어 있지는 않은 것을 보고, 이러한 조직구조의 패턴을 지칭하기 위해 헤테라키라는 말을 사용했다. 복잡계 이론의 여러 개념들이 사회과학에도 사용될 수 있지만, 그 중에서도 가장 잘 적용될 수 있는 것이 이 헤테라키 개념이다.

집단 내 어떤 구성단위가 상황에 따라 지배하는 위치에 있을 수도 있고 또 다른 구성단위에 의해 지배받기도 할 수 있는 형태의 조직 원리를 가리키는 것이므로, 헤테라키는 결국 지배적 역할을 담당하는 구성단위가 고정되어 있지 않는 거버넌스 유형을 지시한다. 예컨대 가위바위보 게임에 비유할 수 있다. 바위는 가위를 이기고, 가위는 보를 이기고, 보는 다시 바위를 이긴다. 이기고 지는 관계가 없는 것이 아니라 그것이 유동적이므로 절대적 승자가 없다 (Paquet, 1999: 6).

어떤 기준이 지배하느냐에 따라 위계구도가 달라지는 순환성이나, 다수의 권위가 병존하는 복수성은 사회체계에서 매우 일반적인 현상이다. 동시에 또는 교대로 나타날 수 있는 관계구조는 다양하다. 세 사람이 있다고 하자. 세 사람의 전공분야가 각각 다르다면 상황이 어떤 전문성을 필요로 하느냐에 따라 주도권을 쥐는 사람이 달라질 것이다. 세 사람이 한 팀이 되어 축구경기에 출전한다면 축구실력이 가장 뛰어난 사람이 주도권을 행사할 것이다. 상황이 달라지면 다른 사람이 우위에 설 것이다. 그러므로 세 사람의 관계는 수평적이다.

헤테라키는 구성원들이 모든 상황에서 항상 동등한 권위를 가진다는 말이 아니다. 하이어라키와 아나키가 상황에 따라 유연하게 조합, 재조합되는 것을 가리키므로 일종의 상위 거버넌스(meta-governance)로서의 성격이 강하다. 사람들은 보통 질서하면 하이어라키 구조를 먼저 떠올리지만 사실 자연에서나 사람의 역사에서 하이어라키가 모든 관계를 지배하는 경우는 거의 없다. 앞에서 검토했듯이 하이어라키가 자연과 사회에서 핵심적 중요성을 갖지만 하이어라키만으로 모든 관계가 규율되는 체계는 없다.

여러 고고학이나 인류학적 연구들은 헤테라키가 국가공동체를 포함한 모든 인간사회에서 항상 존재해 왔음을 보여주고 있다. 모든 사회에는 수직적 관계와 수평적 관계가 병존한다. 하지만 차지하는 비율로 본다면 수직적 관계보다 수평적 관계가 더 많다고 할 수 있다. 다시 말해 전체 질서구조는, 여러 가지 형태의 질서화 방식이 혼합되어 있는 경우가 일반적이므로, 오히려 헤테라키라는 용어로 더 적절히 묘사될 수 있을 것이다.

헤테라키는 사회조직의 근본적인 원칙 중의 하나이다. 어떤 사람은 민주주의 제도를 헤테라키적 권력구조의 가장 이상적인 표상이라고 보기도 한다 (Crumley, 1995: 3). 권위관계가 존재하지만 그 관계가 수시로 바뀌기 때문에 모두가 평등한 것으로 간주된다.

헤테라키 기능의 재조명

헤테라키가 기능적으로 재조명되고 있는 주된 이유 중의 하나는 웹의 대두이다. 인터넷에서 이루어지고 있는 다면적, 분산적, 수평적이면서 동시에 유동적인 관계를 묘사하는 데 적합하기 때문이다. 그래서 집단지성에 관여하는 다수 행위자들의 상호작용을 설명하는 데 헤테라키가 자주 사용된다.

정보과학계의 많은 학자들은 헤테라키 구조가 하이어라키 구조보다 정보를 더 효율적으로 처리할 수 있다고 주장한다. 그 단적인 예가 위키피디아의 헤테라키적 구조와 누피디아 프로젝트의 하이어라키 구조이다.

현재는 위키피디아가 인터넷 백과사전의 대명사로 알려져 있지만 사실 위키피디아 이전에 비슷한 시도를 한 누피디아(Nupedia)라는 웹사이트가 있었다. 누피디아는 위키피디아와 마찬가지로 사용자들이 사전의 항목을 작성하는 웹 기반 백과사전이었다. 그러나 위키피디아와 크게 다른 점이 한 가지 있었다. 사용자가 기고한 글을 채택하느냐 마느냐의 결정을 전문가들이 했다는 점이다. 뿐만 아니라 그 검토가 7단계를 거치도록 되어 있었다. 이에 비해 위키피디아는 누구나 자유롭게 올리되 내용의 수정이나 삭제도 사용자들이 한다. 이 차이는 극명한 결과를 보여 주었다.

1999년에 시작된 누피디아는 결국 2003년에 폐쇄되었다. 전문가가 최종결정을 하는 누피디아 방식이 하이어라키라면 사용자들이 상호 검토하는 위키방식은 헤테라키에 해당한다.[22]

복잡성과 변화속도가 증가함에 따라 헤테라키는 문제처리 능력 면에서 하이어라키를 압도하고 있다. 조직의 맥락에서 보면 헤테라키는 구성요소들의 기술, 지식, 작업방식 등에서의 다양성을 보존시켜 준다. 어떤 특정의 요소에 특권을 부여하지 않기 때문이다. 네트워크 구조로 보면 하이어라키는 상위 노드를 거쳐야만 다른 노드와 연결될 수 있으나, 헤테라키에서는 상위 노드의 허

---

22) 네이버 지식iN은 기본적으로 헤테라키 방식에 해당하지만 하이어라키 방식도 일부 채용하고 있다고 볼 수 있다. 의사, 한의사, 변호사, 노무사, 수의사, 약사, 세무사 등의 전문가들에게 별도로 질문하고 다수의 전문가가 답변할 수 있는 방식이 그것이다. 위키피디아와 네이버지식iN 모델의 차이는 토론과 협업문화의 차이로 설명되고 있다(황주성·최서영, 2010: 1).

락을 받을 필요 없이 직접 횡적인 연결이 가능하다는 점이 다르다.

그러므로 헤테라키는 특권이나 결정권이 구성원들에게 분산되어 있는 경우를, 하이어라키는 상위 위치에 더 많은 특권과 결정권이 주어지는 구조라고 말할 수 있다. 헤테라키의 이런 특징은 하이어라키의 약점인 적응성의 부족과 아나키의 약점인 불안정성을 동시에 메워 줄 수 있는, 아마도 가장 이상적인 질서일 것이다.

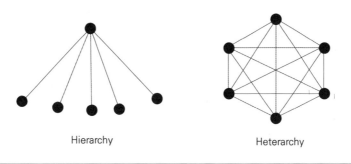

Hierarchy   Heterarchy

[그림 2-2] 하이어라키와 헤테라키의 구조 비교

제4절 아나키

아나키의 기본 개념과 기능

'아나키'라는 말은 보통 두 가지로 이해되고 있다. 하나는 '무질서'의 이미지이고 다른 하나는 '무정부'의 이미지이다. 무정부가 반드시 무질서로 귀결된다고 볼 수 없기 때문에 무정부와 무질서가 같은 뜻은 아니다. 'anarchy'라는 말은 그리스어 'anarkhia'에 어원을 두고 있는 말로, 원래 의미로 보면 지배자가 없는 체제라는 뜻이다. 그러므로 '무정부'가 더 정확한 역어일 것이다. 본뜻에 더 가깝게 번역하자면 '무지배'가 된다.

무지배란 개별 행위자가 권위나 타인으로부터 아무 제약도 받지 않고 오직 자신의 판단에 따라 행동하는 상황을 말한다. 이처럼 모든 행위자들이 자신의 판단대로 마음대로 행동하는데도 질서가 생겨날 수 있을까?

대체로 아나키는 일시적으로 안정된 체계를 구성할 수 있지만 그것이 지속되기는 어렵고 헤테라키나 하이어라키로 대체되기가 쉽다. 그러므로 아나키는 어쩌면 질서가 만들어지는 초기 단계를 가리키는, 잠정적인 체제로 보는 것이 옳을지 모른다(Hirshleifer, 1995).

과거 무정부주의자들은 정부가 없을수록 더 좋은 질서가 만들어진다고 주장했었다. 예컨대 프루동(Proudhon)은 아나키 체제가 가능하고 또 더 바람직하다고 주장했고, 크로폿킨(Kropotkin)은 아나키가 왜 가능한지에 대한 생물학적 근거를 제시하고자 했었다.23) 또 아담 스미스의 '보이지 않는 손'이나 하이에크의 '자생적 질서' 이론 등은 모두 아나키적 질서의 강점을 주장한 견해들이다. 그러므로 정치사상사의 측면에서 보면 아나키는 자유주의와 사회주의 모두의 궁극적 지향점이라고 할 수 있다.

아나키에 대한 인식은 역사적으로 이처럼 '무질서'와 '이상적 질서'라는 상반된 이미지가 공존해 왔었다. 이 두 견해 중에서 어느 쪽이 옳을까?

만일 지배하거나 간섭하는 사람이 없이 모두가 자율적으로 행동을 하되 집합적으로도 질서가 지속될 수 있다면 그 질서는 규범적으로 이상적인 질서임에 틀림없다. 하지만 무지배, 무제약적 행위자들이 집합적으로 어떤 규칙성을 만들어 낸다는 것은 물리학 이론으로 보더라도 원리적으로 불가능하다. 이 점은 아나키가 쉽게 다른 형태의 질서로 변화해 버린다는 것으로도 잘 알 수 있다. 복잡계 이론이 바로 이 의문과 밀접한 관련이 있다.

아나키에서 질서가 어떻게 '창발'될 수 있는가에 대한 설명은 다시 다룰 것이다. 여기서는 질서가 없는 상태 즉 "무질서하다"란 것이 무얼 뜻하는지를 조금 더 살펴보겠다. 무질서가 곧 질서의 출발점이자 원점이기 때문이다.

---

23) 크로폿킨의 저서 『상호부조론』(*Mutual Aids*, 2012)의 특징은 아나키 아래서도 질서를 유지하고 협력을 이루어 나갈 수 있는 이유를 다른 무정부주의자들과 다르게 인간의 생물학적 본성에서 찾으려 했다는 데 있다.

무질서와 랜덤

아나키가 무질서와 동의어가 아니라면 '무질서'의 본질은 무엇일까? 수학이나 물리학에서는 무질서의 본질을 무작위 즉 랜덤(random)으로 본다. 랜덤의 정의는 결과를 사전에 예측할 수 없는 사건을 가리킨다. 달리말해 예측불가능성을 가리켜 랜덤이라 칭한다. 반면 질서는 예측가능성을 뜻한다. "모든 과학을 관통하는 핵심적 기본 이분모형은 질서와 랜덤이다"(Bennett, 1998: 164-167)라는 말이 질서와 랜덤의 이런 관계를 잘 요약하고 있다.

그러나 질서의 대척 개념인 랜덤의 정확한 의미가 무엇이냐에 대해서는 논란이 있다. 데보라 베넷은 랜덤의 의미에 대한 관점을 세 가지로 나눈바 있다 (Bennett, 1998: 164-167).

첫째는 과거에 누적된 경험으로서 미래를 예측할 수 없는 사건을 가리키는 경우이다. 가령 동전 던지기와 같은 무작위 방식으로 어떤 내기를 한다고 가정해 보자. 이 경우 이전에 던진 동전이 무엇이 나왔느냐가 다음 동전던지기의 결과를 예측하는데 아무런 도움을 주지 못한다. 이처럼 과거와 미래 사이의 인과가 끊어진 상황을 랜덤으로 해석하는 사람들이 있다.

둘째는 랜덤을 인간의 무지 또는 무관심의 척도로 보는 관점이다. 이 견해는 랜덤의 예측불가능성이 사건 그 자체의 속성이 아니라 관찰자의 인지적 한계를 가리키는 즉 관찰자의 속성에 대한 묘사라고 본다. 다시 동전던지기 예를 들어 보자. 사실 수학적 확률은 반반이지만, 실제로는 라플라스의 유령[24] 처럼 동전을 던지는 방향과 속도, 공기의 흐름, 지면의 요철 등을 모두 계산할 수 있다면 앞면이 나올지 뒷면이 나올지를 예측할 수 있을 것이다. 그런데 예측불가능하다고 하는 것은 인간의 인지적 한계로 인해 이 모든 변수를 알 수 없기 때문이다. 그러므로 랜덤의 본질은 관찰자의 속성에 있다는 것이다.

---

24) 라플라스는 결정론적인 세계관을 굳게 믿었던 사람이다. 그는 모든 초기조건을 정확히 알면 미래를 예측할 수 있다고 믿었다. 모든 초기조건을 알 수 있는 존재를 라플라스의 유령(Laplace's demon)이라고 한다.

[그림 2-3] 라플라스의 유령 이미지(황지유 그림)

셋째는 랜덤을 예측 알고리즘을 만들 수 없는 상황을 가리키는 것으로 해석하는 견해이다. 가령 100자리의 수열이 있다고 생각해 보자. 이 수열에 어떤 규칙성을 발견할 수 있으면 그 100자리 수열을 생성하는데 필요한 알고리즘이 그만큼 압축될 것이다. 그러나 아무 규칙도 찾을 수 없다면 100자리 수 그대로를 일일이 출력하도록 알고리즘을 짜는 수밖에 없다. 그래서 수열을 출력하는 알고리즘에 압축가능성이 0%라면 그 수열을 랜덤이고 그렇지 않다면 랜덤이 아니라는 것이다.

위 세 관점은 타협점을 찾기 어렵지만 공통적 요소를 발견할 수는 있다. 즉 "과거의 경험으로부터 미래를 예측할 수 없다"이다(Bennett, 1998: 165).

예측불가능성이 사건 그 자체의 속성 때문일까? 아니면 관찰자의 인식의 한계 때문일까? 정보이론가들 다수는 후자를 지지한다. 대부분의 무질서는 관찰자의 한정된 인식능력으로 인한 것이라고 본다.

질서와 랜덤의 구분이 이처럼 관찰자 의존적이라면 이렇게 말할 수 있을 것이다. "무질서란 지성의 한계를 가리키는 말일뿐이다." 이 관점은 집단지성에 대한 이해를 새롭게 해 준다. 즉 집단지성은 "예측불가능성을 극복하기 위해 유기체들이 정보를 획득해 가는 한 양식"이라고 말할 수 있다.

제5절 아나키의 가격과 하이어라키의 그림자

자연계나 인간사회를 보면 아나키와 하이어라키 사이의 진동을 볼 수 있다. 어떤 경우에는 아나키가 더 나은 선택이 될 수 있는가 하면 하이어라키가 더 좋아 보이는 상황이 있기도 하다. 장기적으로 보면 이 둘은 교대로 세상을 지배하는 것 같다. 아나키와 하이어라키 둘 다 밝은 면과 어두운 면을 동시에 가지고 있기 때문일 것이다.

아나키의 가격

아나키의 어두운 면을 포착하는 개념으로 "아나키의 가격(price of anarchy)"을 들 수 있다. 이 말은 게임모형에서 최악의 내시균형과 최적 해 사이의 비율을 가리킨다.

아나키에서 자연발생적으로 귀착되는 질서가 내시균형이다. 이 내시균형이 최적의 결과와 반드시 일치하는 것은 아니다. 그러므로 만약 행위자들이 약속에 의해 더 나은 균형점으로 이동할 수 있다면, 이 두 균형점 사이의 차이는 아나키로 인한 손실의 크기를 가리킨다고 할 수 있다. '아나키의 가격'은 다음 식으로 표시된다(Mak & Rapoport, 2013: 144-145).

$$\frac{최적해의 보수}{내시균형의 보수(여러 개일 때는 최소값)}$$

	협력	배반
협력	(2,2)	(0,3)
배반	(3,0)	(1,1)

[표 2-3] 죄수의 딜레마 게임[25]

---

25) 만일 보수가 비용의 크기로 표시된 것이라면 이 식은 내시균형/최적해로 바뀐다. 비용은

예를 들어보자. 위 표에서 죄수의 딜레마 게임은 내시균형이 (1, 1)의 하나이다. 이 게임에서는 최적해가 (2, 2)이므로 아나키의 가격은 $(2+2)/(1+1)=2$가 된다.

하이어라키의 그림자

아나키의 가격은 협력의 이득을 극대화하려면 어떤 이행장치(enforcement mechanism)가 필요하다는 것을 시사해 준다. 가장 일반적으로 사용되는 이행장치가 하이어라키이다. 이행의 확실성을 확보하는 면에 있어서는 하이어라키가 가장 좋은 것으로 알려져 있지만 하이어라키가 반드시 좋은 점만 있는 아니다. 이제 하이어라키가 행사할 수 있는 강제력의 크기를 하이어라키의 강도로 개념화하고, 어느 정도의 강도가 가장 적합한지를 살펴보자.

좋은 거버넌스가 이루어지는데 국가와 같은 하이어라키가 얼마나 강할 필요가 있는가라는 문제를 탐구한 뵈젤과 리세는 "하이어라키의 그림자(shadow of hierarchy)"라는 개념을 사용하여 하이어라키의 강도와 행위자들의 자발적 협력 동기 사이의 관계를 설명한 바 있다(Börzel & Risse, 2010).

원래 하이어라키의 그림자란 말은 하이어라키가 직접 개입하지는 않지만 유사시 개입할 가능성이 있다는 사실로 인해 비정부 행위자들에 의한 거버넌스가 효력을 발휘하게 된다는 점을 나타내기 위해 만들어진 용어이다. 실제로 많은 국가에서 비정부 행위자들에 의한 거버넌스가 많이 시도되었지만 그 시도들 중에서 성공한 경우는 대개 정부의 개입가능성이 뒷받침될 때인 것으로 나타난다(Börzel & Risse, 2010: 114).

이제 정부의 힘이 강해질수록 그것이 민간행위자와 정부행위자들의 협력동기에 어떤 영향을 주는지를 살펴보자.

다음 그림(Bözel & Risse, 2010: 117)에서 수평축은 하이어라키의 수중에 얼마나 힘이 집중되어 있는가를 나타낸다. 수직축은 그 사회 구성원들이 규칙을 얼마나 자발적으로 지킬 의향을 가지게 되는지를 표시한다.

행위자를 정부행위자와 비정부행위자 즉 민간영역 행위자로 나누어 살펴보

클수록 좋지 않을 것이다.

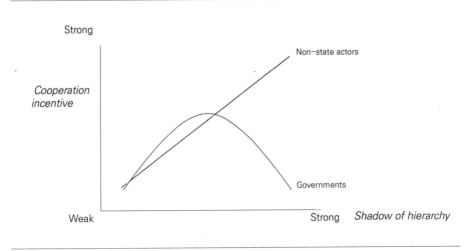

[그림 2-4] '하이어라키의 그림자'와 협력 동기

자. 비정부행위자는 하이어라키의 힘이 강할수록 규칙을 준수할 동기가 강해
진다. 규칙을 위반할 경우 치러야 하는 비용이 커지기 때문이다. 달리 말하면
'하이어라키의 그림자'가 짙게 드리워져 있을수록 규칙을 지킬 동기가 강해진다.

하지만 하이어라키의 그림자가 강해질수록 정부행위자는 사회적으로 합의된
규칙을 준수할 동기가 약해진다. 왜냐하면 정부가 매우 강한 힘을 가지고 있
다면 민간 행위자들의 눈치를 볼 필요성이 적어지기 때문이다. 그래서 정부의
일방적 행동 가능성이 늘어난다. 정부행위자의 경우 협력의 동기는 그림에서
보듯이 상승하다가 어느 지점 이후부터는 하강하는 곡선으로 나타난다.

뵈젤과 리세의 설명에 따른다면 하이어라키의 그림자가 무한정 강해지는 것
이 거버넌스의 효율성과 비례하지 않는다는 것을 알 수 있다(Börzel & Risse,
2010). 그러므로 필요 이상으로 하이어라키의 그림자가 강한 사회는 효율적인
상호작용이 일어나지 않을 것이다. 예컨대 독재국가와 같이 권력이 집중되어
있는 나라에서는 부패 등 정부행위자들의 배반이 쉽게 일어날 수 있다.

종합하자면 질서가 만들어지는 초기단계에서는 아나키였고, 또 헤테라키나
하이어라키도 언제나 아나키로 바뀔 수 있다는 점을 이해해야 할 것이다. 하
이어라키는 구성원 사이를 최단거리로 묶어 주는 원리이기 때문에 조직 내 관
계의 안정성을 확보하고 전체의 복잡성을 감소시킬 수 있다. 그런데 이를 내

부적으로 헤테라키적으로 운영한다면 의사결정권을 분권화함으로써 하이어라키의 단점인 적응력을 키울 수 있고, 문제를 빨리 처리할 수 있으며, 구성원들이 가진 다양성을 보존할 수도 있다.

질서와 거버넌스에 대한 이해는 다음 장에서 다루는 협력에 대한 이해에 도움을 줄 것이다. 협력은 집단 내 행위자들의 상호작용 형태의 하나이기 때문이다.

제3장 ──────────────────────────────

협력의 의의

협력이란 집단 내에서 행위자들이 자신들의 행동을 의식적으로 조정하면서 상호작용이 안정적으로 이루어지는 형태를 가리킨다. 협력은 크게 자연상태에서 나타나는 자기조직화와 사회에서 나타나는 거버넌스 상태의 협력이 있다. 질서, 거버넌스 등은 협력의 결과로 나타난 형태라 할 수 있다. 여기서는 상호작용과 협력의 개념을 살핀 다음, 협력을 하기 위해 행위자들이 의도적인 선택을 하는 기초 원리로서 '합리적 선택이론'과 합리적 선택이론의 대표적인 사례로 게임이론을 설명하겠다.

제1절 상호작용과 협력

상호작용[26]

개인이 집합적으로 행동한다는 것은 개인들의 관계 또는 상호작용이 안정적으로 지속성을 가진다는 것을 뜻한다. 개인들 간의 관계가 안정적이어야 한다는 말이 반드시 이들이 모두 동일한 목표를 지향해야 한다거나, 서로 우호적이어야 한다는 것을 뜻하지는 않는다. 단지 각각의 활동이 완전히 독립적이어서는 안 되며, 서로 간에 어떤 상호의존성이 있어야 한다는 것을 의미한다. 그

───────────────────────────────

26) 협력의 논리 도출을 위하여 저자의 책 집단지성의 원리(2022: 9-11)에서 상호작용 부분을 일부 인용하였음을 밝힌다.

러나, 일정 부분 서로에게 연결된 존재라는 사실을 인식하고 행동할 수 있다면 충분하고, 집단의 공동목표나 가치를 추구하는 등의 강한 공동체나 집단의식을 가질 필요는 없다.

가상공간도 마찬가지이다. 네이버(Naver)나 다음(Daum) 등의 블로그나 카페에 가입한 사람들은 서로 지속적으로 소통한다. 이 관계의 안정성으로 인해 그들은 하나의 집단 또는 집합체를 구성한다. 또 유튜브(Youtube) 사용자들은 동영상을 올리고, 그것에 댓글을 달고, 좋은지 싫은지 의사를 표시하는 행위 등을 통해 상호작용을 한다. 이 경우 참여자들이 모두 같은 목표를 가지고 있지는 않다. 더구나 상호 협력적이라기보다 경쟁적 관계인 경우도 많다. 중요한 것은 협력적이냐 경쟁적이냐가 아니라 서로 간에 상호작용이 이루어진다는 사실이다. 따라서 개체 간의 상호작용이 집합체를 만드는 본질적 요소이다.

그렇다면 상호작용이 이루어진다는 것이 무엇을 뜻하는가? 상호작용이란 말 대신에 연결, 관계, 네트워크가 사용될 수도 있지만 모두 거의 같은 뜻으로 볼 수 있다. 상호작용이 이루어진다는 것은 무엇보다도 정보가 오고 간다는 것을 뜻한다. 예컨대 유튜브 어느 동영상에 '추천'을 누르거나 '싫어요'라고 의사를 표시하는 것은 어떤 사안에 대해 자신의 판단을 제시하는 것이고 이 개인의 판단들이 바로 정보이다. 이 점은 가상공간뿐만이 아니라 현실 세계에서도 마찬가지이다.

정보로 간주되는 개인의 판단들은 위와 같이 직접적인 선호일 수도 있고, 상호작용의 결과로 의견이 바뀔 수도 있으며, 상대방의 의견에 따를 수도 있다. 사회적 상호 작용에는 협력이나 경쟁 또는 갈등을 거치기 때문이다.

우리가 잘 아는 생텍쥐베리(Antoine de Saint-Exupéry)는 그의 대표작 어린왕자(Le Petit Prince)에서 여우와 어린왕자의 대화를 통해 '길들이기와 관계 맺기'에 대해 다음과 같이 묘사하고 있다.

> (중략) "나에게 너는 수많은 작은 소년 중의 한명에 지나지 않아. 나도 너에게 수많은 여우 중에 하나일 뿐이야. 그런 네가 나를 길들인다면 우리는 서로를 필요로 하게 될 거야. 너는 나에게 이 세상에서 유일한 소년이 되고, 나도 너에게 유일한 여우가 될 테니까…"[27] (중략)

"나는 빵을 먹지 않기 때문에 밀밭은 나에게 관심 밖이야. 하지만 아름다운 황금빛 머리카락을 가진 네가 나를 길들인다면 밀밭은 내게 아주 근사한 광경으로 보일 거야. 밀밭이 황금물결을 이룰 때 나는 밀밭을 스쳐가는 바람소리마저도 사랑하게 될 거야"28)(Saint-Exupéry, 1943: 59-60).

두 사람이 어떤 관계를 맺고 있다는 것은 지속적으로 의사소통을 한다는 것이므로 곧 두 사람 사이에 어느 정도 안정적으로 정보가 오고 간다는 것을 뜻한다. 이렇게 보면 집합체란 "상호 간에 정보의 흐름이 지속적으로 일어나는 개인들의 집합"이라고 말할 수 있다. 그러나 여기서 말하는 지속성이란 반드시 장기간 반복적으로 이루어져야 한다는 것은 아니다. 어느 정도의 기간에 간헐적으로 소통을 한다면 이 조건은 충족된 것으로 보아야 한다. 이렇게 본다면 협력이란 상호작용이 안정적으로 이루어지는 형태를 가리킨다고 할 수 있다. 여기서는 지속적인 상호작용의 형태로서 '협력'이 주된 관심사이다.

협력이란 무엇인가 - 협력과 협업

협력이란 행위자들이 자신의 행동을 조직 내의 구성원이나 상대방에 따라 의식적, 선택적으로 조정하면서 상호작용이 안정적으로 이루어지는 형태를 가리킨다. 협력을 하기 위하여 특정의 목표가 존재하는 것이 보통이지만 목표가 하나가 아니고 협력 당사자 간에 각기 다를 수도 있다.

통상 목표 달성을 위하여 업무를 분할하여 수행하면서 서로 협조하는 것을 협력(cooperation)이라고 하고, 하나의 업무를 토의를 하면서 공동으로 수행하는 것을 협업(collaboration)이라고 하기도 한다. 협력의 개념 중에는 협업의 개

---

27) "For me you're only a little boy just like a hundred thousand other little boys. And I have no need of you. And you have no need of me, either. For you I'm only a fox like a hundred thousand other foxes. But if you tame me, we'll need each other. You'll be the only boy in the world for me. I'll be the only fox in the world for you…"

28) "I don't ear bread. For me wheat is of no use whatever. Wheat fields say nothing to me. Which is sad. But you have hair of the color of gold. So it will be wonderful, once you've tamed me! That wheat, which is golden, will remind me of you. And I'll love the sound of the wind in the wheat."

념을 포함하는 것이 일반적이며 협업과 협력의 개념이 뚜렷이 구분되는 것은 아니다. 특히 우리의 경우는 '협업'이라는 용어가 보편화 된지 오래되지 않아 혼용해서 쓰고 있다. 하지만 이 둘을 구태여 구분하는 경우도 있으며 경우에 따라서는 구별의 실익도 있다.

켐브리지 사전의 정의에 의하면 협업은 두 사람 이상이 같은 일을 하면서 새로운 것을 만들어 내거나 업적을 성취하는 것을 말하며, 협력은 분업 (division of labor)을 기본 요소로 하여 서로 필요로 하는 것을 나누어 행하는 것을 말한다.[29] 협업은 업무가 중복되고 수행시간이 느리지만 효율성이 높아 성과를 발휘할 수 있다. 업무 수행과정에서 모두가 모여 심의를 하게 되므로 심의가 가지는 장점을 발휘할 수 있다. 모르는 정보를 알게 되거나 주관적인 생각에서 벗어나 공적관점을 강화시켜 주기도 하고 의사결정의 정당성을 높여 집행과정에 순응이 쉽게 이루어지게 한다. 특히 협업은 허버트 사이먼(H. Simon)이 제기한 인간의 판단능력의 한계를 의미하는 '제한된 합리성(bounded rationality)'을 극복하게 해준다.

반면, 협력은 일을 나누어하므로 빠르게 진행할 수 있다. 분업은 당초 아담 스미스가 국부론에서 국부를 창출하는 방법으로 제기한 것이며, 프레데릭 테일러(F. W. Taylor)의 과학적 관리론(scientific management)에서부터 생산의 효율성을 도모하는 방법으로 각광 받아 왔다. 또한 협력은 협업으로는 불가능한 업무 이외의 감정적인 면이나 행위적인 면에서의 도움을 포함한다는 견해도 있다. 다만, 분업 이후의 빠른 조합은 정밀성이 떨어지고 결함이 많을 수 밖에 없을 것이다.

전체적으로 보면 조직의 유형별로 협업이나 협력 중에서 선호가 다를 것이고, 그 중 하나를 선택하는 것이 쉽지 않다. 경우에 따라서는 협력을 한 다음 협업을 하는 경우도 생각해 볼 수 있다. 또한 전문가 집단 내에서는 협력이나 협업 자체가 쉬운 일이 아니다. 사실 일상에서 일어나는 대부분의 일들은 자연스럽게 협력이 이루어지지 않는다. 개인의 이익과 전체의 이익이 조화를 이

---

29) 사전에는 collaboration을 the situation of two or more people working together to create or achieve the same thing으로, cooperation은 the activity of working together with someone or doing what they ask you to do로 정의하고 있다.

루는 경우가 드물기 때문이다. 사회적 딜레마의 여러 유형 중에서 이른바 공공재게임(a game of public goods)의 논리와 가깝다. 집단지성에서 말하는 협력은 구태여 이 둘을 구분하지 않는 것으로 한다.

상호주관성의 확보

집합적으로 보면 협력이란 집단의 구성원인 개체들이 가진 각자의 의견에 대해 상호 통일성과 객관성을 확보하는 것을 말한다. 집단 내에서 개인의 의견을 관철하기 위해서는 집단 내 다른 사람들의 동의를 얻어야 한다. 그러기 위해서는 조직 구성원 각자가 가진 주관적인 생각을 섞어 상호주관성(inter-subjectivity)을 만들어 내는 과정이 필요하다. 이러한 과정이 확대되고 반복되면 개인의 의견에 대해 구성원 전체의 동의를 얻어 가치중립적인 객관성을 확보할 수 있고 통일된 의견에 따라 추진을 할 수 있게 되는 것이다.

예컨대, 모차르트나 파가니니의 음악에 대해, 미켈란젤로나 벨라스케스의 그림에 대해 나는 물론 다른 사람들도 아름답다고 한다면 그 음악, 그 그림에 대해서는 상호주관성이 확보된 것이다. 상호주관성이란 개념은 독일의 철학자 에드문트 후설(E. Husserl)이 현상학을 연구하면서 제시한 것으로 개인의 관점을 초월하여 다수의 주관에 공통적으로 존재하는 것이라고 하였다. 그는 여러 사람이 함께 살아가야 하는 현대 사회에서는 상호주관성을 확보해 나갈 필요성이 크다고 주장하였다(Husserl, 1931, trans. Peiffer and Lévinas, 1970). 따라서 협력이란 각 개인의 생각들의 접점에서 유사점이나 일치점을 찾아 선택을 통하여 상호 동의하는 과정 즉 상호주관성 또는 간주간성을 확보해 나가는 행위라고 할 수 있다.

상호주관성을 확보하는 과정은 어떻게 설명될 수 있을까? 먼저 집단 내에서 문제들이 산재해 있을 것이고, 이 문제들에 대해 개인마다 해법이 다르며 이에 대한 의견 제시가 있다고 가정해 보자. 표출된 의견들은 상호 교류를 하면서 지지와 반대를 거쳐 수용되기도 하고 폐기되기도 할 것이다. 그 과정에 의견 제시자가 가진 전문성, 과거의 경험이나 직관, 조직 내에서 차지하는 의견 제시자의 권력적 힘, 개방적 또는 폐쇄적인 조직의 문화, 사회적 관습 등 주어진 시점에서의 환경요인들이 두루 작동할 것이다. 유사한 논지로 토마스 셸링 (T. Schelling)은 그의 저서 『갈등의 전략(the Strategy of Conflict)』에서 게임의 당사자들은 주어진 여러 방안들 중에서 하나를 선택해 나가는 데에 상호간 합의를 하려는 경향이 있음을 밝혔다(Schelling, 1980). 이처럼 상호주관성의 범위를 넓히면 수용의 정도가 많아지고 합의 가능성이 높아질 것이다. 여기서는 이들 중에서 오직 집단지성에 필요한 협력의 변수들만 검토할 것이다.

상호주관성을 찾기 위해서는 특정 현상이나 문제에 대한 자신의 관점이나 행동을 상대방 또는 단체의 관점이나 목적에 맞추어야 한다. 이 때 상대방이 의견이 없는 경우도 있고, 같은 의견을 가진 경우도 있으며, 의견이 있으나 관철하려는 의지가 없는 경우도 있고, 나아가 자신과 대립하는 의견을 가진 경우도 있다. 특히 마지막의 경우에는 어느 정도 자기희생을 수반하게 되는 것이 보통이다.

아이디어들은 스스로 자라기보다 다른 아이디어들과 접목하거나 이식되었을 때 더 튼튼하게 자란다는 말이 있다. 식물의 접붙이기도 마찬가지이다. 두 식물에서 잘라낸 줄기나 뿌리를 절단하는 아픔과 회복과정을 거치면 관다발형성층이 서로 연결되어 자라게 된다. 이렇게 접을 붙인 식물은 병충해에 강해지고 수확량이 늘어난다.

협력이 강화되면 상호 연대의식(solidarity)이 생겨서 하나로 뭉쳐지기도 한다. 학자들은 이 연대라는 개념을 특별히 취급하기도 한다.[30] 사람들이 동등한 지위에서 만나 가치관이나 목표를 공유하면서 동료 의식을 갖고 서로 소통하고 함께 행동하는 것을 의미한다. 그러나, 집단지성의 관점에서는 협력만으로 충분하고 연대까지 나아갈 필요는 없다. 집단은 구성원들 간 상호작용만 있어도 충분하기 때문이다.

갈등 해결의 전문가 애덤 카헤인(Adam Kahane, 2017)은 서로 의견이 일치하지 않아서 문제를 함께 해결하기 어려운 경우에는 자신을 바꾸어서 상대방과 맞출 필요가 있음을 지적한다. 책의 제목 『Collaborating with the Enemy』와 부제 'How to Work with People. You Don't Agree with or Like or Trust'

---

30) 독일의 사회학자 라이너 촐(R. Zoll)은 연대를 "동등한 사람들 사이의 사회적 결합"이라고 정의했다(R. Zoll, 최성환 역, 2008).

가 말해주듯 다르게 생각해 보는 것이 어려운 환경을 극복하는 데 어떻게 도움이 되는지 보여준다. 카헤인은 자신과 의견이 맞지 않는 경우에 '너는 틀렸다'는 방식으로 적으로 간주하는 적화 증후군(enemyfying syndrome)이 일상적으로 작동함을 주장하며 협력이 어려운 경우에는 확장 협업 즉 '스트레치 협업'(stretch collaboration)이 필요하다고 역설한다. '생각도 다르고 호감도, 신뢰도 없는' 사람과 일해야 하기에 협력은 함께 일하는 사람들과 관계 맺는 방식, 상황을 진전하는 방식, 상황에 참여하는 방식 모두를 바꿔야 한다는 것이다 (Kahane, 2017).

부동의의 동의

집단 내에서 협력이 이루어지지 않을 경우에는 어떻게 되는가? 그러한 경우에는 당연히 집단행동이 이루어지지 않거나, 합의가 이루어지지 않은 상태로 행동이 이루어질 것이다. 대부분 투표 등 다수결에 의한 의견수렴 방식으로 결론이 맺어질 것이지만[31] '동의하지 않는 것에 대한 동의(agree to disagree)'가 이루어 질 수도 있다. 동의하지 않는 것에 대한 동의란 모든 당사자가 반대 입장을 용인하지만 받아들이지는 않는 방식으로 갈등 또는 다툼을 해결하는 것이다. 일반적으로 모든 측이 더 이상의 갈등이 불필요하거나 비효율적이거나 바람직하지 않다는 것을 인식할 때 발생한다. 그들은 또한 해결되지 않은 문제에 대해 계속 동의하지 않으면서 우호적인 조건을 유지할 수도 있다 (wikipedia 검색).

'동의하지 않는 것에 대한 동의(agree to disagree)'는 1700년대부터 종교계에서 교리를 두고 논쟁을 벌일 때 결론을 맺기 어려운 상황에서 해법으로 제시된 방안이었다. 흔히 국가 간의 교섭이나 사적인 협상 과정에서 반드시 결론을 맺을 필요가 없는 경우 또는 결론을 유보하는 것이 바람직하다고 할 경우에 취할 수 있는 대안이라고 할 수 있다. 결론을 맺는다고 하여도 A안과 B안이 있을 경우에 AB안으로 절충하거나, A안을 추진한 다음에 B안을 추진한다는 등의 순서를 정할 수도 있다. 그러나, 의견 제시자가 자신에게 큰 손실이

---

31) 다수결에 대해서는 저자의 책 『집단지성의 원리』(2022)를 참고하기 바란다.

없다고 판단할 경우 상대방의 의견에 대해 묵시적인 동의를 하거나, 자기 의견에 확신을 가질 수 없을 때에 타협책으로 동의하는 것은 부동의에 의한 동의라고 할 수는 없을 것이다.

일정한 결론을 요구하는 수학이나 경제학적 관점 또는 내쉬균형점(Nash Equilibrium)을 찾는 게임이론이나 법률적인 판단이 요구되는 경우에는 '부동의의 동의'가 수용하기 어려운 이론이라 할 수 있다. 그러나 일반적인 협력을 위한 동의를 구하는 경우에는 수학적 엄밀성을 필요로 하는 것은 아니다. 동의하지 않는 것에 대한 동의(agree to disagree)의 맹점 중의 하나는 두 극단의 의견이 모두가 틀렸을 경우에 나타나는 버블효과(bubble effect)의 문제점이다.

경쟁과 협력, 비교하는 인간 – 엔트로피와 네겐트로피

협력을 연구한 도킨스(R. Dawkins)나 액셀로드(R. Axelrod)뿐 아니라 여러 학자들은 협력과 경쟁이 인간의 본능에서 비롯되었다고 본다. 먼저 자연현상에서부터 이런 본능이 찾아지는지를 살펴보자.

자연에는 나뉨과 섞임의 경향이 있다. 나뉨은 안정된 상태에서 특별한 형태와 기능이 없었던 세포, 구조, 조직 등이 분열하거나, 성장하여 일정한 구조나 특정 기능을 얻는 과정을 말한다. 이런 달라짐의 조직화는 생명현상이라고 할 수 있다. 나누어진 상태에서는 정체성을 구축하면서 다시 서로 달라짐을 향해 나아가게 된다. 이 과정에서 외부 충격이 가해지면 달라짐의 강도가 커지기도 한다. 자연계에서 달라짐을 추구하는 이유는 군집별로 최고의 효율을 추구하기 때문일 것이다.

경쟁은 나뉨으로 인한 차이로 인해 생겨난 운동에너지의 표현이다. 나뉨으로 인한 차이가 없으면 경쟁, 즉 생명 활동은 사라진다. 그러므로 경쟁은 나뉨이 만들어내는 운동에너지인 것이다. 저온의 물체는 고온을 향함으로써 격차를 줄이려 하고, 고온체는 그 격차를 더욱 키우거나 유지하려고 한다. 나누어진 개체는 생활여건이 분리되어 있지 않는 한 조금이라도 더 생존에 유리한 환경을 만들기 위해 경쟁하게 된다.

인간은 생존을 위해 경쟁하며 비교하는 습관 또는 본능을 가졌다. 심리학자 윌리엄 히펠(W. Hippel, 2018)은 원시시대부터 인간은 짝짓기 경쟁에서 밀려날지 모른다는 두려움을 가지고 있고 본능적으로 비교를 통하여 우월성을 확인한다고 주장한다(Hippel, 2018: 18). 반면 레온 페스팅거(L. Festinger)의 사회비교이론(Theory of Social Comparison)에 의하면 비교하는 것이 반드시 우월성을 확인하는 것이 아니다. 비교를 통하여 자신의 능력(ability)이나 생각(opinion)을 확인하고자 하는 것이다(Festinger, 1954: 117-140). 비교를 통하여 집단의 평균과 유사하면 안심을 하게 되고(the need for similarity), 다르면 우월감이나 불안감을 느끼게 될 것이다. 비교하는 방법은 본인보다 우월한 상태에 있는 사람의 특징과 비교하는 상향비교(upward comparison), 본인보다 열악한 상태에 있는 사람의 특징과 비교하는 하향비교(downward comparison)가 있다.

비교를 통하여 느끼는 감정은 비교하는 인간이 어떤 환경에 놓여있고, 어떤 욕구를 가지고 있는지에 따라 달라진다. 예컨대, 마슬로우(A. Maslow)의 욕구의 단계(hierarchy of needs) 중 최하단계인 생리욕구 단계에 머물러 있을 경우 생존과 보존을 위하여 능력을 비교하고 경쟁을 벌이고자 할 것이다. 나아가 네 번째인 존중욕구(esteem) 단계에서는 집단의 구성원들에게 협력함으로써 좋은 평가를 받기를 원할 것이다. 따라서 욕구의 단계가 높아질수록 이기심에서 이타심으로, 경쟁에서 협력으로 바뀌게 될 것이다.

경쟁의 과정에서 외부의 상위수준에서의 경쟁자들을 이기기 위해서는 내부에서 협력을 선택하게 된다. 이를 다른 각도로 본다면 협력하기 위한 파트너를 고르는 방법이 경쟁이라고 할 수 있다. 이런 점에서는 협력은 경쟁의 다른 표현이며, 경쟁의 내부화라고 할 수 있다. 상대방과의 경쟁은 나의 목표수준을 높이는 계기가 되기도 하고, 나의 일에 더욱 집중하게 한다. 경쟁의 과정에 양립가능성을 찾아 균형을 이루게 되면 공존을 택하기도 한다. 협력이란 목표의 통일이기 때문이다. 목표를 통일시키기 위해서는 나뉨이 다시 섞여야 한다. 섞임은 서로 다른 것이 만나 부딪치면서 서로 같아지는 것을 말한다. 예컨대 열은 고온과 저온이 만나 평준화된다.

학자들은 자연에서의 경쟁과 협력, 나뉨과 섞임을 '엔트로피(Entropy)'와 이에 대비되는 '네겐트로피(Negentropy)'로 설명하기도 한다.[32] 나뉨으로서 새로운 질서가 만들어지고 정보량이 많아져서 새로운 에너지의 창출원인 네겐트로피가 증가하며, 다시 섞임으로써 균질해지고 정보량이 줄어들어 다시 되돌릴 수 없는 엔트로피가 증가한다고 본다.

질서는 다름이 만들어진 상태를, 무질서는 다름이 없어진 상태를 말한다. 즉 엔트로피는 변화를 일으키는 나뉨 또는 다름이 섞임 또는 같아짐으로 변한 양을 말한다. 하지만 섞임을 새로운 경쟁을 위한 새로운 협력이거나 창발을 위한 시작이라고 본다면 엔트로피가 아니라 네겐트로피를 증가시킬 수 있을 것이다.

협력의 역사

인간은 두려움과 호기심을 가지고 태어났다. 인간의 삶은 두려움을 제거하면서 호기심을 채워 나가는 과정이라고 할 수 있다. 하지만 그 호기심들을 채워 나가는 과정은 혼자의 힘만으로는 불가능하다. 태어나서부터 일정 기간 생존을 위해서는 부모와 가족들의 도움이 필요하고, 스스로 독립한 이후에도 타인의 도움이 불가결하다.

19세기 프랑스의 문호 빅토르 위고는 그의 저서 '바다의 노동자', '93년', '레미제라블' 등의 작품을 통하여 인간의 삶에는 세 가지 투쟁이 필수적인데, 그 대상 중의 하나는 자연이고, 둘은 인간이며, 셋은 자기 자신이라고 하였다. 특히, 인간은 자연과의 투쟁을 통하여 온갖 위험을 극복하고 물질문명을 발전시켜왔다. 자연에서 탄생한 인간이 자연과 투쟁을 하기 위해서는 타인의 도움이 절실하였다. 예컨대, 인간이 초기 유인원 시절에 나무에서 땅으로 내려와 맹수로부터 자신을 보호하며 정착하는 데에는 동료들과의 협력이 필수적이었다.

히펠(Hippel)에 의하면 사회적 곤충을 제외하고 동물들은 기본적으로 의도적인 협력을 하지는 못한다. 예컨대, 영양과 얼룩말 등은 안전을 위하여 모여서 살기는 하지만 협력을 하는 의도적인 신호를 보이지는 않는다고 한다. 심지어

---

32) '엔트로피(Entropy)'는 1865년 독일의 물리학자 클라우지우스(Rudolf Clausius)에 의해서 처음 소개되었고, 이 개념과는 반대로 '네겐트로피(Negentropy)'는 'Negative Entropy'의 약어로 1943년 슈뢰딩거(Erwin Schrödinger)가 쓴 『생명이란 무엇인가? (*What is life?*)』라는 책에서 사용되었다.

유인원과 가깝다고 여겨지는 침팬지들도 사냥할 때 모두 참여하지 않고, 사냥한 고기를 나누어 먹을 때는 방관자들이 조르면 나누어 준다고 한다.

동물들이 무리를 지어 사는 이유는 무리 속에 들어갈수록 생존에 유리하기 때문이다. 무리의 가장자리에 위치하면 위험하지만 전체 무리에 비해 가장자리에 위치할 확률이 낮다고 한다. 무리에서 벗어나거나 뒤처지는 것을 두려워하여 무리의 행동을 따라하는 현상을 말하는 양떼 효과(herding effect)도 이와 유사하다. 조금 더 나아가면 동물들은 집단 내에서 생활하면서 다른 개체를 도와주는 경우도 있다. 위험한 적을 보면 스스로의 위험에도 불구하고 소리를 내어 경고신호를 보내는 동물들도 많다. 이때의 경고신호는 종을 달리하여 효과를 낸다. 학자들은 이를 집단선택(group selection)이라는 논리로 설명한다.

하지만 히펠에 의하면 이러한 동물의 행동은 이타적이긴 한데 의도적인 협력행위로는 볼 수 없다고 한다. 진정한 협력은 사냥을 할 때 위험을 공유하면서 상호간 의도적인 조정을 거치는 과정이 필요할 것이다. 반면, 인간은 유아인 경우에도 누가 돕는지 돕지 않는지를 알며 도움을 준 친구들과 스티커나 사탕을 나눈다고 한다(Hippel, 2018: 3).

한편 일군의 학자들은 생물학의 진화론에서 말하는 혈연선택(kin selection)을 협력행위로 보기도 한다. 혈연선택은 쉽게 말해 두 개체 간에 근친도가 높을수록 이타적 상호작용이 증가한다는 것이다. 혈연선택은 생물학자 윌리엄 해밀턴(W. Hamilton)이 논문 '이타적 행동의 진화(the evolution of altruistic behavior)' 연구에서 제시하였다(Hamilton, 1963: 354). 해밀턴에 의하면 자녀는 부모 유전자의 1/2씩, 손자나 손녀는 1/4씩 유지되어 나가게 되는데[33] 이타적 행동은 근연개체 간에 이타적 행위를 유발하는 유전형질의 포괄적응도의 차이를 통해 진화한다는 것이다. 혈연선택은 이타심을 통하여 진화론을 설명하는 이론으로서는 유용하지만 인간들 사이의 의도적인 협력을 설명하는 데에는 한계가 있다. 나와 같은 유전자를 일부 가진 친척을 도와주는 일이 협력이라고 보기에는 무리가 있다는 뜻이다. 혈연선택 이론은 추후 집단선택(group selection) 이론에 의하여 대체되어 갔는데 이는 뒤에서 다루겠다.

---

33) 해밀턴은 근친도가 r일때 이타적 행동으로 생기는 혜택이 이타주의자가 치르는 비용의 k배라면 유전자를 양성선택하는 기준은 k > 1/r이라는 공식을 제시하였다.

협력은 인류사에서도 큰 기여를 하여 왔다. 유발 하라리는 『호모데우스 (*Homo Deus*)』에서 인류가 지구를 지배할 수 있었던 이유는 높은 지능이나 도구제작 능력 때문이 아니고 함께 소통하는 능력 때문이라고 주장한다. 물론 지능이나 기술도 중요하지만 그것보다 여럿이 협력한다는 것이 그보다 더 큰 역할을 해 왔다는 것이다. 그리고 이렇게 협력을 할 수 있는 지구상의 유일한 종은 인간뿐이라는 것이다(유발 하라리, 김명주 옮김, 2017: 187). 경제인류학의 관점에서 보면 물물교환이나 무역은 문명의 초창기부터 협력에 의하여 이루어진 대표적인 사례이다. 교역을 통해 협력하는 나라들은 번성하고, 폐쇄적인 고립주의를 택한 나라들은 쇠퇴하였다.

표토르 크로폿킨(P. Kropotkin)은 동물과 인간이 경쟁뿐만 아니라 협력을 통해서 살아가는 존재라는 것을 밝혔다.[34] 그는 1904년에 쓴 수필집 『상호부조론(*Mutual Aids*)』에서 상호 투쟁만큼이나 상호부조 역시 자연의 법칙이라고 주장하며 찰즈 다윈의 진화론과 허버트 스펜서의 사회진화론에 반론을 제기하였다. "그는 서로 싸우는 개체보다는 서로 연대하고 돕는 개체들이 자연선택 (natural selection)에서 더 잘 살아남는다는 것을 논증하는 수많은 예를 들었다. 개미, 벌, 딱정벌레, 게, 독수리에서부터 인간 세상까지, 그리고 중세의 길드부터 현대의 노동조합까지 그가 드는 예는 많다. 그는 사회성과 연대가 없는 종들은 결국 멸망에 이른다고 강력히 주장하였다."[35]

이처럼 인간의 경우에는 생명체의 DNA에 협력의 본성이 존재하고 있다고 보는 것이 일반적이다. 심지어 진화생물학자 리차드 도킨스(Richard Dawkins)는 그의 1976년도 책 『이기적 유전자(*The Selfish Gene*)』에서 이타적으로 보이는 행동들도 유전자를 퍼트리기 위한 개체의 이기적인 유전자의 행동 때문이라고 본다. 목적은 이기적일지라도 수단은 협력을 선택한다는 것이다. 유전자들의 절묘한 협력으로 운반자(생존 기계)인 개체의 몸이 만들어지며, 좋은 유전자는 강한 유전자가 아니라 개체의 몸을 유지 강화하기 위하여 다른 유전자와 잘 협력하는 유전자를 말한다(Dawkins, 1976).[36] 도킨스를 추종하는 학자들은

---

34) 『상호부조론(*Mutual Aids*)』은 러시아 박물학자이자 아나키스트 철학자인 표트르 크로폿킨(Peter Kropokin)이 1904년에 쓴 인류학적 수필 모음집이다.
35) 이정우, "경쟁이냐 협력이냐"(열려라 경제, 한겨레 2009.3.1.)에서 재인용함
36) 도킨스는 인간의 경우 유전자에 완전히 종속되는 기계일 뿐이라는 시각에서 벗어나 인

지구의 생명이 세포에서 식물로 동물로, 또 동물에서 인간으로, 나아가 사회조직체로 진화하는 전환점들은 모두 이기적 유전자가 조종하는 협력에 의하여 이루어진다고 본다.

비슷한 논지로 마크 버트니스(M. Bertness)는 2020년 그의 저서 『문명의 자연사(*A Brief Natural History of Civilization*)』에서 인류 문명의 획기적인 진화과정에서 작용한 협력의 중요성을 지적하였다. 그는 진화의 역사에서 혁신이 일어나는 변곡점인 세포의 등장, 다세포생물로의 전이, 인류의 탄생, 농업혁명 등의 모든 순간들은 물질 또는 생물들의 협력으로 설명될 수 있다고 주장하였다. 그는 책의 부제(Why a Balance Between Cooperation & Competition Is Vital to Humanity)에서 볼 수 있는 바와 같이 경쟁과 협력의 균형이 중요함을 역설하고 있다. 어떤 이유이건 우리의 유전자에는 경쟁과 함께 협력의 본성이 자리하고 있다는 점에서는 이견이 없다고 보아야 할 것이다.

협력의 동기

사람들이 협력을 하는 이유는 무엇일까? 협력을 하지 않아도 되는데도 불구하고 협력을 하는 이유는 무엇이며, 협력을 거부하는 이유는 무엇일까? 협력에 관한 연구는 곧 협력의 동기를 파악하는 연구라고 하여도 과언이 아니다.

집단지성 연구의 선구자인 토마스 맬런(T. Malone)은 협력의 동기로 자신의 이익을 위한 '금전', 즉 경제적 동기, 상대방에 대한 또는 구성원들에 대한 '사랑' 동기 그리고 협력함으로써 얻게 되는 스스로에 대한 만족감인 '영광' 동기가 작용함을 지적했다(Malone, 2015). 맬런의 이 세 가지 동기가 가장 기본적인 요인이며, 이 요인들이 세부적으로 파생되어 많은 이론들이 도출되어 왔다고 할 수 있다.

그중에서도 가장 중요한 동기는 경제적 동기이다. 기여된 재화가 만들어내는 편익이 매우 크다면, 자신이 내어놓은 작은 정보가 큰 편익으로 되돌아오

간은 주관적인 의식을 가져서 좋고 나쁨을 선택할 수 있는데, 그것은 기억과 축적 능력이 있기 때문이라고 보았다. 인간은 이 주관적 의식을 활용하여 시뮬레이션 즉 상상능력을 발휘하게 되는데 이것이 생존기계를 해방시키는 능력, 유전자의 명령을 초월하는 힘도 갖게 된다고 보았다(Dawkins, 1976).

거나 많은 사람에게 도움을 줄 가능성이 있다고 하면, 기여의 동기가 현저히 늘어날 것이다. 사실 자신에게는 거의 소용없는 사소한 것일지라도 다른 사람들에게는 귀중한 정보일 수도 있다. 그러므로 기여와 공유를 제약하는 이기심이 작동할 여지가 적어진다. 낮은 공급비용과 높은 사용가치로 인해 이기심에 기초한 사회적 딜레마가 작동할 여지가 대폭 줄어들게 된다는 뜻이다.

특히, 협력이 웹기반으로 이루어져서 집단지성이 창출될 경우에는 금전 이외의 동기가 많이 작용한다.[37] 사랑과 영광 유전자에 대한 의존성이 크다는 것이다. 예컨대 위키피디아의 경우 참여자들의 행동을 금전 동기로 설명할 수는 없다. 사랑 동기와 영광 동기로써 설명해야 할 것이다. 영광 동기를 이용하는 웹사이트도 많이 볼 수 있다. 적극적 기여자나 참여자에게 '파워 유저'라든지 '파워 셀러(power seller)', '톱 리뷰어(top reviewer)' 등의 칭호를 부여하며 순위경쟁을 유도하는 경우가 그 대표적인 예이다.

쿠즈네초프(Kuznetsov, 2006)는 기존 연구결과를 종합하고 또 새로운 경험적 조사 자료를 이용해서 기고자들의 참여 동기를 분석한 후 그 동기를 이타주의, 상호성, 커뮤니티, 평판, 자율성의 다섯 가지로 정리한 바 있다.

자신의 비용으로 타인의 편익을 증가시키는 일을 하는 것이 이타주의(altruism)다. 노인의 짐을 들어준다거나, 가난한 사람을 돕는다든가, 위험에 빠진 사람들을 구하는 행위들은 이타주의가 작용하는 사례들이다.

상호성(reciprocity)은 직접적인 보답을 기대하지는 않지만 장기적 및 간접적으로 노력에 대한 보상을 받을 수 있기 때문에 참여한다는 것이다. 상호성 동기는 이타심에서 비롯되는 것은 아니며 오히려 등가교환에 기초하기 때문에 이기적이라고 할 수 있다. 그럼에도 동료들로부터 인정받는 등 비물질적인 보상이 있는 것은 사실이다.

커뮤니티(community)란 유사한 가치관과 필요성을 공유하는 사람들이 정기적으로 상호작용하는 집단을 가리킨다. 커뮤니티에는 집단자아 의식, 집단정체성이 존재한다(Benkler, 2011). 집단정체성에는 집단의 동질감 이외에 집단 속에서 누리는 이득도 포함된다.

---

37) Malone. Laubacher & Dellarocas(2010a), p.28

평판(reputation)은 동료들로부터 존경, 신뢰, 감사를 받는 것을 말한다. 앞에서 설명한 상호성을 커뮤니티에 적용하면 개별적 특정적 상호성보다는 일반적 포괄적 상호성이 작동될 가능성이 높다. 이 경우 커뮤니티 내부에는 질서의 수준이 높아지고 평판을 통하여 협력의 가능성이 증가하게 된다. 노왁(Nowak)은 이 일반적 상호성을 간접적 상호성(indirect reciprocity)이라고 표현하면서 협력에서 가장 중요한 동기로 파악하고 있고, 이 간접적 상호성을 증진시키는 방법으로 평판을 들고 있다(Nowak, 2012: 51-68). 사람들이 평판의 형성과 유지를 위해 노력한다면 협력이 더 확대될 것이다.

끝으로 웹에서는 협력이 더 잘 일어나는데 자기가 하고 싶었던 것을 할 수 있는 여지, 즉, 자율성(autonomy)이 늘어나기 때문이다. 현실 세계에서는 여러 제약 때문에 개인이 행동의 자율성을 누릴 여지가 많지 않다. 웹에서는 시간과 공간, 상대방의 수 등에 제한이 없다.

컬록(Kollock, 1999)의 주장도 쿠츠네초프와 유사하다. 컬록은 협력의 주요 동기로 상호성에 대한 기대(possibility of reciprocation), 평판(reputation), 효능감(efficacy)을 들었다. 효능감이란 집단에의 참여를 결심하고 실제로 참여한 후 그 결정을 잘 했다고 느끼는 자기 만족감을 말한다. 효능감이 높으면 집단에의 참여자가 같은 행동을 유지할 지속성이 높아진다. 컬록의 주장은 쿠츠네초프가 제시한 동기들에 모두 포용될 수 있다.

노브(Nov, 2007)는 위키피디안과 위키백과 연구에서 자기 방어(protecion), 이타적 가치(altruistic value), 경력(career), 사회적 관계(social relations), 이해 증진(understanding), 자기고양(enhancement), 재미(fun), 이데올로기(ideology)를 제시하였다. 다음의 <표 3-1>은 위의 주장들을 모은 것이다.

협력에는 이상에서 본 여러 동기들이 작동한다.[38] 이들 중에서 생물학자들은 이타심을 강조할 것이고, 사회과학자들은 평판이나 사회적 관계를 우선순위에 두려고 할 것이다. 경제학자들은 상호성에 중점을 둘 것이다. 예컨대, 찰스 다윈(C. Darwin) 등의 진화론자들은 동물들의 새끼돌봄 본능이 인간에게도 적용되고, 인간들은 진화를 통해 집단 구성원들에게 이타적 행위를 하게 된다고 주장한다.

---

[38] 그 외에도 라파엘리 등(Rafaeli et al., 2009)은 위키백과 연구에서 인지적 요인, 정서적 요인, 통합적 요인을 찾아냈다.

구분	맬런 (T. Malone)	쿠즈네초프 (S. Kuznetsov)	컬록 (P. Kollock)	노브 (O. Nov)
동기 요인	사랑 (love)	이타주의 (altruism) 평판 (reputation)	효능감 (efficacy)	자기방어 (protection) 이타적 가치 (altruistic value) 경력(career)
	영광 (glory)	커뮤니티 (community)	평판 (reputation)	사회적 관계 (social relations) 이해증진 (understanding) 자기고양 (enhancement)
	금전 (money)	자율성 (autonomy) 상호성 (reciprocity)	상호성 (reciprocity)	재미(fun) 이데올로기 (ideology)

[표 3-1] 동기적 요인들에 관한 이론들

사화과학자들은 대체로 인간관계에서 '신뢰'를 우선한다.[39] 신뢰는 금전 사랑 평판 등의 세부 동기요소를 포괄한다. 로버트 액설로드(R. Axelrod)는 1984년 그의 저서 『협력의 진화(*the Evolution of Cooperation*)』에서 죄수의 딜레마 게임을 반복게임으로 전환하면 참여자 상호간 신뢰를 확보하게 되어 협력에 이르게 됨을 밝혔다. 반복게임은 결국 정보의 축적을 말한다. 정보가 많아지고 신뢰가 확보되면 자신이 가진 정보를 기꺼이 공개하게 된다. 정보의 공유는 집단지성 방식으로 협력을 이끌고, 새로운 창발을 낳게 된다.

집단지성 플랫폼들은 대체로 신뢰를 기반으로 운영되고 있다. 예컨대 소스코드 공유 플랫폼인 깃허브(Github)는 소프트웨어 개발자들이 활용하는 오픈소스이다. 세계의 소프트웨어 지성들이 스스로 개발한 알고리즘을 올리면 누구나 이를 활용할 수 있고, 소프트웨어는 발전을 거듭하게 된다. 신뢰가 확보되기를 기다릴 것이 아니라 먼저 정보를 제공하면서 신뢰를 확보해 나가는 방

---

39) 신뢰(trust)는 개인들 차원뿐 아니라 사회나 국가차원의 개념으로까지 확대되어 있다. 사회나 국가차원의 신뢰는 사회적 자본(social capital)으로 인식되고 있다.

법이 더 나을지 모른다. 리누스 토발즈(Linus Benedict Torvalds)는 수많은 네티즌들이 이용하는 핵심 소프트웨어 운영체제(OS) 리눅스(Linux)를 오픈소스로 개방하였고 운영체제 발전에 크게 기여하였다.

조슈와 울프 셍크(J. W. Shenk)는 『둘의 힘(*Powers of Two: How Relationships Drive Creativity*)』에서 창조적인 성과는 파트너십에서 나온다고 하면서 존 레논과 폴 메카티니, 반 고흐와 그의 동생 테오, 피카소와 마티스 등 수많은 사례를 들어 파트너십을 매우 체계적으로 설명하고 있다. 그는 파트너십을 확보하기 위해서는 신뢰가 필요하다고 하면서 상대방의 존재를 인지하고, 확신하며, 신뢰해야 비로소 협력적 경쟁을 통하여 파트너십을 발휘할 수 있다고 주장한다(Shenk, 2014).

반면, 허버트 사이먼(H. Simon) 등 행동경제학자들은 이타적 행위나 신뢰가 협력을 위해 도움이 되지만 모든 협력행위들을 설명하지는 못하며, 본질적인 동기는 호혜성 또는 상호성이라고 주장한다. 이기주의자들로부터 협력을 이끌어 낼 수도 있고, 배신을 상호성으로 처벌할 수만 있다면 궁극적인 협력의 동기는 상호성 또는 호혜성이라고 할 수 있다. 상호성에 대해서는 이하에서 충분히 검토할 것이다.

협력을 이끌어 내기 위해 위와 같은 동기요소들을 적절히 제공하는 방법이 중요하다. 특정 조직은 특정한 동기요인들이 더 효율적일 수도 있다. 호혜적 조직의 경우에는 사랑 요인이, 웹상에서는 평판이 유효할 것이다. 공적 조직에서는 협력을 통해 맛볼 수 있는 효능감이 필요할 것이다. 이런 조직에는 협업을 통해 풀어낼 수 있는 목표지향적이고 혁신적인 과제가 주어질 필요가 있다.

협력의 예시로 조직 내에서 브레인스토밍이 필요한 경우를 상정한 후 동기이론을 활용하여 참여자의 협력을 추동하는 방법을 설계하여 보자. 먼저 조직의 목표 설정에 참여자의 경험과 의견이 필요함을 인식시키고, 참여자가 상당한 역할을 할 수 있음을 강조할 필요가 있다. 조직이 지향하는 목표의 정당성과 배경을 설명하면서 부족한 부분을 참여자와의 브레인스토밍을 통하여 조직의 목표를 함께 설정하도록 한다. 이른바 사랑 동기로 조직에 대한 이타심을 이끌어 내는 것이다.

그 다음으로는 협력의 이점을 주지시킨다. 조직과 개인의 이익이 충돌하지 않고 조화를 이룰 수 있다는 점을 이해하도록 하고, 궁극적으로는 조직의 성과를 통하여 참여자의 이익으로 환원될 수 있다는 것을 알리는 것이다. 참여자에게 참여의 이익을 강조하여 상호성 동기를 부각시키는 방법이다. 마지막으로 참여자의 역할을 평가하고 인정함으로써 자기효능감을 갖도록 한다. 참여에 대한 자신감을 부여하고, 개방적인 분위기를 조성하며, 상사나 동료의 선도와 조력을 제공해야 한다. 나아가 의견을 제기할 때에 공감하거나 포용을 해 나가면서 어떤 의견이라도 존중해 주는 것이 중요하다.

현대 정보화 시대의 도래와 함께 협력은 새로운 양상으로 변모되어 가고 있다. 디지털 시대에는 시간과 장소의 제약이 없어지고, 디지털의 재료인 정보재가 비경합성과 비배제성을 갖고 있어서 인터넷 유저들은 사이버공간에서 자유롭게 참여자들과 소통할 수 있다. 이에 따라 특정 시간에 특정 장소에서 만나 이루어지던 협력이 인터넷 상에서 더욱 활발하게 이루어지고 지식의 생산과 교환이 폭발적으로 증가하고 있다.

협력자의 수

집단지성에서 말하는 집단의 범위에는 사람의 수를 정하지는 않는다. 그러나, '집단'이기 위해서는 상정할 수 있는 일정한 집합체가 존재하고 구성원이 안정적이고 지속적으로 상호작용을 해야 한다(권찬호, 2018: 9-10). 그렇다면 구성원의 수가 최소 몇 명이나 되어야 할까? 위 조건에 따르면 오직 두세 사람만이 참여하여도 상호간 일정한 집합체를 구성하여 지속적으로 소통하고 있다면 집단이라고 할 수 있다. 그렇지만 구성원이 다수일수록 집단지성의 품질은 더 좋아진다(the more, the better)는 사실은 염두에 두어야 한다(권찬호, 2022: 69-95).

여기서는 집단의 구성원이 두 사람인 경우, 세 사람인 경우 그리고 다수인 경우로 나누어 설명해 보기로 한다. 셴크는 집단 내에서 지성이 발휘되는 경우로 '고독한 천재1인 모델'과 '네트워크형 창조성 모델'로 이원화하고 각각의 특징을 설명하고 있다(Shenk, 2014: Prelude).

천재모델의 경우는 천재인 개인을 강조하는 반면 네트워크모델은 네트워크화 된 조직을 강조한다. 천재모델은 하늘로부터 부여받는 개인의 능력을 중시하는 반면 네트워크모델은 조직의 문화를 강조한다. 천재모델에서 개인에게 주어지는 능력은 천재적인 지식과 직관이지만 네트워크형의 경우에는 집단지성이 발휘하는 창의성이다. 천재모델은 원자화된 자아 중심의 환원주의(reductionism)에 기초하고 네트워크모델은 다수가 참여하는 집단지성(collective intelligence)에 의존한다. 이를 도표로 제시하면 다음과 같다(Shenk의 책 내용을 재구성함).

구분	천재 모델	네트워크 모델
기본 단위	개인	네트워크 조직
강조점	개인의 능력	조직의 문화
능력의 기초	지식이나 직관	집단의 창의성
기본 패러다임	환원주의	집단지성

[표 3-2] 천재 모델과 네트워크 모델의 차이

그러나 이 두 모델의 경계가 분명하거나 구분이 명확한 것은 아니다. 천재도 집단에서 배출되고, 집단속에서 존재하기 때문이다. 자연과학의 역사 속에서 나타난 천재들인 니콜라스 코페르니쿠스(N. Copernicus), 아이작 뉴턴(I. Newton)의 경우에 기존의 관념을 획기적으로 바꾸어 인류에 공헌한 것으로 알려져 있다. 그러나 이들의 주장과 이론들도 혼자만의 독창적인 주장이라기보다는 다수의 관찰과 축적의 결과로 탄생한 것이었다.

예컨대 지동설을 정립한 폴란드출신인 코페르니쿠스의 경우 이탈리아로 유학을 했을 때는 새로운 사고가 넘치는 르네상스 시대였고, 오래전 지동설을 주장한 그리스의 천문학자 '아리스타르코스(Aristarchos, 기원전 310~기원전 230)'의 책을 읽었다고 한다. 그리고 많은 사람들의 관찰결과 행성들 간의 거리가 시간이 지남에 따라 가까워졌다가 멀어졌다가를 반복하거나, 태양에서 일정한 거리 이상은 벗어나지 않는다는 것 등의 지식이 이미 축적되어 있었다고 한다.

또한 17세기에 뉴턴과 동시대의 학자들은 이미 만유인력의 법칙의 근간이 되는 원리인 지구 상에서 측정되는 중력과 천체운동에 필요한 구심력이 같은 것이라는 것을 알고 있었다고 한다. 다만, 뉴턴이 인력의 크기와 행성운동의 공식을 수학적으로 정립하였던 것이다. 허버트 스펜서(H. Spencer)가 위대한 인물도 길고 복합적인 혁신의 경로를 거쳐 온 집단의 문화 속에서 탄생한다고 주장(Spencer, 1881: 34)한 것은 바로 이 같은 현상을 지적한 것이다.

셍크(Shenk)는 네트워크모델의 기본으로 한 쌍, 즉 두 사람이 구성하는 집단이 협력의 출발임을 분명히 하고 있다(Shenk, 2014: Prelude). 2인은 협력의 기본 단위이며, 개방적이고 깊이 있는 논의가 가능하고, 융통성이 있어서 부분적인 사고를 할 수 있고 유연한 특징이 있다. 만약 3인이 기본모델이라면 더욱 안정적이긴 하지만 힘의 구도가 한쪽으로 고정되고 유동성이 부족할 것이라고 주장한다. 셍크는 두 사람은 마치 디지털의 1과 0처럼 무한한 능력을 가지고 새로운 것들을 창조해 낼 수 있다고 본다. 이미 지적한 바 반 고흐와 테오 형제, 마리퀴리 부부, 폴 메카트니와 존 레논 등의 조합은 좋은 사례들이다. 두 사람간의 조합도 미시적으로 보면 만남에서부터 합류, 변증, 경쟁, 주종이나 우열관계, 거리두기, 중단 등의 양태를 보인다고 한다. 이런 관찰은 협력의 시점이나 지속성을 관찰하는 데 매우 유용해 보인다.

제2절 협력과 선택: 합리적 선택이론과 게임이론

협력과 합리적 선택

동물들의 군집지성에서는 개체들의 행동이 자기조직화 방식으로 합쳐진다.[40] 그러나 사람의 경우는 자신들의 행동을 의도적으로 조정함으로써 더 나은 집합적 결과를 얻으려 한다. 공동의 목적을 위해 행위자들이 자신들의 행동을 의식적으로 조정하는 과정을 가리켜 보통 협력이라고 칭한다. 집합행동, 질서, 거버넌스 등은 이 협력 또는 협력의 결과를 조금 다른 각도에서 표현한 용어들이다.

---

40) 자기조직화에 대해서는 뒤에 자세히 설명한다.

이 절에서는 협력의 요체인 바로 이 의식적 조정을 통한 집단지성의 창출 문제를 살펴볼 것이다. 먼저 협력문제를 다룰 때 가장 널리 사용되고 있는 '합리적 선택 접근법'에 대해 간략히 알아 본 다음 협력의 문제를 살펴보겠다. 합리적 선택 접근법(Rational Choice Approach)이란 사회 현상을 분석함에 있어서 그 초점을 개인들의 의사결정의 기초인 '의도적 행동'에 맞추는 이론들을 가리킨다. 먼저 의도성에 초점을 맞춘다는 것이 어떤 의미인지 살펴보자.

엘스터에 의하면 과학적 설명은 세 가지 유형으로 대별될 수 있다. 첫째는 인과적 설명이고, 둘째는 기능적 설명이며, 셋째는 의도적 설명이다(Elster, 2003: 30-31).

인과적 설명은 모든 학문 분야에서 사용하는 방식으로, 과학적 설명의 가장 기본적인 양식이다. 물리학에서는 인과적 설명만을 사용한다. 기능적 설명이나 의도적 설명은 사용하지 않는다. 기능이나 의도는 어떤 목적을 상정할 때만 성립될 수 있는 개념이다. 물리적 실체는 기능이나 의도를 상정하기 어렵다. 한편 생물학에서는 인과적 설명과 함께 기능적 설명을 사용한다. 기능적 설명이란 어떤 전체 구조를 상정하고 그 구조 내에서 차지하는 위치나 역할로써 개체의 행동을 이해하려는 방식을 말한다.

반면 인간의 행동을 연구대상으로 삼는 사회과학에서는 인과적 설명과 함께 의도적 설명을 광범위하게 사용한다. 의도적 설명이란 어떤 개인이 취한 행동을 그 사람의 의도로써 설명하는 것을 말한다. 의도란 아직 발생하지 않은 미래의 사건을 사전에 통제함으로써 그 사건이 자신이 추구하는 목적에 부합되는 방식으로 진행되게 하려는 행동을 말한다. 의도적 행동은 자유의지를 전제로 한다.

엘스터는 사회과학에서 올바른 설명 패러다임이 되려면 인과적 설명과 함께 의도적 설명이 적절히 추가되어야 한다고 본다. 사람의 행동에는 행위자가 통제할 수 없는 변수와 행위자가 통제할 수 있는 변수가 동시에 작용한다. 자신이 통제할 수 없는 변수에 대해서는 인과적 설명이 적용되어야 하지만 행위자가 통제할 수 있는 변수는 의도라는 관점에서 접근해야 한다는 것이다.

바로 이 행위자의 의도에 중점을 두고 인간의 행동과 사회현상을 설명하려하는 일군의 이론들을 가리켜 합리적 선택 접근법이라고 부른다. 사람의 행동을 합리적 선택이라는 관점에서 설명하려려하는 이론들의 공통된 기본 전제는 다음 두 가지로 요약할 수 있다(Elster, 2003: 30).

> (1) 구조적 제약이 개인의 행동을 모두 결정하지는 않는다.
> (2) 구조적 제약이 허용하는 실현가능한 행동들 중에서 개인은 최선의 결과를 얻을 수 있다고 믿는 행동을 선택한다.

만일 구조가 개인이 취해야 할 행동을 하나로 특정한다면 우리는 구조만을 설명변수로 채택해도 대부분의 사회적 행동을 설명할 수 있을 것이다. 그렇게 되면 인과적 설명만으로 충분하다. 그러나 구조는 실현가능한 행동의 집합을 단 하나로 압축하지는 않는다. 단지 선택의 범위를 제한할 뿐이다. 그래서 한 개 이상의 가능한 선택지들 중에서 어느 것이 선택되느냐는 개인의 판단에 맡겨지게 된다.

만일 사람이 주어진 대안들 중에서 임의로 어떤 하나를 선택할 수 있는 자유의지를 가진 존재라면, 사람의 행동을 설명하기 위해서는 개인들이 어떤 기준에 기초해서 대안을 선택하는가에 대한 가정이 필요하다. 합리적 선택이론은 이 대안 선택의 기준을 합리성으로 상정한다.

'합리적으로 행동한다'는 말이 무슨 뜻일까? 합리성은 매우 논란이 많은 개념이다. 여기서는 합리적 선택이론에서 가장 널리 수용되고 있는 정의를 중심으로 '합리성' 및 '합리적 선택'의 의미를 요약해 보겠다.

합리적 선택이란 무엇인가

합리성 개념에 대한 가장 성공적인 정의로 평가받고 있는 것 중의 하나는 "주관적 기대효용의 극대화"라는 젤텐의 정의이다(Selten, 1991: 3). 이 정의는 '주관적 기대효용'과 '극대화'라는 두 부분으로 이루어져 있다.

주관적 기대효용이란 쉽게 말해 행위자가 임의로 설정한 목표를 가리킨다. 행동의 목표는 개인마다 다를 수 있다. 어떤 사람은 부를 중요시하지만 어떤 사람은 명예를 더 귀중하게 생각할 수 있다. 또 어떤 사람은 남을 돕는 데서 기쁨을 느끼지만 반대로 자기이익만을 중시하는 사람도 있을 것이다.

합리적 선택이론에서 말하는 합리성은 이 목표에 대해서는 중립적이다. 어떤 목표를 지향하느냐는 합리성 여부의 판단 대상으로 보지 않는다는 뜻이다. 합리성 개념은 오로지 각자가 주관적으로 설정한 목표를 달성하는 수단에 대해서만 적용된다. 그래서 합리적 선택이론에서 다루는 합리성을 도구적 합리성이라 부른다.

도구적 합리성이 충족되려면 어떤 조건이 필요할까? 대개 두 가지 조건이 거론된다. 선호의 안정성과 극대화의 추구이다. 극대화란 서열화된 대안들 중 목표를 가장 잘 달성할 수 있는 최적의 대안을 선택한다는 것을 뜻한다. 선호의 안정성은 보충 설명이 필요하다.

선호가 안정적이란 말은 상황이 동일하고 주어진 대안들이 동일할 경우 항상 동일한 대안을 선택한다는 것을 말한다. 변덕을 부린다면 그런 행동은 일관성이 없기 때문에 과학적 설명의 대상이 될 수 없다. 선호가 일관성을 가지려면 완비성(completeness)과 이행성(transitivity)이 지켜져야 한다.[41]

완비성이라 함은 주어진 대안들에 대해 어느 것이 자신의 목표를 달성하는 데 더 좋은 수단인지에 대한 서열을 매길 수 있다는 뜻이다. 대안들에 대한 서열화가 불가능하면 어느 대안이 목표를 달성하는데 더 좋은 대안인지를 비교할 수 없기 때문에 선택이 무의미해 질 것이다.

이행성이란 이 서열화 된 대안들을 선택함에 있어 일관성이 있음을 뜻한다. 예컨대 사과, 배, 감 중에서 사과를 배보다 좋아하고, 배를 감보다 좋아한다면 사과를 감보다 좋아해야 논리적으로 일관성이 있다. 이행성이란 이 일관성을 가리킨다.

사람들은 합리적으로 행동하는가

"인간은 합리적으로 행동한다"라는 합리적 선택이론의 행동 가정이 현실과 얼마나 부합할까? 합리적 선택이론에 대한 비판은 주로 합리성 가정의 타당성

---

41) 조건을 더욱 엄밀히 설정한다면 완비성과 이행성 이외에도 갑작스러운 변화를 거부하는 연속성, 선호의 양이 많을수록 더 좋다는 강단조성 등 몇 가지 조건을 더 추가할 수 있다.

여부를 중심으로 논의가 이루어진다. 가장 자주 거론되는 비판은 두 가지이다. 이기성과 완전성의 문제이다.

이기성의 문제란 합리적 선택이론이 인간을 이기적 존재로 가정한다고 보고, 현실 속에서의 인간들은 이기적으로만 행동하는 것이 아니라 이타적으로도 행동하는 경우가 많기 때문에 합리성 가정은 적절하지 않다는 비판들을 가리킨다. 하지만 합리적 선택 이론가들은 이 비판을 수긍하지 않는다. 왜냐하면 주관적 기대효용의 극대화를 일상적 의미의 이기적 행위로 보기는 어렵기 때문이다.

앞에서 말했다시피 합리적 선택이론은 개인이 어떤 목표를 추구하느냐에 대해서는 중립적이다. 목표의 좋고 나쁨이나 옳고 그름을 판단하지 않는다. 그러므로 합리적 선택이론의 틀에서 이기적이냐 이타적이냐를 따지는 것은 무의미하다.

물론 '자기가 설정한 목표의 최대 달성'이라는 합리적 선택 이론의 전제를 '이기적'이라고 표현할 수도 있다. 왜냐하면 개인들이 공동의 목적을 추구한다고 보지 않기 때문이다. 어떤 개인이 자기목적이 아니라 공동의 목적을 우선 추구하는 행위를 한다면 그것은 당연한 것이 아니라 설명되어야 할 특별한 현상으로 간주된다. 그러나 이 방법론적 개인주의가 일상적 이기주의와 반드시 같은 것은 아니다(Ostrom, 2015).

완전성의 문제란 인간이 주어진 대안들 중에서 최적 대안을 선택한다는 가정의 비현실성을 말한다.

많은 경우 사람들은 무엇이 최적 대안인지를 모른다. 가령 서울에서 부산으로 가려는 사람의 경우를 보자. 비행기, 고속버스, 철도, 혹은 자가용 중 어느 수단을 이용하는 것이 최선인지를 대개 완벽히 알기는 어렵다. 빨리 가기 위해 항공편을 이용했는데, 가상조건의 악화로 회항했다면 오히려 철도를 선택한 것이 나았을 것이다.

허버트 사이먼은 "인간은 전지(omniscience)하지 못하기 때문에 합리성은 제한될 수밖에 없다. 전지하지 못하기 때문에 모든 대안을 알지 못하며, 관련된 외생적 사건들이 불확실하며, 그리고 결과의 계산이 불가능하다"고 말하고, "합리적이고자 하나, 단지 제한적으로만 그러하기" 때문에 완전한 합리성(perfect rationality) 대신에 제한된 합리성(bounded rationality) 개념이 도입되어야 한다고 주장했다(Simon, 1979: 502).

　정보의 불완전성을 고려할 때 사람들이 항상 최선의 대안을 선택한다고 보기는 어렵다. 행동경제학에서 제시하는 이론들 중 심리적으로 비합리적인 것을 선택하게 되는 부존 효과(endowment effect), 손실기피 성향, 심적회계 방식(mental accounting), 확실성 효과(certainty effect), 닻내림 효과(anchoring effect)와 같은 사례들도 있다. 그렇다면 합리성 가정을 포기해야 할까? 아마 그렇지 않을 것이다. 합리적으로 행동하려고 노력한다는 사실이 중요하며 그 합리성이 항상 완벽히 실현되느냐 여부가 문제의 핵심이 아니기 때문이다.

　적어도 인간은 합리성을 추구하는 경향을 가지고 있는 것만은 부정할 수 없다. 그러므로 인지적 한계로 인하여 완전한 합리성을 획득하기는 어렵지만 완전합리성을 지향하는 존재로 가정하는 것이 비현실적이라고 보기는 어려울 것이다. 더구나 인간을 합리적 존재로 가정할 때 사회현상을 더 잘 설명할 수 있다면 합리성 원칙은 현실과 부합하느냐 여부와 상관없이 타당성을 가질 수 있다.

　인간을 합리적 목적추구자로 간주함으로써 얻을 수 있는 이득은 많다. 다른 접근법들과 비교할 때 무엇보다도 매우 엄밀한 논리를 구성할 수 있게 해준다는 것이 가장 큰 장점이다. 경제학이나 게임이론 등이 그 대표적인 예이다. 더구나 합리성을 비롯한 이론적 가정들은 현실과 부합할 수 있도록 조건을 완화시킬 수 있는 탄력성을 가지고 있다.

　현재로서는 사회과학에서 합리적 선택 접근법보다 더 정교한 이론체계를 갖춘 접근법은 찾기 어렵다고 해도 과언이 아니다.[42]

---

42) 합리적 선택이론 내에서도 여러 유형이 존재한다. 가장 큰 분기점은 '강한' 합리적 선택이론과 '약한' 합리적 선택이론이다. '강한 합리적 선택이론'은 사회적, 제도적 제약을 합리적 선택의 산물로 보고, 합리적 선택에 종속적인 것으로 본다. '약한 합리적 선택이론'은 사회적, 제도적 제약을 주어진 것으로 보고, 그 제약 내에서 이루어지는 합리적 선택 행위를 분석대상으로 삼는다. 예컨대 올슨의 집합행동 이론은 강한 이론화에 해당한다. 사회제도나 제약 등이 없다고 가정했을 때 합리적 선택만 작용한다면 어떤 결과가 나올까라는 관점에서 이론을 구성했기 때문이다. 올슨은 개인적으로 합리적으로 행동하는 사람들은, "만약 강제나 다른 특별한 장치가 없다면," 무임승차하게 된다고 보았다(Miller, 1992: 24).

전략적 합리성과 게임이론

사람들이 나름의 목적을 최대한 달성하기 위해 노력한다는 것이 합리적 선택 접근법의 출발점이다. 그러나 만일 동일한 목적을 추구하는 행위자가 둘 이상 있고, 이들의 목표가 서로 경합적이라면 어떻게 될까? 바로 이 의도적 행위자들 간의 상호작용을 분석대상으로 삼는 것이 게임이론이다.

게임이론은 의사결정의 상호의존성에 초점을 맞춘다. 즉, "게임이론은 사회적 상호작용을 기술하는 수학적 언어를 제공하기 위해 만들어졌다"(Camerer, 2004: 374).

의사결정의 상호의존성이란 내가 선택한 대안이 어떤 결과를 가져오느냐가 객관적 변수들에 의해서만 결정되는 것이 아니라 나와 상호작용하고 있는 상대방의 선택에도 달려있는 상황을 가리킨다. 쉬운 예로 가위바위보 게임을 보자. 내가 가위를 냈을 때 만일 상대방이 보를 선택했다면 내가 이긴다. 그러나 상대방이 바위를 내면 내가 진다. 즉 나의 선택이 어떤 결과를 얻을지가 상대방이 어떤 선택을 하느냐에 달려 있다. 이것이 바로 의사결정의 상호의존성이다.

이처럼 결과가 상호의존적으로 결정되는 경우의 합리성을 가리켜 전략적 합리성(strategic rationality)이라고 한다. 반면에 상호의존성이 없는 경우는 상수적 합리성(parametric rationality)이라고 불린다.[43)]

전통적 경제학에서는 보통 상수적 합리성 문제만을 다루었다. 예컨대 내가 만원을 가지고서 배, 사과, 감을 산다고 할 때, 나의 효용을 극대화 하려면 배, 사과, 감을 몇 개씩 사야 하는지 등과 같은 최적화 문제에서는 배, 사과, 감에 대한 나의 선호와 그리고 각각의 가격만 고려하면 된다. 나의 선택이 가져오는 결과가 다른 행위자의 선택에 따라 달라지는 측면은 고려하지 않는다.

게임이론은 합리적 선택 접근법 내에서 가장 성공적인 이론적 자원으로 간주되고 있다. 게임이론은 협력의 문제, 사회적 딜레마, 컴퓨터 시뮬레이션 등

---

43) 엘스터가 말한 '상수적 합리성'과 '전략적 합리성'의 구분은 노이만과 모르겐슈테른이 말한 '로빈슨 크루소 모형'과 '사회교환 모형', 하사니의 '개인적 결정이론'과 '사회적 배경에서의 합리적 행위 이론' 등의 개념과 유사하다. 모두 합리성이 문제시되는 두 상황의 차이에 주목한 것이다. Elster(2003: 30); Udehn(2001: 252) 참조.

여러 영역에서 인간행동의 모형화를 가능하게 해주는 미시적 기반이 되어 왔다.

게임이론의 기본요소는 경기자(player), 전략(strategy), 보수(payoff)이다. 게임에서는 다수의 경기자 즉 행위자가 있다. 각 행위자가 선택할 수 있는 행동 대안들은 전략이라 불린다. 경기자들이 전략을 선택하면 각자는 자신의 선택과 다른 사람의 선택이 상호의존적으로 결정하는 보수를 얻는다.

사회적 상호작용을 분석하는 데 있어 게임이론이 갖는 의의는 균형 개념에서 가장 잘 나타난다. 균형 개념이 중요한 이유는 추론의 무한회귀를 막아주기 때문이다.

예를 들어보자. 야구에서 투수와 타자는 목표가 서로 갈등적이다. 어떤 투수가 던질 수 있는 공이 직구와 슬라이더 두 가지뿐이라고 가정하자. 타석에 들어선 타자는 투수가 어떤 공을 던질지를 미리 안다면 안타를 칠 확률이 높아진다. 타자의 추리를 보자. "전 타석에서 직구를 던져서 안타를 맞았으니까, 이번에는 슬라이더를 던질 것이다"라고 일단 생각할지 모른다. 그러나 다시 생각할 수도 있다. "전 타석에서 직구를 맞았으니까 이번에는 슬라이더를 던질 것이라고 내가 예상할 것이라고 투수는 추리할 것이다. 그러므로 투수는 내 예상에 어긋나게 다시 직구를 던질 것이다. 직구에 대비하자." 이 추론은 끝없이 이어질 수밖에 없다. 그러므로 타자가 어느 단계에서 추론을 멈출지를 말하기가 어렵다.

게임이론이 등장하기 전에는 이 무한회귀를 처리할 수 있는 적절한 이론이 없었다. 따라서 사회적 상호작용에 대한 이론화가 어려웠다. 게임이론에서 균형 개념은 바로 이 무한회귀가 어느 지점에서 정지할지를 말해준다.

존 내시는 모든 게임에 최소한 하나 이상의 균형점이 존재함을 증명함으로써 게임이론의 기반을 확립했다. 게임이론의 의의를 다양한 각도에서 언급하고 있는 『아름다운 수학(A Beautiful Math)』[44]이라는 책에서 저자 톰 지그프리드는 이렇게 말했다. "게임이론이란 결국 최선의 혼합전략을 계산하기 위한 수학이다. 최소한 하나의 내시균형이 존재한다는 것이 게임이론의 근본원리이다"(Siegfried, 2006: 59).

---

44) 국내 번역본은 이정국 역, (2010). 『호모 루두스』. 자음과 모음.

제4장

협력의 방법

개인의 이익극대화 동기에만 맡겨놓았을 때 합리성이 실현되지 못하는 상황을 사회적 딜레마(social dilemma)라고 한다. 개인의 합리성이 사회의 비합리성을 낳을 때, 즉 사회적 딜레마 상황에서 협력이 필요하다. 여기서는 사회적 딜레마 상황과 이를 극복하기 위한 협력의 방법들을 설명한다.

제1절 사회적 딜레마

자연조화의 실패

협력은 개체들의 노력을 집합체의 성과로 결합시키는 가장 기본적인 집단화(aggregation) 양식이다. 협력은 사람에게서뿐만 아니라 자연의 모든 집합체에서 나타난다. 제5장에서 많은 생물학자, 심리학자들이 협력이 진화에 핵심적 역할을 한다는 것과, 인간이 다른 동물에 비해 협력의 기술을 고도로 발달시킨 존재라는 점에 대해서 대체로 의견을 같이함을 보았다.

추가하자면 일찍이 실증주의 철학자 허버트 스펜서(H. Spencer)는 "과학적 의미에서 사회는 개인들의 병렬적 결합에 협력이 추가될 때만 존재한다"(Durkheim, 1994: 219)고 말한 바 있다. 또 발달심리학자 마이클 토마셀로는 인간이 다른 동물들과 다른 점으로 누적적으로 진화하는 문화를 가지고 있다는 점과 사회적 제도를 만드는 능력을 들었다(Tomasello, 2009: x-xi). 제도는 협력의 체계이고 문화는 협력의 성과를 전승시키는 장치이다. 결국 인간과 다른 동물들과의 차이가 협력의 기술 차이에서 비롯됨을 지적한 것이다.

그런데 사람들이 각자 자기이익 혹은 자신의 목표를 위해 열심히 노력하기만 하면 최선의 집합적 결과가 저절로 만들어질까? 만약 이것이 사실이라면 협력이라는 단어는 불필요할 것이다. 협력이 진화의 원동력이며 협력이 없으면 진화도 없다고 단언하는 진화생물학자 노왁(Nowak)은 협력에 대해 이렇게 언급한 바 있다.

> 새로운 수준의 조직으로 진화하기 위해서는 협력이 필요하다. 게놈, 세포, 다세포 유기체, 사회적 곤충, 그리고 인간사회는 모두 협력에 기반을 두고 있다. 협력이란 이기적 복제자가 자신의 재생산 잠재력을 일부 보류하여 서로를 도우는 것을 의미한다. 그러나 자연선택(natural selection)은 경쟁을 뜻하므로 만일 특별한 기제가 작동하지 않으면 협력과 상반된다 (Nowak, 2006: 1560).

노왁의 언급은 협력의 수준이 높아지기 위해서는 때로는 행위자들의 의도적 노력이 필요함을 암시한다. 그러면 어떤 경우에 의도적 노력이 필요할까? 게임이론의 틀로써 이 문제에 접근할 수 있다.

먼저 의도적 조율이 필요 없는 경우를 생각해 보자. 모든 사회적 상호작용이 항상 인위적 조정을 필요로 하는 것은 아니다. 개인들이 독립적으로 자기 목표 극대화만을 추구하더라도 집합적 합리성이 '저절로' 실현되는 경우도 많다. 이에 해당하는 대표적 게임모형은 조화게임(harmony game)이다.

		을	
		C	D
갑	C	4, 4	2, 3
	D	3, 2	1, 1

[표 4-1] 조화게임

위 게임에서는 이익극대화의 원리에 따라 행동하더라도 집합적으로 최선인 (4, 4)에서 균형이 성립한다.[45] 전략 C가 갑과 을 모두의 우월전략이기 때문이다. 그 결과로 귀착되는 균형점 (4, 4)는 집합적으로도 최적인 점이 된다. 개인들의 이익이 자연조화 되기 때문에 협력을 만들어내기 위한 인위적 노력이 불필요하다. 조화게임은 개인의 행동이 외부성을 지니지 않거나 긍정적 외부성을 지닌 경우이다. 달리 말하면 개인의 행동이 남에게 아무런 피해를 주지 않거나 혜택을 줄 수 있어야 한다.

그러나 모든 사회적 상호작용이 자연조화 되지는 않는다. 개인이 합리적인 결정을 통하여 이익을 극대화하는 것이 바로 사회의 합리성으로 연결되는 것은 아니다. 예컨대 기업의 이익추구는 독과점의 폐해를 낳는다. 각 개인은 합리적 행위를 하지만 사회 전체로 심각한 비합리가 초래될 수도 있는 것이다.

개인의 행동은 대부분 남에게 어떤 형태로든 영향을 미치게 되고, 또 그 영향이 부정적일 가능성이 높다. 그러므로 협력이 이루어지려면 어떤 방식으로든 조정이 있어야 한다. 인위적 조정 없이는 협력이 일어날 수 없는 가장 대표적인 예로는 죄수의 딜레마 게임을 들 수 있다.

<table>
<tr><td></td><td></td><td colspan="2">을</td></tr>
<tr><td></td><td></td><td>C</td><td>D</td></tr>
<tr><td rowspan="2">갑</td><td>C</td><td>3, 3</td><td>1, 4</td></tr>
<tr><td>D</td><td>4, 1</td><td>2, 2</td></tr>
</table>

[표 4-2] 죄수의 딜레마 게임(2)

---

45) 2인 게임의 내시 균형점은 다음과 같이 찾을 수 있다. <표 4-1>에서 먼저 갑이 어떤 전략을 택하게 되는지를 살펴보자. 만약 을이 C라는 전략을 택한다고 가정했을 때 갑이 C로써 응수하면 4를, 그리고 D로써 대응하면 2의 보수를 얻을 수 있다. 그러므로 이 경우 갑은 C 전략을 택할 것이다. 또 을이 D를 택했다고 가정해 보자. 이 경우 갑이 C를 택하면 3을, D를 택하면 1의 보수를 얻을 수 있다. 그러므로 이 경우 갑은 C를 택하는 것이 최선이다. 결국 을이 C를 택하든 D를 택하든 관계없이 갑의 최선의 전략은 C라는 것을 알 수 있다. 게임의 보수구조가 대칭이므로 을에게 최선인 전략 역시 갑과 마찬가지로 C가 된다. 그러므로 (C, C)점에서 균형이 성립된다.

위 죄수의 딜레마 게임에서는 내시균형 즉 실제 경기결과로 귀착되는 지점이 (2, 2)이다. 전략 D가 갑과 을 모두에게 우월전략이기 때문이다. 그러나 집합적으로 최선인 점은 (3, 3)이다. 이 경우 만일 인위적 조율을 통해 균형점을 (2, 2)에서 (3, 3)으로 이동시킬 수 있다면 갑과 을 모두에게 이익이 된다. 자연적 균형점을 사회적으로 최적인 지점으로 이동시키는 것이 바로 협력의 문제이다.

이 '자연조화의 실패'를 낳는 사회적 딜레마는 여러 가지 유형이 있다. 시장의 실패도 그 중의 하나이다. 시장에서 보이지 않는 손에 맡겨두다 보면 자원의 배분에 왜곡이 생겨 시장이 실패하는 것이다. 사회적 딜레마는 일반적으로 집합행동이 실패하는 상황, 즉 개인들이 공동의 목표를 위해 협력적으로 행동하지 못하는 경우는 불평등 문제, 불안정 문제, 조정 실패, 협력 실패 등이다. 이 중에서 사회적 딜레마라고 할 때는 보통 협력 실패를 가리킨다. 그러나 모든 사회적 딜레마에서 공통된 문제는 다음과 같이 요약할 수 있다. "두 행위자 사이에 공동의 이익이 있다. 그러나 그 공동의 이익은 달성될 수 없다. 그 이유는 행동의 선택권이 각 개인에게 분할되어 있기 때문이다."

사회적 딜레마 사례

대표적인 사회적 딜레마 사례들을 살펴보자. 사실 일상에서 일어나는 대부분의 일들이 사회적 딜레마로 설명이 되고, 개인의 이익과 전체의 이익이 조화를 이루는 경우가 드물기는 하다. 그렇지만 대표적으로 거론되는 유형은 죄수의 딜레마, 공유지의 비극, 공공재 게임, 집단행동의 문제 등이다.

첫째는 죄수의 딜레마(Prisoner's Dilemma) 상황으로 이미 위에서 설명한 바와 같다.

둘째는 공유지의 비극(Tragedy of the Commons)이다.[46] 누구나 자유롭게 활용할 수 있는 공유지가 있는데 자신의 이익만을 생각한다면 최대한 많이 공유지를 활용할 것이다. 그런데 모든 사람이 이렇게 행동한다면 공유지는 쉽게

---

46) 1986년 미국의 생물학자 개릿 하딘(Garret Hardin)이 1968년 사이언스(Science)지에 발표한 논문에서 유래한다.

황폐화되고 공유지를 삶의 근거로 삼는 이들도 모두 희생될 것이다. 대표적인 사례가 기후변화 문제이다. 기후변화에 대해 인류가 공동으로 대처하지 않으면 인류는 공멸할지 모른다. 그러나 공멸하기 이전에 인류는 비극을 예방하는 방법을 찾아야 하며 찾을 것이다. 공유지의 사용을 일정기간 제한하는 규정을 만들거나 교대로 사용하게 하거나 다른 공유지를 개발하는 등의 방법이 그것이다.

셋째는 공공재 게임(Public Good Game)이다.[47] 게임은 각 개인이 투자를 하면 투자액을 모으고 키워서 훨씬 많은 돈을 되돌려 받는 데도 불구하고 익명으로 진행하므로 무임승차를 하려고 한다는 것이다. 예컨대, 4명에게 5만원씩 나눠주고 공공계정에 기부하도록 한다. 공공계정에 기부한 돈은 2배로 커져서 다시 4명에게 고르게 분배된다. 이 때 누가 얼마를 기부했는지는 공개하지는 않는다. 예를 들어 각 개인이 모두 4만원씩을 내어 공공계정에 16만원이 모였다면 32만원으로 커져서 1인당 8만원씩 돌려받게 되므로 4만원씩 벌게 된다.

그런데 다른 사람들은 투자를 하는데 자기가 한 푼도 내지 않아도 이익금을 배분받는다. 따라서 자기 이익을 생각한다면 기부하지 않는 게 합리적이다. 하지만 모든 사람이 이런 식으로 행동한다면 다들 자기 돈 5만원만 들고 있을 수밖에 없다. 만약 누가 얼마를 냈는지 공개하면 기부액은 늘어날 것이다.

네 번째는 집단행동(collective action)의 문제이다.[48] 맨커 올슨(Olson, 1965)은 집단의 크기가 클수록 무임승차의 유혹이 증대한다고 보았다. 많은 사람이 관련되어 있을수록 문제를 해결하기 어렵다는 것이다. 좋은 사례로 고장 난 공중전화는 굉장히 오랫동안 방치된다고 한다. 담당기관에 신고를 해야 하는데 귀찮기도 하고 비용이 들기도 하지만 돌아오는 혜택은 크지 않기 때문이다.

이처럼 우리 주변에는 사회적 딜레마가 상존하고 있다. 시대별로 지시와 명령으로, 국가권력으로, 사회계약으로, 보이지 않는 손으로, 조율과 규제로 해결해 오고 있는 것이다. 보다 구체적인 해법들은 아래에 체계적으로 상세히 다루고자 한다.

---

47) 스위스 경제학자 에른스트 페르(Ernst Fehr)가 1990년대 실시한 재미있는 실험이다.
48) 1965년 미국의 경제학자 올슨(Mancur Olson)의 '집단행동의 논리(The Logic of Collective Action)'에서 정립되었다.

제2절 협력의 방법들

협력의 세 가지 유형

사회적 딜레마 상황에서는 협력이 자연발생적으로 나타나지 않는다. 그러므로 어떤 식으로든 조율이 필요하다. 협력에 대한 연구는 대부분 이 조율의 방법에 대한 연구라고 해도 과언이 아니다.

이 조율은 누가 주체가 되느냐를 기준으로 크게 세 가지 유형으로 대별해 볼 수 있다. 첫째는 자기조율이다. 각 개인이 스스로 자신의 행동을 조정하는 경우를 말한다. 두 번째는 상호조율이다. 행위자들이 서로의 행동을 견제, 제어하는 경우를 말한다. 세 번째는 외부조율을 들 수 있다. 외부의 권위가 행위자들의 선택을 일률적으로 통제하는 경우를 말한다.

세 유형은 각각 자기이행(self-enforcement), 상호이행(mutual enforcement), 외부이행(external enforcement)으로 불린다. 이 셋은 곧 거버넌스를 뜻하므로, 앞에서 논의한[49] 아나키, 헤테라키, 하이어라키에 각각 대응된다.

장 쿠이만(J. Kooiman)은 이 셋을 각각 자기 거버넌스, 공동 거버넌스, 위계 거버넌스라 칭했음은 이미 언급하였다(Kooiman, 2003). 또 아나키 대신 시장, 헤테라키란 말 대신 공동체나 네트워크, 그리고 하이어라키 대신 국가, 정부, 리바이어던이라는 단어가 사용되기도 한다.

자기조율은 이타심 등 본성이나 사적 규범을 통한 조율을 말한다. 사회적 딜레마는 인간이 합리성을 추구하다 보면 이기적이라고 가정하게 된다. 그러나, 합리적인 것이 반드시 이기적인 것은 아니다. 인간은 누구나 어느 정도의 이타심을 가지고 있으며 이타적 동기를 부여하면 협력을 이끌어 낼 수 있다고 보는 것이다.

상호조율은 협력이 상대방과의 관계에 달려 있다고 보는 것이다. 위 세 가지 협력 기제 중에서 현재 협력에 대한 연구들은 대부분 상호이행의 기제에 초점을 맞추고 있다. 어떻게 하면 국가와 같은 집권적 권위에 의존함이 없이

---

49) 제2장 참조

협력을 확장시킬 수 있느냐가 주된 관심사이기 때문이다. 직접적 상호성, 간접적 상호성, 공간분리, 네트워크 위상구조 등이 모두 상호이행의 기제들이다.

▌제1항 자기이행 - 이타성과 규범

자기이행(self-enforcement)이란 개인수준에서 찾을 수 있는 협력의 기제들을 가리킨다. 인간의 본성, 도덕적 규범, 그리고 사적 규범 등이 여기에 해당한다.

1) 본성 - 이기적이냐 이타적이냐

인간의 본성이 이기적이냐 이타적이냐에 대한 논쟁은 매우 긴 역사를 가지고 있다. 이 문제가 현대 사회과학에서 재론되고 있는 이유는 협력을 이해하는 데 중요하기 때문이다. 특히 정보화 시대 이후 인간의 이타적 본성을 지지하는 학자들이 많아졌다.

웹에서의 협력행동은 인간을 이기적 존재로 보아서는 설명하기가 어려운 경우가 많기 때문이다. 레비, 벤클러 등이 이타성을 강조하는 대표적인 인물들이다.

벤클러는 근대 이후 등장한 '리바이어던'과 '보이지 않는 손' 개념이 둘 다 인간을 이기적 존재로 본다는 점에서는 공통된다고 말하고[50], 이것과는 달리 인간을 이타적 존재로 보는 제3의 흐름이 있다고 말한다. 그는 이 제3의 시각에 다음과 같은 이유로 '펭귄'이라는 이름을 붙였다.

> 이에 대한 주요 대안으로 서양 정치사상에서 등장한 생각은 프랑스 철학자 장자크 루소에서 시작하여 스코틀랜드 계몽주의 철학자 데이비드 흄과 애덤 스미스의 또 다른 대작 『도덕 감정론』을 거쳐 대표적인 무정부주의 철학자 피에르 조제프 프루동과 표도르 크로포트킨에 이르는 다양한 사상가들의 연구를 합쳐놓은 결과물이다. 인간에게 아첨하는 듯한 이 시각은 인간에게 근본적으로 공감 능력이 있다고 주장하면서, 인간은 단순히

---

50) 토마스 홉스는 이기적 인간을 자연상태로 방치하면 '만인에 대한 만인의 투쟁'이 되므로 이를 막기 위해 사회의 구성원이 서로 계약하여 국가에 권력을 위임(사회계약론)함으로써, 사회질서를 유지하는데 바로 이 때 국가가 무소불위의 괴물 같은 리바이어던이다.

이익을 위해서만 행동하는 존재가 아니라, 도덕적으로 협력하고 관대하게 행동하게 만드는 감정을 지닌 존재라고 설명한다……리눅스의 마스코트 틱스(Tux)[51]에게 경의를 표하는 의미에서 나는 이 대안을 '펭귄'이라고 부르겠다(Benkler, 2011: 5).

오래전부터 많은 사상가들은 사람이 본질적으로 선하다고 주장해 왔고 지금도 그러하다. 맹자의 사단설(四端說)[52], 아담 스미스의 공감능력(sympathy), 루소의 연민(pitié) 등이 그 대표적인 예이다. 영국의 사상가 러셀(Bertrand Russell)은 고통 받는 인간에 대한 연민이 평생의 열정으로 인생을 지배하여 왔다고 하였다.[53]

2) 맹자의 사단(四端)과 성리학 및 실학의 인간관

동양에서도 오래전부터 이기심이나 이타심과 관련한 연구가 진행되어 왔다. 이타심의 유형이라고 볼 수 있는 사단(四端)이나 이기심의 원천인 칠정(七情) 등이 그것이다. 그 중에서 사단은 인간의 본성에서 우러나오는 이타적이고 도덕적인 마음씨를 말하며, 기원 300여 년 전 중국 맹자의 경전인 '맹자(孟子)'에 언급되어 있다. 앞서 본대로 남을 불쌍히 여기는 측은지심, 옳지 못함을 부끄러워하는 수오지심, 겸손하여 남에게 양보하는 사양지심, 잘잘못을 분별하는 시비지심이 그것이다.

한편, 칠정은 맹자와 유사한 시기에 공자 등 여러 유학자들의 집단지성으로 엮은 경전인 '禮記'의 禮運과 中庸에 언급되어 있으며 사물을 접하면서 표현되

---

51) 리눅스는 리누스 토발스의 오픈소스 운영체제로서 컴퓨터의 발전에 크게 기여하여 이타심의 상징으로 간주되고 있으며, 리눅스의 마스코트가 펭귄처럼 생긴 틱스(Tux)이다.

52) 맹자는 인간이 선천적으로 측은지심(惻隱之心), 수오지심(羞惡之心), 사양지심(辭讓之心), 시비지심(是非之心)을 가지고 있다고 본다. 각각을 仁義禮智라고 불렀다. 반면, 荀子는 인간은 태어날 때부터 利를 좋아하고 嫉視憎惡하는 기질이 있다고 하면서 성악설을 주장하였고, 韓非子도 상하 간에는 하루에도 百戰이 있다고 하면서 법으로 다스려야 한다고 주장하였다.

53) 『러셀의 자서전(The Autobiography of Bertrand Russell)』(1967) 중 「프롤로그 : 나는 무엇을 위해 살아왔나」에는 단순하지만 누를 길 없이 강렬한 세 가지 열정이 내 인생을 지배해왔으니 사랑에 대한 갈망(the longing for love), 지식에 대한 탐구(the search for knowledge), 고통 받는 인간에 대한 참을 수 없는 연민(unbearable pity for the suffering of mankind)이 그것이다.

는 인간의 자연적인 감정 7가지를 말한다.[54]

중국의 송나라 시대에는 성리학이 일어나면서부터 사단과 칠정이라는 이 두 개념은 인간 심성이 발현되는 과정에서 나타나는 도덕성을 표현하는 의미로 쓰이게 되었다. 한국은 조선시대에 중국의 주자학에 바탕을 두고 조선의 건국에 맞게 변용한 성리학이 번성하였고, 성리학의 주된 소재였던 사단과 칠정이 인간성의 문제를 다루는 주된 이론으로 발전하였다. 특히, 사단과 칠정은 사물에 보편성을 가진 理와 현상에 특수성을 가진 氣로 대표되는 이기론(理氣論)으로 발전하여 主理派와 主氣派들 간의 대규모 논쟁의 대상이 되었다.

조선조 성리학을 완성한 것으로 평가되는 퇴계 이황은 主理論을 대표하여 인간의 이성을 다루는 이(理)와 감성을 다루는 기(氣)는 상호 분리되며, 理가 먼저 존재하고 그 연후에 氣가 따른다는 理先氣後 또는 理氣二元論을 주장하였다. 그는 사단은 理가 일어나 氣가 이에 따랐으며, 칠정은 氣가 일어나 理가 이에 탄 것으로 해석하고 사단과 같은 이성으로 칠정과 같은 감성을 다스려야 한다고 본다. 따라서 인간의 이타심의 원천은 이성이며 오직 이성을 통하여 이타심을 이끌어 낼 수 있다는 것이다. 인간의 본성을 선하므로 이타심을 이끌어 내기 위해서는 理의 체험과 성찰과 수련이 필요하다고 본다. 이는 天理를 추구하고 人慾을 억제함으로써 가능하다.

반면 主氣論者들인 梅月堂 김시습, 花潭 서경덕, 栗谷 이이 등은 인간의 심성에서 理보다는 氣의 기능을 중요시한다. 매월당은 氣는 천계, 자연계, 인간계에 두로 質料로 존재하며 理는 氣의 운동과 변화의 결과로 파악한다. 화담은 氣一元論의 입장에서 氣가 현상계를 형성하는 근원이라고 주장한다. 그는 氣에는 불변인 氣와 유한한 氣가 있으며, 전자는 정신계를 후자는 물질계를 설명한다. 두 개의 氣가 합하여 전념을 하게 되면 비로소 동요가 없어지고 이성을 보게 된다고 주장한다.

율곡은 화담의 기일원론에서 다소 후퇴하여 理와 氣의 一途 또는 相生을 강조한다. 그는 理만으로는 운동능력이 없고 현상을 설명할 수 없다고 보면서도

---

54) 기쁨(희 喜), 노여움(노 怒), 슬픔(애 哀), 두려움(구 懼), 사랑(애 愛), 미움(오 惡), 욕망(욕 欲) 등이 그것인데 이들 감정 중에서 특히 욕망(욕 欲)은 이기심의 동인으로 파악할 수 있다.

理가 아니면 氣가 根抵할 바가 없고, 氣가 아니면 理가 依支할 바가 없다고 하였다. 현상을 발동하게 하는 것은 氣요, 발동하게 되는 所以는 理라고 주장하였다. 사단도 결국 氣가 발동하고 理가 탄 것 즉, 氣發理乘이라는 것이다. 귀나 눈이나 마음이 없이 듣고, 보고, 사고할 수 없다는 것이다. 이성도 감성에 의하여 느끼는 바가 있어야 진정하다고 할 수 있다는 뜻이다. 부모의 사랑을 느껴야만 자식이 부모를 공경할 수 있다는 것과 같다. 또한, 氣는 先後本末이 있으며, 각 개체마다 달리 국한되어 본연의 특성으로 나타난다는 理通氣局說을 주장하였다(율곡전집, 卷10; 김한식, 1979: 44에서 재인용). 율곡에게 있어서 인간은 氣의 작용을 받아 이성과 감성의 속성을 모두 지닐 수 있고, 따라서 善과 惡의 가능성을 모두 가지고 있다고 본다.

한편, 茶山 정약용, 惠崗 최인기 등 조선조 후기의 실학파들은 성리학에서 이타심을 실현하는 방법으로 강조하는 수련을 통한 내적 至善(理)의 구현을 반대한다. 실학자들은 이와 달리 구체적인 사랑의 실천을 통한 仁의 구현을 주장한다. 다산은 仁은 인륜의 사랑, 즉 타인에 대한 사랑이며, 2인 이상의 사람이 서로 사랑하는 관계를 뜻한다고 한다(정약용, 與猶堂全書 中 論語古今注, 仁者人倫之愛也(卷6, 5), 仁者嚮人之愛也(卷3, 4), 仁者二人相與也(卷1, 9), 김한식, 1979: 136에서 재인용). 다시 말하면 둘 사이의 윤리나 사랑 즉, 仁이 지극할 때 이타심이 발휘된다는 것이다. 나아가 사람들이 선을 택하거나 악을 택하는 것(性의 선택)은 개인의 傾向性, 즉 嗜好에 달렸다고 본다. 따라서 사람들은 일상생활 속에서 타인을 사랑하는 기호를 가지도록 실천을 해 나가야 하는 것이 필요하다고 생각된다.

惠崗의 경우에도 善과 不善을 사람이 선택한다고 보았다. 그 선택의 기준은 지식과 경험에 의하며, 지식과 경험을 사용하는 방법(用力)이 중요하다고 보았다(善不善 任基人之擇取, 成不成 在基人之用力, 최한기, 明南樓叢書, 神氣通, 卷1, 김한식, 1979: 140에서 재인용). 물론 지식과 경험을 사용하여 善을 이루는 것이 궁극적인 목적이다.

이처럼 다산의 관점 중에서 2인 이상의 관계, 즉 상호성에 주목하여 상호간 사랑을 주문한 것과 혜강이 지식과 경험을 善을 이루는 방법으로 판단한 것은 높이 평가할 만하다. 다시 말해 다산과 혜강이 실학의 관점에서 사람들 간의 사랑을 통한 협력으로 善을 이루되, 그 수단으로 집단의 지성과 경험을 강조한 것은 이 책의 주제가 지향하는 바와 같다. 다만, 이 책은 집단지성을 창출하는 것에 대해, 실학자들은 善을 이루는 방법에 대해 설명함으로써 서로 강조점이 다를 뿐이다.

3) 아담 스미스의 공감 능력

아담 스미스는 『국부론』 출판 전에 발간한 『도덕감정론(*The Theory of Moral Sentiments*)』에서 사회의 존립을 위해서는 한 개인은 다른 사람들의 입장에 대해 공감(sympathy)하는 능력이 필요하다고 하였다. 그리고 이 공감능력은 자비심이 많은 사람뿐만 아니라 모든 사람, 예컨대, 포악한 사람이나 범법자도 가지고 있다고 주장하는데 우리는 이것을 이타심으로 부를 수 있다.

아담 스미스는 인간이 공감능력을 키울수록 이기심(self-interest)에 기초한 '보이지 않는 손(an invisible hand)'이 더 효율적으로 작동하여 공공의 이익을 증진시킨다고 본다. 모든 사람들이 자기 이익을 위하여 합리적인 선택을 하게 되면 이익이 서로 충돌하므로 이때 '보이지 않는 손'이 작용을 하여 자율적인 조정과정을 거치게 되는데 그 조정과정에서 개인들이 공감능력을 발휘하게 되면 조정이 더욱 쉬워지고 질서를 찾게 된다고 할 수 있다.

부연하자면 아담 스미스는 『국부론(*The Wealth of Nations*)』에서 개인이 경제활동을 할 때 그 조정과정을 '보이지 않는 손'에 맡겨 둠으로써 시장의 질서를 유지하고, 발전을 도모할 수 있다고 보았다. 이처럼 국가 등 강제력을 가진 실체의 인위적인 조정이 아니라 '보이지 않는 손'이라는 자유와 방임의 관점이 강조됨으로써 자유방임주의자라는 인식을 낳았다. 그러나, 아담 스미스는 '보이지 않는 손'에 조건 없이 맡겨두는 것이 아니라 그것의 작동원천인 개인의 이기심이 통제되는 경우에 한해서만 질서를 확보하고 공공의 이익을 도모할 수 있다고 믿었다. 아담 스미스는 이 통제의 기제로 세 가지, 즉 자신의 마음속에 있는 '공정한 관찰자(impartial spectator)'의 역할, '자유 경쟁', '정의'를 들었는데, 이들 세 요소의 기저에는 개인의 다른 사람에 대한 관심과 이타심을 내용으로 하는 도덕감정(moral sentiment)이 존재하고 있는 것이다(신중섭, 2013: 109-133).

아담 스미스는 이에 대해 다음과 같이 표현하고 있으며, 번역자에 의하여 연민의 정과 측은지심으로 표현되고 있는 내용이 전체적으로 '공감(sympathy)' 이라고 할 수 있다.

아무리 인간이 이기적이더라도, 인간의 본성에는 다른 사람의 행운과 불행에 관심을 갖게 하고, 비록 다른 사람의 행복을 보는 즐거움을 누리는 것을 제외하면 얻는 것이 전혀 없음에도 불구하고 다른 사람의 행복을 필요하게 만드는 어떤 원리가 존재한다는 사실은 명백하다. 이런 원리에 해당하는 것이 연민의 정(pity)과 측은지심(compassion)이다. 우리는 다른 사람의 비참함을 볼 때 또는 아주 생생한 방법으로 그것을 상상할 때 우리는 그들에게 연민의 정과 측은지심을 갖는다. 다른 사람의 슬픔으로부터 우리가 슬픔을 느낀다는 사실은 너무나 명백한 사실의 문제이기 때문에 그것을 증명하기 위해 어떤 증거도 제시할 필요가 없다. 인간 본성의 다른 본원적 정념(passion)과 마찬가지로, 이러한 감정(sentiment)을 유덕하고 자비심이 깊은 사람만이 가지고 있는 것은 아니다. 물론 유덕하고 자비심이 깊은 사람은 아주 민감하게 그러한 감정을 느낄 수 있다고 할지라도 그러하다. 가장 포악한 사람, 사회의 모든 법을 극단적으로 어기는 범법자도 그러한 감정을 가지고 있다(Adam Smith, 도덕감정론(개역판), 박세일·민경국 공역, 2009: 3, 비봉출판사)

4) 루소의 연민

루소는 『에밀』 등의 저서를 통하여 자연상태의 인간을 고찰하면서 개인의 존엄과 특성을 중요시하였지만, 동시에 "불평등기원론", "사회계약론" 등을 통하여 자연과 사회, 개인과 공동체에 대한 관계를 설명하고 있다(김영욱, 2020: 43-44).

루소는 1755년 『인간불평등 기원론(*Discours sur l'origine et les fondements de l'inégalité parmi les hommes*)』의 서문에서 자연상태의 인간에 내재한 두 원리로 '자기애'(amour de soi)와 '연민'(pitié)을 제시한다. 전자는 개인 생활에 관한 것이고, 후자는 사회생활에 관한 것이다. '자기애'는 우리의 안위와 우리자신의 보존(conservation)에 우리가 열렬히 관심을 갖도록 하는 것이며, 연민은 모든 감각적(sensible) 존재, 주로 우리의 동류(semblables)가 죽거나 고통 받는 것을 볼 때 우리에게 자연적 반감을 일으키는 것을 말한다. 루소는 이 두 원리를 조합하면 자연법(droit naturel)의 모든 규칙이 도출된다고 주장한다(김 영욱, 2020: 44).

여기서 말하는 연민(pitié)은 불평등한 인간들의 세계에 대한 해법으로 활용 된다. 본래 자연상태의 인간은 평등하였으나, 재산을 사유화하면서 불평등이 생기기 시작하였고, 이를 해소하기 위해서는 필요할 경우에 저항도 해야 하겠 지만 인간이 본래 가진 자기완성의 능력과 연민을 발휘해야 한다는 것이다.

부연하자면 루소는 인간이 생존 본능과 함께 다른 사람들의 어려움을 돕는 연민(petie)의 감정도 가지고 있어서, 홉스의 저작인 『리바이어던(Leviathan)』에 서의 주장과 달리 인간을 자연상태로 두어도 사회전체가 괴물의 집단이 되는 것이 아니고 안전과 질서를 유지한다고 보았다. 인간이 가진 고통이나 불행 등은 다른 사람들에게 애착(attachement)을 불러일으키는데 이런 정서는 다른 사람들과 공유하는 이해관계(intérêt)로 파악된다. 이처럼 루소에게서 연민은 인간이 타인의 이해관계를 인식하고 확장하도록 함으로써 자신이 속한 집단을 파악하고 공통의 관념을 형성하도록 만드는 이타적 기제이다(김영욱, 2020: 50-51).

5) 공감 반응과 이타적 반응

뱃슨(Batson, C. Daniel) 등 현대 심리학자들은 여러 실험을 통하여 사람들이 상호 공감을 할 때 이타적이라는 가설을 증명하였다(Batson, 2011). 이를 통상 공감반응이론(empathy altruism theory)이라고 한다. 공감을 세부적으로 살피면 몇 가지로 나눌 수 있다. 영어표현으로 empathy는 상대방의 감정을 이입할 수 있는 능력을 의미하며, sympathy는 상대방의 감정을 충분히 이해하고 같 이 기쁨이나 슬픔을 느끼는 정도를 말하고, compassion은 같은 입장에서 느 끼고 행동까지 할 수 있는, 즉 어려운 동료들의 기분에 더하여 기쁨이나 아픔 을 추가하거나 덜어줄 수 있는 정도를 의미한다.

공감반응이론에 의하면 이러한 공감의 유형들에 불구하고 공감을 하는 경우 에는 자신에게 이익이 되지 않는 경우라고 하여도 기꺼이 남을 돕게 된다는 것이다. 타인의 상황에 대하여 내가 화가 나거나 두렵거나 특정한 감정이 나타날 때 내가 경험해 보지 않은 경우를 제외하고는 대체로 유사한 신경적 반응이 일어난다는 것이다. 특히, 다수의 학자들은 공감능력은 생애 초기 어린이 시절에 크게 발달한다는 것을 발견하였다(Prestone, 허성심 역: 344-345).

이와 유사한 이론으로 스테파니 프레스톤이 제기한 이타적 반응이론(altruistic response theory)은 공감 반응이론의 일종으로 볼 수 있다. 위급한 상황에서 타인의 고통을 목격한 사람들은 스트레스를 받거나 고통스러워 하거나 흥분을 하게 될 때 타인을 돕는지의 여부가 분명하지 않다. 이에 대해 공감 반응이론을 주장하는 사람들은 더 이상 이타심을 발휘하지 않는다고 주장하는데 비하여 이타적 반응이론을 지지하는 학자들은 오히려 이타심을 발휘하게 된다고 말한다. 상황의 긴급성과 취약성을 인지할 경우 자신의 능력과 전문성이 충분하다고 판단되면 즉각적으로 타인을 돕게 된다는 것이다(Prestone, 2022).

이타적 반응이론의 입장에 있는 프레스톤은 독립변인으로 피해자의 취약성, 시급성, 어린이의 경우, 고통의 정도 등을 들었다. 피해자가 다른 어떤 방법을 찾을 수 없고 도움이 절실히 필요로 하는 경우, 지금 당장 도와주지 않으면 아무 소용이 없는 경우, 신생아의 울음소리 등 유형성숙의 과정에 있어서 절대적인 능력이 부족한 경우, 나아가 피해자가 당하는 고통의 정도가 극심한 경우에는 목격자가 이타적 반응을 나타낸다는 것이다(Prestone, 2022: ch.6). 예컨대, 취약한 사람을 도와주면 더 고마워하기 때문에 더 도와주고 싶은 것이다.

하지만, 이타적 반응이론에서 말하는 취약성은 객관적으로 판단하기 어려울 때가 많다. 때로는 어려움에 빠진 사람들이 타인의 관여를 싫어할 수도 있다. 시급성도 사안의 중요성이나 심각성과는 별개이다. 사람들은 대개 미래를 알지 못하기 때문에 현재의 가치를 더 높게 평가하는 것이 일반적이다. 또한 고통에 대하여도 모든 사람이 이타적인 것은 아니다. 어떤 사람은 약하게 보이지 않게 하기 위하여 의도적으로 고통을 숨기기도 하고, 일부 목격자들은 타인의 고통에 대해 거부나 회피반응을 보이기도 한다.

구체적으로 살펴보면 목격자가 스스로 판단하는 문제해결 능력이 클수록, 예컨대 본인이 운동선수라든지 특별한 지식과 기술을 가진 경우에는 이타적 반응을 보일 가능성이 높다. 또한 자기효능감, 즉 문제해결에 대한 자긍심이 높은 경우일수록 이타적 행동을 하게 될 것이다. 자기효능감은 목격자들 외에 참여가능한 사람들의 수와도 관련이 깊다. 투표를 하거나 환경정화 활동을 할 때에 나의 조그만 행위가 큰 결과를 가져온다고 믿을 수 있을 것인가의 문제이다. 또한 다른 목격자들이 적을수록, 이타적인 반응을 보일 가능성이 높다. 이는 방관자효과(bystander effect)와 유사한 내용으로서 다수가 같이 쳐다보고 있다면 그 중에 구태여 내가 나서야 할 이유를 찾기 어려울 수도 있기 때문이다. 마지막으로 목격자가 공감을 잘 하는 성격일수록 이타적 반응을 보인다는 것은 충분히 이해할 수 있다. 그러나 공감을 잘 하는 이유는 각기 다를 수 있다. 목격자가 다른 사람의 감정에 대해 쉽게 반응을 보이는 성격이거나, 평소에 긍정적 모습으로 비치기를 좋아하는 성격이거나(이를 긍정성 편향(social desirability bias)이라고 한다) 어릴 때 인자하고 이타적이며 사회성이 높은 부모에게서 자랐다거나 종교적인 성향을 가진 사람들은 더욱 공감의 정도가 높을 것이다(Prestone, 2022: ch.7).

공감의 정도가 높은 유형의 하나로 온광기부(warm-glow giving)와 기부를 통한 만족감을 나타내는 온광효과(warm-glow effect)라는 것이 있다. 본인에게 돌아오는 특별한 이득이 없이 다른 사람에게 베푸는 정서적 보상을 설명하는 경제 이론이다. 제임스 안드레아니(J. Andreoni, 1989)에 따르면 사람들은 다른 사람을 돕기 위해 자신이 일정한 역할을 수행하는 것에 대해 기쁨을 느낀다. 순수한 이타주의자일수도 있고, 약간의 이기적인 목적도 있을 수 있지만 기부에 대한 동기부여는 확실하다.

한편, 심리학자인 마크 데이비스(M. Davis)는 공감을 측정하기에 적정한 척도를 개발하였는데, 상호반응지수(interpersonal reactivity index, IRI)가 그것이다. IRI는 다른 사람의 경험들에 대한 반응으로서의 공감정도(empathy as the reactions of one individual to the observed experiences of another)를 측정하는 것이다. 설문은 크게 4개 분야에 걸쳐 있고(Perspective Taking, Fantasy, Empathic Concern, Personal Distress), 각 분야별로 7개의 설문으로 나누어져서 모두 28개 문항이며, 각 문항은 리커트 5점 척도로 구성되어 있다(Davis, 1983: 113-126).

6) 게임이론에서의 이타심 연구

현대 게임이론에서도 이타심에 대한 문제가 연구주제로 자주 다루어져 왔다. 반복게임, 공공재 게임, 최후통첩 게임, 독재자 게임 등의 실험은 인간의 협력적 성향을 이해하기 위한 장치들이다. 많은 연구들이 사람들에게 일정 수준 이상의 이타성이 본래부터 있음을 보여주고 있다.

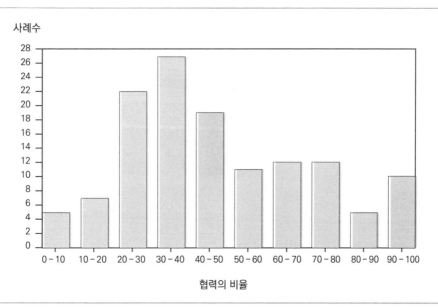

[그림 4-1] 반복게임 실험에서 협력의 빈도

예컨대 샐리는 1958-1995년 사이에 있었던 여러 죄수의 딜레마 게임 실험들을 종합하여 검토했다(Sally, 1995: 63). 그 결과 반복게임에서는 20-50%(평균 47.4%) 정도로 협력이 나타났음을 확인하였다. 위 그림을 보면 사례수가 많을수록 협력이 증가하고 협력 비율이 30-40%인 경우가 가장 많다. 그 다음으로 20-30%, 40-50%의 구간이 상위를 차지하고 있음을 볼 수 있다(Sally, 1995).

최후통첩 게임

또 최후통첩 게임(ultimatum game)이나 독재자 게임(dictator game)에서도[55]

인간의 행동이 순전히 이기적 동기에 의해서만 움직이는 것이 아님을 보여주고 있다(Güth et al., 1982). 최후통첩 게임은 익명의 두 사람 중 한 사람(A)에게 일정량의 돈을 준 후 나머지 한 사람(B)과 나눠 가지게 한다. 단 A가 주는 액수를 B가 거부하면 둘 다 돈을 못 가지게 된다.

　여러 나라에서 대학생들을 상대로 행해진 수많은 최후통첩 게임 실험 결과를 종합해 보면 제안자는 대개 상당히 많은 금액을 제안하며(최빈값은 50%), 응답자는 30% 이하의 제안은 대개 거부한 것으로 나타난다. 이러한 결과는 금액의 많고 적음이나 참가자들이 게임을 이해하는 정도와 관계없이 일관되게 나타나고 있다. 거부를 하는 것이 비합리적임에도 불구하고 거부를 하는 이유는 사람들은 대개 타인의 이기심에 대해 또는 타인의 부당함에 대해 분노하기 때문이다. 이러한 분노를 상쇄할 만큼의 대가를 치를 용의가 있다는 것이다. 제도화 수준이 높은 사회에서는 이러한 문제를 법규정으로 해결하는 경우가 많다.

독재자 게임

　독재자 게임의 경우도 유사하다. 이 게임은 제안자가 일정 금액을 제안하고 그것으로 끝난다. 독재자 게임은 A가 마음 내키는 대로 B에게 돈을 나눠 주면 된다. B가 그 돈을 받든 거부하든 상관없다. 그러므로 만일 순수 이기주의자라면 그는 0을 제안해야 한다. 그래야 자기이익이 극대화되기 때문이다. 대학생들을 상대로 실제 행해진 실험 결과, 제안자들은 평균 25%의 금액을 상대방에게 건네주었다(Bednar & Page, 2007: 67-68). 최후통첩 게임에 비해 '착함'이 감소하긴 하지만, 여전히 많은 수의 제안자들이 공평성에 입각해서 행동한다는 것을 보여준다. 공공재게임은 앞서 사회적 딜레마를 다룰 때 언급하였다.

　최후통첩 게임 그리고 독재자 게임 등의 실험은 이타성이나 공정성 관념이 선천적일 수도 있음을 말해준다. 실제로 생물학자들은 인간의 이타성에 대한 생물학적 근거를 제시하기도 한다. 이런 점으로 미루어볼 때 인간 사회에서

---

55) 1982년 독일의 훔볼트대학교 경제학 교수 베르너 귀트(Werner Güth) 등이 게임이론으로 풀어낸 이타심 실험 방법이다.

일어나는 협력의 많은 부분은 진화 과정에서 자연선택된 협력의 유전자에서 기인하는 것일지도 모른다.

이기심과 이타심의 경계

사람들이 합리적으로 사고를 한다고 할 때에는 특정 현상이 잘못되어 있을 경우에 이를 바로 잡아야 하고, 바로잡기 위하여 본인 스스로도 나서야 한다고 생각할 것이다. 그러나, 국가나 사회나 커뮤니티 속에는 그렇지 않은 사례도 많다. 독재정권에 항거하지 못하거나, 제2차 세계대전에서 유대인 대량학살 사건에 반대하는 행동을 하지 못하거나 꺼리는 현상 등이 그것이다. 이러한 극단적인 현상을 일컬어 한나 아렌트(Hannah Arendt)는 그녀의 책 『*Eichmann in Jerusalem, A Report on the Banality of Evil*』(1964)에서 악의 평범성(banality of evil)이라고 불렀다. 2차 세계대전 이후 독일 나찌정권의 전범인 아이히만의 재판을 참관한 정치학자 한나 아렌트는 아이히만이 유대인 학살을 기획하고 집행하는 책임자였음에도 불구하고 평범한 태도를 가지고 국가로부터 임무를 받아 규정과 절차에 따랐다고 주장하는 데 대해 놀랐다.

하버드대학 등에서 심리학교수를 지낸 스탠리 밀그램(Stanley Milgram)은 실험을 통하여 위법하거나 부당한 지시라고 하여도 이를 거부하면 받게 되는 특별한 보상이 없거나 본인에게 가해지는 부담이 없을 경우 상사의 지시에 따른다는 것을 발견하였다. 사람들은 행위에 공적이거나 사적인 제약을 받거나 위협을 받을 경우에는 남을 도우려고 하지 않는다는 것이다. 유사한 사례가 스탠포드 대학교수 필립 짐바도(P. Zimbardo)의 스탠포드 감옥실험(Stanford Prison Experiment)이다. 학생들에게 간수와 죄수라는 역할을 부여하고 간수가 죄수들에게 가하는 악행을 관찰한 결과 간수를 맡은 학생들은 자연스럽게 비인간적인 행위를 행함을 발견하였다.

평범한 사람들이 스스럼없이 악생을 저지르게 되는 이유는 무엇일까? 사람들은 권력자에게 순종하지 않으면 혹시라도 불이익을 받을 수 있다는 것을 인지하고 있을 것이다. 사람들은 자신의 위치나 상황에 대하여 잘 알고 있고 그러한 여건에 맞게 행동한다. 권력이나 권위에 대해 취약하기 때문이다(Prestone,

허성심 역: 335-339).

　이기심(self-interest)은 인간을 포함한 생물에게는 생존과 번식과 안락을 위해 불가결한 욕구임이 분명하다. 인간에게 이기심이 없이는 식량의 조달이나, 가족의 유지나, 사회적인 유대를 형성하기 쉽지 않다. 만약 한 공동체에 이타심만 존재하는 사람들만 산다고 하다면 그 공동체가 유지되지 않을지도 모른다. 전쟁이 났을 때 모두가 가정을 멀리하고 참전을 한다고 하면 어떻게 되겠는가? 이에 대해 최정규는 2007년도 그의 책 『이타적 인간의 출현: 도킨스를 넘어서』에서 개인의 관점에서의 이기심이 전체 사회적 관점에서는 이타적일 수도 있다고 주장한다. 공동체 중에서 이기적인 사람도 있어야 종족이 보존된다는 뜻이다. 또 사람들은 이기적인 집단 속에 있을 때에는 이기적으로 행동할 가능성이 높지만 이타적인 사람들과 섞여 있을 때에는 이기적인 사람도 이타적이 될 가능성이 높다고 한다. 그 이유는 전자의 경우 다른 사람들이 이기적일 것이라고 판단하기 때문이고, 후자의 경우에는 그렇지 않기 때문이다.

　한편, 생물들은 어느 정도의 이타심도 가지고 있는데, 이 이타심은 개체별로 다를 것이지만 이기심을 충족할만한 정도의 자원이 확보된 이후에 발휘된다고 보는 것이 일반적이다. 그렇다면 인간의 경우에도 사랑욕구나, 자기완성 욕구 등 고위 단계의 욕구 수준에서 작동되는 이기심과 이타심의 구별은 모호해진다. 이타적인 것이 곧 이기적인 것이 되기 때문이다.

　다른 연구들은 모든 사람들이 어느 정도는 이타심이 있는데, 이타심은 잠재적인 특성이 있어서 처음부터 발현되는 경우는 적고 사회적인 유대가 형성이 되었을 때 적극적으로 나타난다고 한다. 단순한 상호작용이나 일반적 상호성 또는 호혜성만으로는 부족하다는 것이다.

　인류의 역사는 이기심에 대해서 부정에서부터 긍정으로 인식을 바꾸어 왔다. 서양에서는 중세시대까지 이기심에 대해 부정적이었다. 예컨대, 기독교에서 말하는 일곱 가지 죄인 교만, 인색, 음욕, 탐욕, 질투, 분노, 나태 등은 대체로 이기심의 발로인데, 특히 탐욕은 이기심에서 나온 것으로 본다. 근대에 와서 토마스 홉스는 인간이 가진 이기심을 인간의 본성으로 이해하고 인정하되, 이를 방치하면 만인들의 투쟁상태가 되므로 이를 제어할 장치로서 사회계약에 의한 국가의 필요성을 주장하게 되었다. 그 후 아담 스미스 시대에 와서 근대

산업사회로의 변화에 맞추어 이기심은 경제 활동의 원동력으로 인정되고 정당성이 부여되었다(신중섭, 2013: 111).

학자들의 연구에 의하면 이기심과 이타심 사이에 각 개인들이 취하는 가치의 스펙트럼은 매우 넓다. 자신의 몫과 상관없이 상대방의 몫이 커지는 것을 선호하는 이타적 가치, 나의 몫과 상대방의 몫을 합했을 때의 결과가 최대화되는 경우를 선호하는 협력 지향적 가치, 상대방의 몫에 대해서는 고려하지 않으며 내 몫에 대한 관심만 기울이는 개인주의적 가치, 상대방과의 격차가 커지는 것을 선호하는 경쟁 지향적 가치, 반대로 상대방과의 격차가 최소화되는 것을 지향하는 평등 지향적 가치도 있다(정태인, 2012: 1-2). 유사한 가치를 가진 사람들은 서로 협력할 가능성이 높다고 볼 수 있다.

그렇다면 타인의 가치관을 어떻게 바꾸게 할 수 있을 것인가. 예컨대, 교양교육이나 인성교육 등의 교육을 통한 방법, 문화예술 체육활동을 통한 방법, 각종 사회화 교육을 통한 방법 등을 생각해 볼 수 있다. 가치관의 형성이나 변화는 쉽지 않으므로 단기적으로는 이타적 행동이나 협력을 하였을 때의 자기효능감(self efficacy)과 자존감을 높여줄 필요가 있다.

7) 도덕적 규범

자기조율의 범주에 속하며 인간의 행동을 규정하는 주요 요인 중의 하나가 규범이다. 규범에는 사회적 관계를 보편적으로 규율하는 사회적 규범과 개인의 가치관을 규정하는 도덕적 규범 그리고 사적 규범 등으로 나눌 수 있다. 사적 규범이란 개인이 의도적으로 설정한 자신의 행동준칙을 가리킨다. 가령 술을 자주 마시던 사람이 건강을 이유로 "내일부터는 술을 마시지 않겠다."고 결심한다면 이것은 사적 규범이 된다.

세 가지 규범 중에서 사회적 규범은 외적 이행에 해당한다. 규범이 모든 구성원들에게 동일하게 적용되기 때문이다. 반면 도덕적 규범과 사적 규범은 자기이행에 속한다.

개인이 가지고 있는 가치관이나 도덕적 규범이 행동의 선택에 영향을 미친다는 것은 쉽게 알 수 있다. 예컨대 길을 가다가 어려운 상황에 처해있는 사람을 보았을 때 아무도 지켜보는 사람이 없는데도 불구하고 도와주는 사람이 있는가 하면 어떤 사람은 그냥 지나간다. 이때의 이타적 행동은 외적 강제로도, 인간의 본성으로도 설명하기가 어렵다. 개인들이 가지고 있는 도덕적 규범의 차이로밖에 설명할 수 없다.

　개인들이 모두 동일한 도덕적 규범을 가지고 있지는 않다. 이 규범의 다양성이 협력에 긍정적으로 작용할까, 아니면 부정적으로 작용할까? 다시 말해 어떤 사회 구성원들의 도덕적 규범이 획일적으로 통일되어 있는 것이 좋을까? 아니면 그 반대일까?

공정성규범, 칸트주의, 공리주의

　이 문제에 관해서는 엘스터의 논의가 흥미 있다. 그는 규범의 다양성이 집합행동 즉 협력에 유리하게 작용한다고 본다. 그의 설명을 좀 더 살펴보면 다음과 같다.

　욘 엘스터는 기본적으로 사람의 행동동기를 크게 합리성과 규범으로 구분해서 본다. 다시 말해 이 두 요인이 어느 하나로 환원될 수는 없다는 입장을 가진 사람이다. 집단행동과 관련해 그는 규범을 공정성 규범(fairness), 일상 속의 칸트주의(everyday Kantianism), 그리고 공리주의(utilitarianism)의 세 유형으로 대별해서 논하고 있다(Elster, 1989: chapter 5.)

　공정성 규범 행위자란 다른 모든 사람 혹은 적어도 충분한 수의 다른 사람들이 협력할 때만 나도 협력한다는 규범을 가리킨다. 즉 조건부 협력 행위자들이 여기에 해당한다. 대개의 사람들은 여기에 해당할 것이다.

　칸트주의자란 "모든 사람들이 그 일을 한다면 어떻게 될까"라는 원리에 의해서 행동하는 사람을 말한다. 즉 자신에게 이익이 되느냐 아니냐를 기준으로 삼는 것이 아니라 모든 사람들이 협력하는 것이 모두가 배반하는 것보다 더 좋다고 생각하면, 그리고 그럴 경우에만, 협력하는 원칙주의자를 가리킨다. 일상 속에서는 "내가 아니면 누가 하겠는가"라는 정신으로 행동하는 선구자적 행위자들이 여기에 해당한다. 대의명분 추구형이다.

　공리주의자는 자신의 행동이 집단이나 사회의 총 효용을 증가시키는가 여부를 기준으로 행동하는 사람들을 가리킨다.

위 유형을 염두에 두고 가령 독재정치에 항의하는 데모를 하는 경우를 생각해보자. 맨 처음 데모에 나서는 사람은 진압, 구금, 조사 등 여러 가지 불이익을 받을 것이다(<그림 4-2>의 구간 G). 공정성 규범 행위자들은 이 경우 처음에는 데모에 나서지 않을 것이다. 왜냐하면 충분 수의 다른 사람들이 집단행동에 가담하지 않으므로 조건부 협력이라는 자신의 규범이 충족되지 않기 때문이다. 그는 다수가 참여해서 자신도 참여하면 그 데모가 목적을 달성할 수 있다고 판단되는 순간 가담할 것이다.

반면 칸트주의자는 만일 사회구성원 모두가 그 데모에 참여하면 그 결과 사회구성원 전체에게 더 나은 결과를 가져올 수 있다고 판단할 경우, 지금의 효용에 상관없이 그 데모를 시작할 것이다.

한편 공리주의자도 이 구간에서는 데모에 가담하지 않는다. 왜냐하면 최초 가담자의 경우 많은 불이익을 받게 될 것이고, 그렇게 되면 사회전체의 효용(u)을 감소시킬 것이기 때문이다(그래프에서 사회의 총효용이 음수로 나타난다). 그러므로 사회전체의 최대효용이라는 기준에 부합하지 않는다.

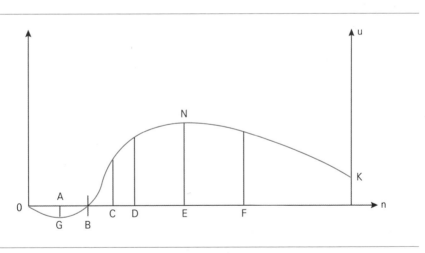

[그림 4-2] 참여자의 수에 따른 평균효용의 변화

위의 그림에서 구간 G는 개인의 효용을 감소시킨다. 그러므로 이 경우 공정성 규범을 가지고 있는 조건부 행위자는 참여하지 않는다. 어느 정도 자신의 기준을 만족시키는 충분 수의 다른 사람이 참여한다면(C나 D) 그 때부터 참여할 것이다. 이 참여를 결정하게 만드는 정족수는 사람에 따라 다르다.

한편 효용이 0 이상이 되는 지점부터 최대지점(E)까지는 공리주의자가 참여하게 되는 구간이다. 그는 자신의 참여가 사회전체의 효용을 증가시킬 때 참여하기 때문이다. 공리주의자는 총효용이 감소되는 E점 이후에는 참여하지 않는다. 엘스터의 이 논리는 협력 혹은 집합행동의 동학에 중요한 시사점을 던져준다. 즉, 사회구성원들의 반응 정족수가 동일하면 집단행동이 일어날 수 없다는 것이다.

<그림 4-2>는 참여자 수에 따른 평균효용의 변화를 나타낸 것으로 수직축은 평균효용, 수평축은 참여자의 수를 나타낸다(Elster, 1989: 189).

반응의 정족수라는 관점에서 엘스터의 규범들을 해석해 보면, 칸트주의는 정족수가 0인 사람, 그리고 공리주의는 정족수가 사회전체의 효용을 감소시키지 않는 최소참가자 수가 될 것이다. 그리고 공정성 규범자는 정족수의 구체적 크기는 사람들마다 다르겠지만 적어도 칸트주의자나 공리주의자 보다는 높을 것이다. 그러므로 만약 공정성 규범자만 있는 사회라면 집합행동 즉 협력이 일어나기 어렵다고 말할 수 있다.

사회 내 협력은 이처럼 일정비율의 칸트주의자, 공리주의자, 그리고 조건부 협력자들이 섞여 있어야 쉽게 일어날 수 있다. 엘스터의 논의 역시 다양성의 중요성을 시사해 준다.

■ 제2항 상호이행 - 상호성과 반복게임

1) 상호성 개념, 유형, 조건

협력에 대한 보상과 비협력에 대한 처벌이 제도에 의해서만 주어지는 것은 아니다. 상호작용하는 행위자 당사자들이 서로에 대해 보상과 처벌을 할 수도 있다. 예를 들어보자. 갑이 을에게서 돈을 빌렸을 경우 만일 제때에 갚는다면 을은 다음에도 갑에게 돈을 빌려 줄 가능성이 높다. 그러나 갑이 약속을 어길 경우 이후 을은 갑에게 돈을 빌려 주지 않을 것이다. 이처럼 을은 돈을 빌려주지 않는 행위를 통해서 갑을 '처벌'할 수 있다.

이 상호적 보상이나 처벌은 반드시 상호작용하는 당사자들 사이에서만 일어나는 것은 아니다. 만일 갑이 을에게서 빌린 돈을 갚지 않았다는 소문이 나면 다른 사람들도 갑에게 돈을 빌려주지 않을 것이다. 이것이 평판을 통한 보상과 처벌이다. 당사자에 의한 보상이나 처벌을 직접적 상호성이라 하고, 평판에 의한 보상이나 처벌을 간접적 상호성이라고 한다.

또 보울스와 긴티스 등은 직접적 상호성이나 간접적 상호성과는 다른 유형의 상호성이 있음을 주장한다. 어떤 사람들은 자신과 무관한 일일지라도 잘못을 저지르는 사람을 꾸짖는 등 처벌행위를 한다. 예컨대 길을 가다가 어린 학생이 구타당하는 광경을 보았다고 하자. 많은 사람들은 이 경우 자신이 피해를 볼 수도 있음에도 불구하고 약자를 보호하려 한다. 이처럼 정의감에 기초한 행동을 가리켜 보울스 등은 "강한 상호성(strong reciprocity)" 또는 "이타적 처벌(altruistic punishment)"라고 불렀다(Bowles & Gintis, 2002). 앞서 설명한 최후통첩게임에서 이익의 수용을 거부하는 이유는 타인의 이기심이나 부당함에 대해 분노하기 때문이라고 하였다. 바로 이것이 강한 상호성을 설명하는 대표적인 사례라고 할 수 있다.

한편 가장 직접적인 상호이행은 대화를 통해 이루어진다. 충분한 대화가 이루어지는 경우에는 협력이 증가할 가능성이 높을 것이다. 한 연구자는 대화가 협력을 증가시키는 4가지 근거를 제시했다. 첫째, 대화를 통해서 상대방이 어떤 선택을 할 것인지에 대한 정보를 얻을 수 있다. 둘째, 대화는 집단의 구성원들이 무엇을 할 것인지에 대해서 서로 명확한 약속과 협의를 할 수 있게 한다. 셋째, 대화는 도덕적 권고를 통해 옳은 것 또는 적절한 것을 하도록 설득할 수 있다. 앞서 도덕이 협력에 긍정적인 영향을 주는 요소임을 확인한 바 있다. 넷째, 대화는 집단 정체성을 창조하고 강요할 수 있다(Messick et al, 1983). 이를 종합하면 결국 대화를 통해서 서로 추구하는 집단적이거나 사회적인 가치를 일치시켜가는 것이 협력을 증진시킨다고 볼 수 있다.

두 사람과의 관계에 주목하면 우리는 협력해야 할 상대방과의 관계와 상대방의 입장 및 상대방의 성격을 충분히 이해하기 어려운 경우가 많다. 상대방과 나의 관계가 주종 관계인지, 횡적 관계인지, 오랫동안 알고 지낸 사이로서 신뢰가 쌓여 있는지, 처음 만난 사이인지에 따라 협력의 양상이 달라질 것이다. 또한 현재 상대방이 협력에 응할 만큼 물질적으로나 정신적으로 여유가 있는지의 여부도 파악해야 한다. 나아가 상대방이 소극적 내성적인 성향인지, 아니면 적극적 외향적인 성격인지도 알아야 한다. 이러한 분류는 가장 단순한 가정일 뿐 둘 사이의 관계에 작용하는 변수는 무수히 많을 것이다. 이처럼 상대방의 상황이나 특성, 상대방과의 관계는 상대방의 선택에 따른 나의 선택, 즉 선택적 상호작용의 과정에 큰 영향을 미친다. 이에 대해서는 네트워크 이론에서 다시 다루고자 한다.

한편, 상호작용하는 장소인 공간적 측면 역시 상호이행을 통한 협력 수준에 영향을 미치는 중요한 변수이다. 이는 공간분리나 네트워크의 위상구조가 행위자들 간의 상호작용 양상에 크게 영향을 미친다는 주장과 유사하다. 특히, 앞선 연구의 넷째에 적시된 집단정체성은 협력에 긍정적인 영향을 미친다(Kramer & Brewer, 1984). 어떤 집단정체성도 협력에 유리하다는 뜻이 아니고 집단 내에서 서로 돕는다는 인식을 공유하는 집단상호성이 작동될 때 협력이 증진된다는 것이다.

한 연구는 공유지의 비극과 같은 상황에서 자신을 집단의 구성원으로 인식하는 경우에 개인적 욕심을 억제하려고 하는 경향이 있다는 것을 증명했다(Bornstein & Rosen, 1990). 정태인은 사람들이 같은 집단의 구성원이라고 느낄 때 더 협력하는 이유에 대해 두 가지로 설명하고 있다. 하나는 개인보다 공동체를 생각하는 사회적 가치의 추구가 인간들에게는 공통적으로 작용한다는 것이다. 다른 하나는 전략적 관점으로 내가 속해 있는 공동체가 잘 되어야 나의 이익과 안전도 보장된다고 판단해서 집단 내의 구성원들에게 이타성을 발휘한다는 것이다(정태인, 2012: 4). 구성원들이 자기가 속한 집단이 우수한 집단이기를 바란다는 논리는 이른바 집단선택(group selection) 이론의 본질이다.

논리를 조금 확장한다면, 집단 내에서 친숙해진 경우에는 서로 공감을 하는 정도가 높아진다. 신경과학을 연구하는 학자들은 이를 인식행동모형(perception action model)으로 부르며 그 논리를 두 가지로 설명한다. 하나는 우리의 일반 행동은 다른 사람들의 정서 상태나 행동 양식들에 의하여 상당한 영향을 받기 때문이라는 것이다. 다른 하나는 우리가 공동운명을 가진 공동체 내에서 다른 구성원을 돕는다면 결국 자신에게도 이득을 볼 수 있다는 인식이 있기 때문이라는 것이다. 우리는 상대방이 집단 내 구성원인 경우 보다 쉽게 접근할 수 있고 그들의 언행에 주의를 기울일 수 있으며 더 잘 이해할 수 있다(Prestone, 허성심 역, 2022: 362-363). 또한 한 집단의 구성원인 경우에는 집단에 대해 주어지는 정보가 많아 신뢰도가 높아지는 것도 원인이 될 것이다.

2) 반복게임과 상호이행의 조건들

상호 이행이 협력을 이끌어 내는 양상을 보여주는 게임이론으로 '반복게임'을 들 수 있다. 게임을 계속하다 보면 상대방의 진의를 파악하게 되고, 그 결과 협력이 증진될 가능성이 높다는 것이다. 로버트 액셀로드(R. Axelrod, 1984)는 『The Evolution of Cooperation』에서 상대방을 배반하는 죄수의 게임을 반복할 경우 상대방이 협력하면 나도 협력하고, 상대방이 배반하면 나도 배반하는 사슴게임(TFT 전략)으로 바뀔 수 있다는 것을 증명하였다. 액셀로드는 반복게임의 논리가 개인들 사이에서뿐만 아니라 일반조직이나 커뮤니티나 국가에도 적용할 수 있다고 주장한다.

액셀로드는 반복게임을 위해서는 협력을 위한 세 가지 조건이 필요하다고 하였다. 첫째, 서로의 관계가 지속적이어야 한다는 것이다. 협력의 기초는 다정함이 아니라 관계가 지속성이 있느냐의 여부이다. 사람들은 장기적으로는 욕심을 부리기보다는 도움을 주고받는 것이 이득이라는 것을 알게 된다는 것이다. 관계가 지속적이고 이 지속성이 안정적이려면 양쪽 모두 배반을 하지 않아야 하고 배반을 하면 가차 없이 응징을 하여야 한다. 실제로 우리는 조직이나 국가를 운영하거나 국제관계의 단위인 국가 간의 관계에서 약속이나 규칙을 위배하게 될 경우 응징을 통하여 질서를 회복하는 사례를 자주 보게 된다.

둘째, 서로를 파악할 수 있어야 한다. 서로를 파악하는 데에는 상대방이 가지고 있는 개인적인 특성이나 이미지(labels)가 중요한 역할을 하게 된다. 성별, 나이, 학력, 경력, 성격 등에서부터 나타나는 특성과 이미지를 말한다. 사람들은 대개 비슷한 특성을 가진 경우 비슷하게 행동할 것이라고 추정하기 때문이다. 만약 상대방이 내가 보기에 문제가 있는 경우, 예컨대, 병이 들었다면 관계가 지속되기 어려울 것이다. 액셀로드는 상대의 노화는 배반의 대상이 된다고 하였다. 이 같은 경험은 직접적일 수도 있고 대부분의 경우 간접적으로 알게 되는 상식에 기반한 것이다. 이 경험이나 상식이 잘못된 고정관념으로 자리할 경우 배반을 하게 되는 경우도 있을 수 있다.

셋째, 서로를 파악하는 데에서 나아가 과거에 상대방이 어떻게 행동했는지 알 수 있어야 한다. 액셀로드가 협력을 증진하는 방법의 하나로 제안한 인식능력을 높여라는 주문도 과거의 상호작용의 이력을 충분히 파악하여야 한다는 뜻이다. 상대방의 과거나 현재의 행적을 파악하는 데에는 평판(reputation)이나 관찰(observation)이 활용된다. 그러나, 일시적인 평판은 항상 바뀔 수 있음을 유념하여야한다. 따라서 확고한 평판을 쌓기 위하여 시간과 비용을 들이는 경우도 있게 된다. 조직 내의 지도자나 강한 조직이나 국가의 경우에 강력함을 증명하기 위하여 사전적이거나 사후적으로 강력한 조치를 하는 경우가 그것이다. 한편, 실제 게임에서는 협력을 하여야 하겠다는 의지가 있는 경우 상대가 나를 알게 하는 것도 도움이 될 수 있다.

반복게임의 기본 논리는 팃포탯(TFT)이지만 반복게임을 해 나가는 과정에 상대방과의 신뢰를 쌓다가 한 번씩 배신의 회수를 늘리는 '트랜킬라이저'(Tranquilizer) 전략을 쓰는 게임 당사자도 있을 것이다. 상대방이 눈치를 채면 다시 협력을 해 나간다. 이보다 더 한 경우로 상대방이 협력하는 성향을 파악하여 수시로 배반을 함으로써 이익을 취하는 테스터(Tester)유형이 있다. 이 전략은 상대의 보복에는 협력을 하여 상대가 팃포탯 경향이 보이면 협력에 배반을 해 나가는 것이다. 이 전략들에 대한 대응은 확실한 팃포탯 전략뿐이다. 역으로 팃포탯보다 서너번에 한번씩 배반에 대하여 협력으로 응대하는 너그러운 팃포탯(Generous TFT, GTFT)을 사용할 수도 있다. 상대방이 주는 대로 되갚되 가끔 용서하는 전략이다. 이 GTFT 전략은 반복게임의 회수를 줄이면서 언제나 협력으로 이끄는 첩경일 수 있다.

액셀로드는 반복 죄수의 딜레마 게임에 참가하는 이들에게 다음과 같은 네 가지 조언을 하였다(Axelrod, 1984: ch.6). 첫째, 시기하지 말고, 둘째, 먼저 배반하지 않으며, 셋째, 협력에는 협력으로 배반에는 배반으로 대하고, 넷째, 너무 영리하게 굴지 않는 것이다. 초기의 협력에 상대가 배반을 통하여 많은 이득을 얻는다고 하여도 질투를 하지 않아야 한다. 시기는 스스로를 파괴하고 게임의 중단을 초래하게 된다. 상대가 협력을 해 오면 나는 반드시 협력을 하는 것이 중요하다. 상대방에게 내가 어떤 전략을 쓰고 있는지를 알게 하여 내가 협력할 것임을 명확히 보여주는 것이다. 그리고 협력에는 협력, 배반에는 배반의 팃포탯(tit for tat)은 규칙의 지속성과 안정성을 확보하기 위하여 중요하다. 너무 영리하게 굴지 않는다는 의미는 상대방도 나를 관찰하고 있으므로 상대방이 혼란을 겪지 않고 선택하는 전략이 어렵지 않게 해 줄 필요가 있다는 뜻이다. 특히 이 게임을 제로섬 게임으로 생각해서는 안 된다.[56]

액셀로드는 반복게임에서 협력을 증진하는 방법으로 몇 가지 중요한 지침을 제시하였다(Axelrod, 1984: ch.7). 첫째는 현재에 드리우는 미래의 그림자를 확대하라는 것이다. 사람들은 미래보다는 현재를 더 중요하게 생각한다. 서구에서 즐겨 인용되는 명언과 같이 오늘은 신이 준 선물이다("Yesterday is history, tomorrow is a mystery, today is a gift of God, which is why we call it the present"). 불확실한 미래에 이득의 총량이 클지라도 현재가치로 할인하여야 한다. 하지만 미래가치가 충분하지 않으면 협력이 사라진다. 액셀로드가 충분히 지적하지 않았지만 그가 게임 당사자 간 상호작용을 가급적 자주 짧게 반복시키는 것이 바람직하다고 한 이유는 바로 미래의 불확실성을 심리적으로 줄여주기 때문이다. 집단 내에서는 구성원 간 접촉의 빈도가 높아진다. 접촉이 많을수록 안정적인 협력관계가 형성된다. 액셀로드는 결혼식을 예로 들어 결혼생활을 오래 지속되게 하는 행사라고 하였다.

둘째는 보수의 구조를 바꾸라는 것이다. 협력의 보수를 키우고 배반의 보수를 줄이는 방법 등이다. 셋째는 서로에 대한 배려를 가르치라는 것이다. 이 주장은 반복게임의 논리와는 서로 어울리지 않는 주문이기는 하다. 협력을 이루는 표준화된 이론으로 해결하는 것이 아니라 상대방의 이타적인 도덕심에 호소하는 것이기 때문이다. 다만, 상대방에게 협력이 궁극적으로는 이득이라는 점을 이해시키고 이것이 사회화를 통하여 사회 전반에 확대된다면 구성원들 간의 협력의 여건을 증진시킬 것임은 분명하다. 그럼에도 불구하고 사회의 규모가 클 경우 무임승차의 문제는 여전히 남게 된다.

결국 이 연구의 결론은 죄수의 딜레마와 같은 상황에서 협력을 위해서는 반

---

56) 제로섬 게임이란 한 사람의 이익이 정확히 다른 사람의 손실이 되는 경우이다.

복게임을 할 필요가 있다는 것이다. 상호이행 단계에서 협력을 증진시키는 방법 중에 마지막으로 고려할 수 있는 대안은 협력이 잘 이루어지지 않는 사람을 포기하고 착한 사람을 선택하여 거래하는 방법이다. 모든 사람들이 협력적인 사람하고만 거래하려고 한다면 배반자도 당연히 협력할 수밖에 없을 것이다. 이 경우 집단 내에서의 평판이 중요한 영향을 미칠 것이다. 이른바, 간접적 상호성의 이행이다. 상호이행과 관련된 문제들에 대해서는 네트워크 이론과 함께 다음 장에서 좀 더 상세히 다룰 것이다.

▎제3항 외부이행- 제도와 상벌

1) 제도에 의한 협력의 창출

외부이행은 인류 역사에서 가장 흔히 볼 수 있는 협력 창출 방식이다. 외부이행이란 간단히 말해 제도(institution)에 의한 협력의 창출을 가리킨다. 먼저 제도가 무엇을 뜻하지 이해할 필요가 있다. 제도를 정의하는 방식은 다양하다.

더글라스 노스는 제도를 '게임의 규칙'으로 간명하게 정의한 바 있다. "제도는 사회 내 게임의 규칙이다. 좀 더 형식적으로 말하면 인간의 상호작용을 모양 짓는, 인위적으로 고안된 제약들이다. 그 결과, 제도는 사람들 간 정치적, 사회적, 또는 경제적 교환에서 유인체계를 구조화한다."(North, 1990: 3-5). 호지슨(Hodgson, 2006)도 노스와 비슷하게 제도를 "사회적 상호작용을 구조화하는, 확립되고 확산되어 있는 사회적 규칙의 체계"로 정의했다.

제도에는 법률과 같은 공식적 제도뿐만 아니라 사회적 규범이나 관습과 같은 비공식 제도도 포함된다. 뿐만 아니라 사회구성원들의 행동양식에 보편적 제약을 가하는 언어, 화폐, 도량형 체계, 식탁예절, 회사 등도 모두 제도에 해당한다.[57)

제도의 가장 큰 특징은 일반성이다. 즉 규칙이 모든 구성원들에게 동일하게 적용된다는 점에서 자기이행이나 상호이행과 구분된다. 개인의 행동에 대한

---

57) Hodgson은 공식적 제도와 비공식적 제도라는 용어보다 명시적 제도, 암묵적 제도라는 용어가 더 유용하다고 본다. 명시적이란 말은 코드화 즉 명문화된 제도들을 가리키며, 묵시적 제도란 사회적 관행이나 규범들처럼 코드화되지 않은 것들을 가리킨다(Hodgson, 2006: 2).

제도의 역할은 재론할 필요가 없을 것이다. 제도는 협력하는 개인에게 보상을 주고, 협력하지 않는 개인에게는 처벌을 가함으로써 개인의 효용함수를 바꾸어 놓는다. 이렇게 효용함수가 바뀌면 협력하는 행위가 비협력 행위보다 더 합리적인 행동이 되므로 협력이 만들어진다.

법률이나 규정으로 처벌하는 방법이 가장 확실한 외부이행으로 협력을 유인하는 방법이기는 하다. 하지만 법률이나 규정이 처벌만 하는 것이 아니라 보상을 통하여 제도나 정책의 실현을 장려하는 기능도 한다. 특히 보수 구조를 바꿔서 협력을 유도하는 방법으로 협력의 보수를 더욱 높이고 배반의 보수를 낮추면 협력의 정도는 높아질 것이다. 물질적 보수와 함께 정신적 보수도 중요하다. 실험에 의하면 협력을 통해 다른 사람의 보수가 높아지는 경우에도 협력의 빈도는 상승했다고 한다(정태인, 2012: 1).

협력을 유도하는 다른 방법으로서 협력하면 보상을 받을 수 있고, 배반하면 손해를 본다는 것을 사회적으로 학습시키면 딜레마에서 벗어나 협력을 유도할 수도 있다. 청소년 비행 예방을 위해 즐겨 인용하는 사회적 학습이론은 인간을 사회적인 동물로 보고, 직접적인 처벌이나 보상의 결과를 통해서만 바람직한 행동을 형성하는 것이 아니라 다른 사람의 행동과 그 결과를 단순히 관찰하는 것으로도 학습이 이루어진다고 본다(Bandura, 1977). 그런 점에서 간접 관찰의 주된 통로인 언론이나 미디어의 역할이 중요하다.

제도는 구성원 모든 사람들을 대상으로 하므로 제도의 이행이 협력의 이득보다 더 많은 비용이 들어갈 수도 있고, 무임승차자를 처벌하기 어려운 경우도 있을 것이다. 무임승차 문제에 대해서는 두 가지 해법을 생각해 볼 수 있다. 하나는 전체 구성원이 모두 협력하는 조건에서만 협력하고, 단 한 명이라도, 또는 단 한 번이라도 배반하면 전체적으로 배반을 하는 전략을 사용하면 무임승차를 막을 수 있다. 이 방법은 많은 비용이 수반된다. 다른 방법은 배반할 가능성이 있는 개개인이 기여하는 만큼 공공기관 등이 보상을 해 줌으로써 전체 보수를 더욱 커지게 하는 방법이다. '예컨대 자선단체에서 자선가와 어려운 아이들을 일대일로 맺어주는 것이 이런 효과를 노린 방식이다. 내가 기부한 돈이 실제로 어떻게 도움이 되고 있는지를 매우 구체적으로 알 수 있다'(정태인, 2012: 2).

2) 리바이어던과 외부이행

1651년에 토마스 홉스는 리바이어던(Leviathan)을 저술하여 자연상태의 인간은 협력이 불가능하므로 국가라는 제도가 필요함을 역설하였다. 자연상태에서는 만인의 만인에 대한 전쟁상태로서 공포와 폭력이 난무하고, 외롭고 가난하게 살아갈 수밖에 없다고 보았다. 그렇기 때문에 만인 대 만인의 계약에 의해서 인간들의 힘을 초월하는 권력을 갖는 국가를 만들어 권리를 위임받아 통치하여야 한다는 것이다. 이에 따라 제도 특히 공식적 제도에 의한 협력문제 해결은 보통 리바이어던 방식으로 불린다. 그러나, 제도에 의해 협력문제를 해결하려는 데는 몇 가지 근본적인 한계가 있다. 이 리바이어던 방식의 약점으로는 다음 네 가지를 지적할 수 있다.

첫째, 리바이어던을 만드는 과정 자체가 집합행동의 문제이다. 즉 구성원들의 합의가 필요하다. 그러나 리바이어던을 만드는 단계에서는 존재하는 리바이어던이 없으므로 협력에 대한 근원적 처방이 될 수 없다.

둘째, 리바이어던은 정당화를 필요로 한다. 왜냐하면 강제력으로 구성원들을 항상 복종시키기는 어렵기 때문이다. 강제보다는 신뢰가 필요하지만 신뢰를 단기간에 형성하기는 어렵다. 이 정당성은 집합적 합리성이 더 우선한다는 판단에 기초해 있다. 그러나 개인의 합리성보다 집단의 합리성이 도덕적으로 우선권을 갖는다는 것을 정당화하기는 쉽지 않다.

셋째, 리바이어던은 사회의 다원화된 복잡성에 적절히 대응하기 어렵다. 공식화된 제도는 유연하지 않기 때문이다.

넷째, 리바어어던 방식은 비효율적이고, 장기적으로 보면 구성원들의 협력적 성향을 약화시킨다. 왜냐하면 사회적 신뢰의 축적을 어렵게 만들기 때문이다. 다시 말해 협력적 행동방식이 개인의 의식 내면에 입력되지 않고 외적 강제에 의해 행동이 규율되기만 할 뿐이기 때문이다.

그러나, 오늘날 더 이상 리바이어던 방식의 문제에 집착할 필요는 없어졌다. 우리는 국가에 의한 협력의 강제 없이도 협력을 해 나갈 수 있음을 잘 알고 있다. 그것이 자기조율일 수도 상호조율일 수도 또는 다른 방식일 수도 있을 뿐이다.

▌제4항 도덕적 인간, 비도덕적 사회

라인홀트 니버(R. Niebuhr)는 그의 책 『도덕적 인간과 비도덕적 사회(*Moral Man and Immoral Society*)』(1932)에서 개인적으로 도덕적인 사람들도 사회 내의 특정 집단에 속하면 집단의 이익을 위하여 행동하면서 집단적인 이기주의자로 바뀔 수 있다는 점을 지적하였다. 그러나 집단이 지성을 발휘한다면 집단의 이기주의나 이에 따른 개인의 이기심을 바로 잡을 수 있다. 왜냐하면 집단지성이란 집단이 가진 문제해결 능력을 바탕으로 집단 이기주의를 억제하고 바람직한 사회를 꾸려 나가도록 하기 때문이다. 예컨대 20세기 중엽 나치 독일의 경우 독일 국민들이나 나치 정당 소속 당원들이 집단사고(groupthink)가 아닌 집단 내에서 지성(collective intelligence)을 발휘하였다면 제2차 세계대전을 막을 수 있었을 것이다.

개인은 이타심을 발휘하여 타인을 배려할 수 있다. 개인이 이타심을 발휘하는 것은 대부분 연민, 배려, 공감, 도덕심 등을 통한 자기조율의 결과이지만 이뿐만 아니라 이 책의 뒤편에서 기술하는 상대방과의 상호작용 결과에 따른 상호조율이나 제도 등의 실제적 또는 심리적 강제로 인한 외부조율의 결과일 수도 있다. 또한 개인의 이타심은 교육, 언론, 친구 등의 사회화(socialization)에 의하여 증진될 수 있다. 나아가 개인은 소속 집단을 위해 자신을 희생할 수도 있다.

그러나 니버는 개인이 소속된 집단이 스스로 생존하고 발전하기 위해서 다른 집단과 경쟁할 수밖에 없는 상황에서는 소속 집단을 위한 개인의 희생은 종종 다른 집단 소속 개인들에게 이기적으로 행동을 하게 된다고 주장한다. 집단은 스스로 이성을 발휘할 수도 없고, 교육이나 종교에 의하여 집단의 문화나 보편적 이념이 쉽게 바꾸어지지도 않는다. 집단적인 이기심이 개인의 이타심을 억제하는 것이다.

니버 이전의 학자들은 인간의 합리성을 고양시킴으로써 집단적 이기심을 견제할 수 있다고 보았고, 종교적 이상주의자들은 양심에 호소하여 사회 문제들을 해결할 수 있다고 주장했다. 그러나 니버는 집단 간의 관계는 힘의 역학관계에 의해 규정되는 정치적 관계이므로 사회적 부정의는 조정이나 타협에 의해 해결될 수는 없다고 주장했다(Niebuhr, 1932: 231-256).

집단의 구조, 제도 등이 개인 행위의 도덕성을 결정할 수 있으며, 개인의 이기심은 결국 집단에서 더욱 강하게 표출되어 사회집단의 도덕성은 개인의 도덕성보다 현저히 떨어지게 된다. 즉, 개인 간의 문제는 합리적이고, 도덕적인 방식으로 해결이 가능하지만, 복잡한 사회 현상들은 이러한 방식만으로 충분하게 해결할 수 없다는 것이다. 니버는 개인이 조직화될수록 이타심의 발휘 정도는 줄어들며, 종교적인 사랑도 조직의 규모가 커지면 그 정도가 줄어든다고 주장한다(Niebuhr, 1932: 51-82).

니버는 개인의 도덕성만으로는 국가 간 경쟁이나 계급문제 등 사회구조의 문제를 해결할 수 없지만 개인의 도덕성을 포기하지는 않는다. 그는 사회의 문제를 해결하기 위해서는 도덕적인 사회와 정치적 정의가 양립하는 방향에서 그 해결이 모색되어야 한다고 주장한다. 이에 따라 개인의 도덕성 함양과 함께 정치가 주도하는 사회제도의 개선이 병행되어야 한다는 것이다(Niebuhr, 1932: 257-278).

집단지성의 존재 의의는 니버가 말한 병행이 아니라 '합침'에 있다. 집단지성은 도덕성이 함양된 개인들이 집단 내에서 협력을 통하여 각자의 의견을 응집시킴으로써 사회제도의 문제를 다 같이 해결해 나가는 것이므로 개인과 사회를 분리시키지 않는다. 개인들의 지적 역량이 모여 집단의 지혜로 나타나는 것이다. 협력은 각 개인이 가진 의견의 산술적 합이나 교집합이 아니라 집단이 가진 문제를 도출하고 해결하기 위한 지혜로 거듭나기 때문이다.

제5장

네트워크와 협력

상호이행과 관련된 주요 주제 중의 하나는 상호작용의 공간적 구조에 관한 것이다. 거주지 분리 현상에 대한 연구를 위시해서 반복게임과 협력의 발생 연구, 최근의 네트워크 구조와 협력수준과의 관계에 대한 연구 등이 모두 여기에 해당한다. 협력 문제에서 거주지와 네트워크의 구조가 중요한 변수가 되는 이유는 거주지나 네트워크의 형태에 따라서 자주 만나게 되는 사람들이 달라지기 때문이다.

제1절 네트워크와 공간적 구조

상호이행과 공간적 구조

상호이행(mutual enforcement)은 협력문제 연구에서 가장 중심적 위치를 차지하는 주제이다. 협력에 대한 연구의 대부분은 이 상호이행이 어떻게 만들어지는가에 관한 것들이다. 앞에서 언급했듯이 직접적 상호성, 간접적 상호성, 강한 상호성 등은 상호이행의 대표적 기제들이다. 상호간 교환이 활발할수록 상호주관성(간주관성)의 확보가 용이하고 협력이 쉬워질 것이다.

직접적 상호성이란 게임의 당사자들이 서로를 처벌하는 것을, 간접적 상호성은 평판 등을 매개로 하여 제3자가 배반자를 응징하는 것을 가리킨다. 강한 상호성은 자신의 이익과 무관한 문제에 대해서 스스로 비용을 감수하면서 배반자를 처벌하는 행위를 가리키는 것으로, '이타적 처벌'이라고도 한다. 나쁜 짓을 하려는 청소년을 보고 야단을 치는 어른의 모습이 그것이다. 이처럼 상호이행에서는 모두 배반행동에 대한 처벌이 행위자들 상호간에 일어난다.

상호이행과 관련된 주요 주제 중의 하나는 상호작용의 공간적 구조에 관한 것이다. 거주지 분리 현상에 대한 연구를 위시해서 반복게임과 협력의 발생 연구, 최근의 네트워크 구조와 협력수준과의 관계에 대한 연구 등이 모두 여기에 해당한다. 협력 문제에서 거주지와 네트워크의 구조가 중요한 변수가 되는 이유는 거주지나 네트워크의 형태에 따라서 자주 만나게 되는 사람들이 달라지기 때문이다. 앞에서 말한 직접적, 간접적, 강한 상호성은 모두 집단 구성원들 간의 상호작용이 무작위로 이루어지는 것을 전제하고 있다. 즉 구성원들이 서로 만날 확률이 거의 비슷하다고 보는 동질성 가정에 입각해 있다. 그러나 실제 현실에서는 구성원들 간의 조우가 무작위로 이루어지는 것은 아니다. 예컨대 서울의 은평구에 사는 사람들은 은평구에 사는 사람들과 만날 확률이 높다.

사회계층에 따른 거주지 분리현상을 처음 관찰한 것은 1920년대 미국의 대도시지역인 시카고를 중심으로 노동자, 중산층, 상류층 등의 집단에 따라 거주지역이 다름을 확인한 어네스트 버제스(Ernest Burgess)의 동심원이론(concentric zone theory)이었다(Park & Burgess, 1925). 도시가 성장하면서 사회 계층이 공간적으로 분화하면서 다섯 개의 동심원이 형성된다는 이론이다.[58]

그 후 호머 호이트(H. Hoyt)가 1939년 미국의 142개 도시를 대상으로 교통로의 발달과 관련지어 도시 내부 구조를 조사하여 도시중심부에서 주요 간선도로를 따라 소득계층별로 주택지가 형성되고 있음을 파악하였는데, 그 모양이 마치 부채꼴(扇形)과 같다고 하여 선형이론(sector theory)이라고 한다(Hoyt, 1939).

에드워드 울만(E. Ulman)과 차운시 해리스(C. Harris)는 1945년 버제스와 호이트의 이론을 수정 보완하여 도시의 발달은 하나의 핵(nuclear, 도심)을 중심

---

58) 저소득층은 도심 가까이에 살려고 하며, 고소득층은 도시 외곽에 살려고 하는 현상을 나타낸다. 제1지대는 구심력이 강한 금융·상업 등의 중심업무 지구, 제2지대는 상업·주택·경공업 기능이 혼재된 점이 지구, 제3지대는 저소득층 주택 지구, 제4지대는 중산층 주택 지구, 제5지대는 고급주택이 소재하는 교외 지구이다.

으로 구조화되어 있지 않고, 다른 기능을 수행하는 몇 개의 핵을 중심으로 전개된다는 사실을 규명하였는데, 이를 다핵심이론(Multinuclear Urban Theory, Polycentric Urban Theory)이라고 한다(Harris and Ullman, 1945).

한편, 토마스 셸링(T. Schelling)은 1969년 인종에 대한 글들을 출판하면서 자신의 이웃이 자신과 같은 인종들로 구성된 집단을 선호할 경우 분리가 일어날 수 있다고 주장하였다. 이것이 셸링의 유명한 분리이론(the segregation model)이다. 셸링은 1978년에 『*Micromotives and Macrobehaviors*』에서 인종에 따른 거주분리가 성, 나이, 언어, 성적 지향, 종교 등에도 적용될 수 있다고 하면서 인종간 분리에서 더욱 확장시켰다(Schelling, 1978).

상호관계와 네트워크

앞에서 공간적 구조가 상호이행의 강도에 영향을 미치는 정도를 보았다. 그런데 공간적 구조보다도 더 직접적으로 영향을 주는 요인들은 당사자 간의 관계와 관련된 변수들이다. 먼저 고려되어야 하는 변수는 당사자 간의 친밀도이다. 당사자 간에 친밀하다면 만남의 빈도가 높아질 것이고 상호이행의 정도도 높아질 것이다. 이 문제는 이하 네트워크 이론에서 다루기로 한다.

다음으로는 협력을 필요로 하는 전달자 또는 수요자의 상태나 자세이다. 명시적으로 특정한 메시지가 없다고 하여도 전달자의 희망이나 욕구가 적극적인 경우도 있고 소극적인 경우도 있을 것이다. 전달자의 기분이 행복하거나 불행한 정도도 상대방에게 영향을 미친다. 의사인 니콜라스 크리스타키스(N. Christakis)와 네트워크 연구자인 제임스 파울러(J. Fowler)의 공동연구에 의하면 친구 (1단계)가 행복할 경우 당사자가 행복할 확률은 15% 상승했으며, 2단계 거리에 있는 사람(친구의 친구)에 대한 전염효과는 10%, 3단계 거리에 있는 사람(친구의 친구의 친구)에 대한 확산효과는 6%였다. 친구가 가진 불행이나 전염성 질병도 마찬가지이다.[59]

우리는 가깝거나 먼 관계에 있는 사람들에게 영향을 주고 받는다. 이러한

---

59) 1971년부터 2003년까지 총 1만 2067명을 대상으로 추적하여 연구하였다고 한다(Christakis & Fowler, 2009).

주고 받는 연결망은 확산되어 나가면서 사회 전체에 복잡한 패턴을 만들어낸다. 크리스타키스와 파울러는 친구들이 우리에게 영향을 미치고, 본인이 직접 알지 못하는 친구의 친구도 우리에게 영향을 미치므로 친구들로 구성된 네트워크는 그 자체로 생명력이 있고 한 개인이 할 수 없는 일들을 네트워크가 할 수 있다고 주장한다(Christakis & Fowler. 2009).

네트워크의 의의

앞서 본 거주지와 달리 관찰이 쉽지 않으면서도 매우 중요한 공간적 상호작용 양상을 보여주는 것이 네트워크이다. 네트워크는 바로 이 만남의 양상을 결정해 준다. 누가 누구와 만나게 되는가, 그 만남의 빈도는 어떻게 되는가가 네트워크의 형태에 따라 달라진다. 이 조우할 가능성의 비균일성은 어떤 사회의 협력 수준에 크게 영향을 미친다. 친한 친구끼리는 협력이 쉽게 일어날 수 있다. 반면에 연결성이 약한 길을 가다가 우연히 만난 사람과는 협력이 일어나기 어려울 것이다. 그러므로 네트워크 구조는 사회전체의 협력수준을 좌우하는 주요 변수가 된다.

반복게임이 협력을 창출함을 증명한 액셀로드는 게임의 참여자들이 상호작용이 활발하게 이루어질수록 협력이 안정적으로 이루어진다고 하였다. 나아가 아무리 작은 수라도 무리를 지으면 협력이 잘 이루어지지 않는 큰 집단을 이길 수 있음을 밝혔다. 물론 작은 집단의 상호작용이 활발해야 할 것이다.

네트워크의 작동 형태는 노드(node)간 연결의 강도, 네트워크의 지름이나 외형 등 모양, 내부 위계의 정도, 연결의 속도 등에 따라 다르다. 생물, 사회, 인터넷 영역에서도 네트워크가 작동한다는 사실이 밝혀진 이후 생물학, 사회학, 컴퓨터과학 등 여러 분야에서 복잡계 네트워크 이론이 활발히 연구되고 있다. 네트워크로 모든 상호성을 다 설명하기는 어렵지만 상호성의 양상 이해에 불가결하다고 할 수 있다.

이 장에서는 먼저 상호이행에서 핵심적 위치를 차지하고 있는 반복게임이 어떻게 협력을 만들어 낼 수 있는지를 알아 본 후 네트워크 구조와 협력과의 관계를 살펴보겠다.

제2절 반복게임과 협력규범의 발생

반복게임의 효과

협력의 문제에서 중요한 분석 대상 중의 하나는 사회규범의 문제이다. 특히 사회적 규범이 합리성이라는 동기로 환원해서 설명할 수 있느냐 여부에 대해서는 논의가 분분하다. 여기서는 규범을 합리적 행위자들의 반복적 상호작용에서 출현한 자기조직적 질서의 한 형태로 보는 견해를 개관해 보고자 한다.

죄수의 딜레마 게임은 배반이 우월전략이 되는 상황을 모형화한 것이다. 우월전략이란 상대방이 어떤 전략을 선택하느냐에 대한 고려가 필요 없는 전략이다. 그러므로 죄수의 딜레마 상황에서는 모든 행위자가 배반을 선택할 것으로 예상할 수 있다. 그러나 앞에서 언급했듯이 현실세계에서는 죄수의 딜레마 상황에서도 협력이 일어난다. 어떻게 이것이 가능할까?

투표에의 참여, 오염이나 쓰레기 처리, 절전 행위, 대의명분 지지하기 등이 죄수의 딜레마 게임의 대표적 예이다. 투표는 개인에게 조금은 성가신 일이다. 투표에 참여하지 않아도 아무런 처벌을 받지 않는다. 그러므로 개인의 입장에서는 투표장에 가지 않는 것이 합리적인 행동이 된다. 쓰레기를 분리수거 하는 일 역시 가외의 수고가 들어가야 하므로 만일 아무런 제재가 없다면 분리수거 하지 않는 것이 개인에게 이익이 된다. 오염물 처리나 절전 행위 등도 마찬가지다. 그러나 모두가 투표를 하지 않고, 모두가 쓰레기를 아무 곳에나 버리고, 모두가 오염물질을 마음대로 배출하면 결국은 모두가 피해를 입게 된다. 이런 경우 투표에 기꺼이 참여하고, 분리수거를 하고, 오염물질을 배출하지 않는 행위가 어떻게 나타날 수 있을까?

크리스티나 비치에리는 사람들의 반복적 상호작용으로부터 협력의 규범이 발생하여 그것이 전파되기 때문이라고 본다(Bicchieri, 1990). 협력규범이 출현한다는 것은 배반보다는 협력이 더 현명한 선택이라는 인식이 사람들 사이에 확산된다는 뜻이다. 비치에리는 협력규범이 합리적 행위자들의 상호작용으로부터 어떻게 출현할 수 있는지를 반복적 죄수의 딜레마 모형을 통해 비교적 알기 쉽게 설명하고 있다.

반복게임에서 협력의 발생은 상호성 개념으로도 물론 설명할 수 있다. 가령 내가 투표장에 가지 않거나 쓰레기를 분리수거하지 않은 사실을 남들이 알면 나의 평판이 나빠질 것이다. 그래서 '미래로부터의 추방(future ostracism)'이라는 제재를 받을 수 있다는 우려 때문에 협력을 선택할 수도 있다. 하지만 이 상호성에만 기초한 협력은 논리적으로는 미래가 무한히 계속될 것이라는 믿음이 있을 경우에만 성립될 수 있다. 이런 믿음이 약한 상황임에도 불구하고 협력이 발생한다면 우리는 그 이유를 규범의 존재 때문이라고 추론할 수 있다. 그러면 협력규범이 어떻게 만들어질 수 있는지를 살펴보자.

2인 죄수의 딜레마 반복게임

일정한 횟수만큼 반복되는 2인 죄수딜레마 게임을 상정해 보자. 게임이 무한히 반복되지 않기 때문에 역 추론에 의해 상호성의 기제는 논리적으로 배제된다. 경기자는 둘 다 협력하는 것이 둘 다 배반하는 것보다 더 좋다는 것을 알지만, 상대가 어떤 선택을 할지 모르기 때문에 협력을 선택하기가 어렵다. 단 '매 라운드의 경기를 마친 후 각자는 상대가 어떤 전략을 선택했는지를 알고 이 기억에 기초해서 다음 경기에서 자신의 전략을 선택한다'고 상정한다. 이 가정은 반복게임을 위해 필요하다. 이 경우 아래 표에서 보듯이 이론적으로 8가지의 선택 가능한 반복게임 규칙이 존재한다(Bicchieri, 1990: 849).

다음 표에서 규칙 1-4는 내가 첫 라운드에서 협력(C)을 선택한 경우를 나타낸다. 규칙 5-8은 첫 라운드에서 배반을 택했을 때를 나타낸다.

8가지 경우 중 3, 4와 5, 7에서는 행위의 일관성을 발견할 수 없다.[60] 그러므로 고려 대상에서 제외할 수 있다. 검토 대상이 되는 규칙은 1, 2, 6, 8의 네 개다.

---

60) 규칙 3과 7을 보면 1라운드에서 내가 C 또는 D를 선택하였고, 상대가 C 또는 D를 선택하였을 때 2라운드에서 나의 선택이 하나여야 하는데 두 가지인 D와 C 또는 C와 D로 나타나 일관성이 없다. 4와 5도 마찬가지이다.

규칙	나의 1라운드 선택	나의 2라운드 선택	
		상대가 1라운드에서	
		C를 선택했을 때	D를 선택했을 때
1	C	C	C
2	C	C	D
3	C	D	C
4	C	D	D
5	D	C	C
6	D	C	D
7	D	D	C
8	D	D	D

[표 5-1] 반복게임에서 가능한 전략 조합

규칙1은 상대방이 어떤 선택을 했던 상관없이 2라운드에서도 협력을 선택하는 전략을 나타낸다. 즉 '무조건 협력' 규칙이다. 규칙2는 내가 협력을 선택했을 때 상대도 협력을 선택했다면 2라운드에서 나도 다시 협력을 선택하되 만일 상대가 배반을 선택했다면 나도 배반을 선택하는 전략을 가리킨다. '조건부 협력' 즉 팃포탯(tit-for-tat) 전략에 해당한다. 규칙6은 규칙2와 비슷하지만 최초에 배반을 선택한 경우를 나타낸다. 남에게 이용당하기를 꺼려하는 '조심스런 조건부 협력자' 전략이라고 할 수 있다. 규칙8은 항상 배반만 선택하는 '무조건 배반' 규칙이다(Bicchieri, 1990: 850).

이제, 게임의 보수구조를 다음과 같이 설정해서 이 게임을 100회 실시한다고 생각해 보자.[61] 물론 이것은 죄수의 딜레마 게임이다.

을

		C	D
갑	C	3, 3	0, 5
	D	5, 0	1, 1

[표 5-2] 반복게임의 보수 구조(가정)

---

61) 액셀로드의 반복게임 실험은 200회를 시행하였다(1984: ch.2).

경기자들이 취할 수 있는 전략선택 규칙은 앞에서 보았듯이 1, 2, 6, 8의 네 가지이다. 그러므로 두 경기자는 아래와 같은 4*4의 슈퍼게임(super game)[62]에 직면한다.

다음 표에 제시된 보수는 100회 게임에서 각 전략이 얻을 수 있는 총 보수이다(Bicchieri, 1990: 850).

		을			
		1	2	6	8
갑	1	300, 300	300, 300	297, 302	0, 500
	2	300, 300	<u>300, 300</u>	250, 250	99, 104
	6	302, 297	250, 250	100, 100	100, 100
	8	500, 0	104, 99	100, 100	<u>100, 100</u>

[표 5-3] 100회 반복게임 후 각 전략이 얻는 보수

이 슈퍼게임에는 두 개의 내시 균형이 있다. 전략 2*2와 전략 8*8이다. 2*2 균형점은 두 행위자가 모두 '조건부 협력자'로 행동하는 경우이다. 그리고 8*8은 둘 다 '무조건 배반' 전략을 택하는 경우이다.[63]

매우 제한적 적응능력(바로 전 게임의 결과만 기억한다)을 가진 경기자임을 생각하여 경기자들이 어떤 전략을 선택하게 될지를 생각해 보자. 이제 두 개의 균형점 '조건부 협력'(2*2)의 균형과 '무조건 배반'(8*8)의 균형 중에서 어느 쪽이 현실적으로 더 일어나기 쉬울까?

비치에리는 사람들이 '조건부 협력' 균형에 도달하게 되리라고 본다. 왜냐하면 조건부 협력이 무조건 배반에 비해 안전하면서도 협력의 이득을 기대할 수 있는 전략이기 때문이다(Bicchieri, 1990: 851).

이상의 분석은 상대가 협력하면 나도 협력하고 상태가 배반하면 나도 배반하는 조건부 협력 전략이 유한반복 2인 죄수의 딜레마 게임에서 균형점으로

---

62) 슈퍼게임이란 반복적으로 이루어지는 게임 전체를 단일게임으로 상정하는 것을 가리킨다.
63) <표 5-3>에서 2번 전략은 상대가 이전에 C전략을 택했을 때 나도 C로 응하고 상대가 D였을 때 나도 D를 택하는 전략이므로 조건부 협력 즉 팃포탯 전략에 해당한다. 8번 전략은 항상 D만 내는 것이다.

출현하게 된다는 것을 뜻한다. 조건부 협력은 곧 "상대가 협력하면 나도 협력한다"는 태도이므로 일종의 협력규범이 균형점으로 등장함을 뜻한다.

경기자의 입장에서 조금 더 추론해 보자. 상대가 조건부 협력 전략을 구사하는 경기자라는 것을 알면 배반보다는 협력을 선택하는 것이 유리하다. 왜냐하면 배반을 선택하면 다음 라운드에서 상대가 배반으로 나올 것이고, 그렇게 되면 나의 보수가 적어지게 되기 때문이다. 모든 경기자들이 똑같이 생각할 것이므로 결국 보편적 협력이 균형점으로 등장할 가능성이 높다.

경기자들의 기대가 협력으로 수렴된다는 것은 일종의 협력규범의 발생으로 간주할 수 있다. 왜냐하면 사회적 규범에 대한 정의가 "기대의 수렴"이기 때문이다. 이 결론은 다른 연구자들의 실험결과와 대체로 부합한다. 앞장에서 본 바와 같이 액설로드가 그의 저서 『협력의 진화(*The Evolution of Cooperation*)』에서 '컴퓨터 토너먼트에서 조건부 협력(tit-for-tat) 전략이 압도적으로 승리를 거둔다'고 분석한 것은 잘 알려진 사실이다(Axelrod, 1984).

조건부 협력 전략은 다른 전략에 비해 큰 이점이 있다. 첫째, 규칙이 단순하고, 둘째, 배반자에게 이용당하지 않게 해준다. 액설로드는 조건부 협력 즉 팃포탯 전략의 이런 특성이 컴퓨터 토너먼트에서의 압도적 성공을 가져오게 한 원인이라고 보았다(Axelrod, 1984: 53).

종합하면 조건부 협력 전략이 죄수딜레마 게임 상황에서 협력을 발생시키는 중요한 역할을 할 가능성이 많다는 것을 알 수 있다. 반복게임이 쌍방의 조건부 협력 전략으로 귀착된다는 것은 모두가 협력을 더 나은 전략으로 생각하게 된다는 것을 뜻한다. 그러므로 반복게임이 협력규범을 발생시킬 수 있다고 결론 내려도 무방할 것이다.

실제 우리의 삶에 있어서도 1회의 2인 게임으로 종결되는 경우보다 반복게임이 일어나는 경우가 많다. 반복게임의 조건들과 효과에 대해서는 액셀로드의 이론을 검토하면서 앞장에서 충분히 살펴보았다. 그렇다면 남은 과제는 반복게임의 규칙을 찾아내어 통제(control)할 수 있는 방법을 연구하는 것이다.

제3절 네트워크 구조와 협력

■ 제1항 네트워크의 유형들

선택적 상호작용

협력의 문제에 대한 초기 연구들은 주로 반복게임을 중심으로 이루어졌었다. 그러나 정보화 시대 이후 네트워크 구조가 인기 있는 연구주제로 부상했다. 협력 문제와 네트워크 구조와 어떻게 연결되는 것일까?

인간의 반복적 상호작용은 대체로 장소의 동일성에 기반을 두고 일어난다. '장소'의 구조적 특성은 어떤 행위자들끼리는 자주 접촉하게 하고 다른 행위자들과는 덜 만나게 함으로써 집단 전체의 성과에 영향을 미친다. 그래서 이 장소기반 사회적 관계가 인간의 반복적 상호작용에 어떻게 영향을 미치는지가 집합행동의 중요 연구주제 중의 하나가 되었다. 네트워크의 위상구조는 이 장소기반 사회적 상호작용의 빈도에 대한 지형도로 볼 수 있다.

1회 죄수의 딜레마 게임에서는 상호 배반이 균형점이다. 그러므로 협력이 일어나기 어렵다. 그러나 반복게임이 되면 문제는 달라진다. 앞에서 보았듯이 '조건부 협력'과 '항상 배반'이 슈퍼게임의 두 균형점으로 등장한다. 그러므로 협력의 발생 가능성이 열리게 되는 것이다.

반복게임에서 가장 중요한 것은 관계의 지속과 식별가능성이다. "앞으로 두 번 다시 보지 않을 상대"라면 어떻게 대해도 괜찮겠지만, 또 만나게 될 상대라면 협력적으로 대해야 한다. 그래서 액셀로드는 "협력의 기반은 신뢰이지만, 신뢰 속에는 관계의 지속성과 식별가능성이 들어 있다"(Axelrod, 1984: 182)고 말했다. 식별가능성이란 상대가 협력적인 성향의 경기자인지 배반을 잘하는 경기자인지를 알아차리는 것을 말한다.

네트워크의 위상구조는 관계의 지속성과 식별가능성에 영향을 미쳐서, 선택적 상호작용을 가능하게 만든다. 선택적 상호작용은 두 가지 측면에서 이루어진다. 하나는 협력자와 배반자를 구분하여 협력에는 협력으로, 배반에는 배반으로 대응한다는 측면이고, 다른 하나는 협력자와는 빈번하게 접촉하지만 배반자와는 접촉을 억제한다는 측면이다. 선택적 상호작용이 가능해지면 협력자가 협력자를 만날 확률이 높아진다. 그러므로 어떤 유형의 네트워크가 이 선택적 상호작용을 더 잘 촉진시키는지가 중요한 관심사가 된다.

세상의 모든 것은 서로 연결되어 있다고 할 수 있다. 개별 행동들이 모여서 전체 행동으로 나타나는 것이다. 네트워크 이론은 구성요소 그 자체가 분석대상이 아니라 구성요소 간의 관계가 중요하다고 본다. 상호작용하는 요소들의 집합은 요소 자체의 성질에 크게 의존하지 않기 때문이다. 주위의 환경에 민감하게 반응하고 모방을 하려는 경향 등이 이를 말해주고 있다.

네트워크는 중심(hub)이 없는 평등한 연결구조를 가진 유형이 있고, 중심이 있는 불평등한 연결구조를 가진 경우도 있다. 전자는 두뇌의 신경망, 도로 철도 등의 운송망, 송전선을 연결하는 송전망 등의 사례가 있고, 후자는 인터넷 월드와이드웹(www) 등의 사례가 있다. 불평등한 네트워크는 빈익빈부익부 현상이 나타나게 되며 불평등이 심화되면 다른 허브가 나타난다. 네트워크 이론은 중심의 작용보다는 동등한 위치에 있는 개체들이 어떻게 상호작용을 하는지가 주요 연구대상이다. 다시 말해 네트워크 안에서 서로 유대관계가 맺어지고 끊어지는 등의 동역학에 관심을 가지는 것이다.

네 가지 네트워크 유형들

자주 연구대상이 되고 있는 네트워크 유형으로는 정규 네트워크(regular network), 무작위 네트워크(random network), 작은 세상 네트워크(small world network), 척도 없는 네트워크(scale-free network)의 네 가지이다.

정규 네트워크란 각 노드(node)와 노드의 연결이 규칙적이어서 각 노드의 연결 수가 일정한 형태를 말한다. 무작위 네트워크에서는 노드와 노드의 연결이 무작위로 이루어진다. 작은 세상 네트워크란 정규 네트워크에 무작위 연결이 일부 추가된 형태를 가리킨다. '척도 없는' 네트워크는 연결 수 분포가 거듭 제곱 함수로 나타나는 네트워크를 가리킨다. 척도(scale)를 한정할 수 없다고 하여 '척도 없는'이라고 한다. 척도가 제로(0)라는 의미는 아니다.

무작위(랜덤) 네트워크는 에르되스-레니가 처음 제시한 모델이고, 작은 세상 네트워크는 와츠와 스트로가츠가 만든 모델이며, 척도 없는 네트워크는 바라바시와 앨버트가 발견한 모델이다(Erdos & Renyi, 1960; Watts & Strogatz, 1998; Watts, 2002). 그래서 각각 ER 네트워크, WS 네트워크, BA 네트워크로 약칭되기도 한다.

ER 네트워크는 초기에 일정 수의 노드(node)[64]가 존재할 때 이 노드들 간에 링크를 임의로 추가함으로써 만들어진다. WS 네트워크는 규칙적 연결 구조를 가지고 있는 정규 네트워크에 임의로 몇 개의 링크를 추가시켜서 만들 수 있다. BA 네트워크는 링크들 간의 연결이 연결수를 이미 많이 가진 노드들일수록 더 쉽게 새로운 연결을 만들게 된다는 '선호적 연결(preferential attachment)'의 원칙에 따라 링크를 추가해 감으로써 만들 수 있다.

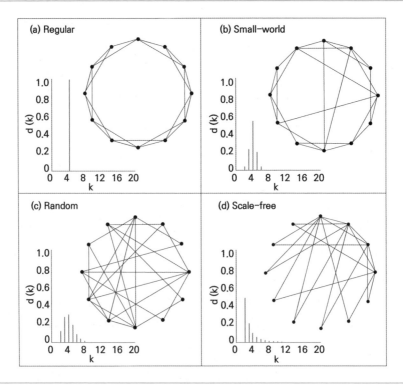

[그림 5-1] 네트워크 유형과 연결 수 분포

64) 네트워크 이론에서는 보통 노드(node)를 꼭지점(vertex), 링크(link)는 모서리(edge)라 칭한다.

위 그림(Santos & Pacheco, 2005: 727)은 네트워크 유형과 연결 수(k)[65] 분포를 간략히 나타낸 것이다. 정규형 네트워크(a)는 노드들의 연결 수 분포가 동일하다. 작은 세상 네트워크 즉 WS 네트워크(b)는 정규형과 랜덤형이 섞인 모양이다. 랜덤 네트워크 즉 ER 네트워크(c)는 연결수가 종 모양의 가우스 분포를 띤다. 척도 없는 네트워크 즉 BA 네트워크(d)에서는 연결 수가 거듭제곱형 분포로 나타난다.

네트워크 구조와 협력과의 관계에 대해서는 연구자마다 의견이 엇갈린다. 여기서는 학자들의 주된 관심사였던 작은 세상 네트워크에 대해 개관한 다음, 척도 없는 네트워크가 협력을 촉진시킨다는 주장과 무작위 네트워크가 협력의 진화에 더 유리하다는 견해에 대해서 살펴보겠다.

▌제2항 작은 세상 네트워크에서의 협력

와츠와 스트로가츠가 제시한 '작은 세상 네트워크(small world network)'는 미국의 응용수학자인 던컨 와츠와 그의 지도 교수 스티브 스트로가츠가 '작은 세상 네트워크의 집합적 역학'이라는 논문으로 1998년에 네이처지에 발표하면서 알려지게 되었다. 작은 세상 네트워크란 세상이 네트워크로 연결하면 작아지거나 좁아진다는 의미로 이해해도 무방하다. 논문에서는 사람을 꼭짓점으로 표시하고 그들의 관계를 엣지로 표시하여 인간관계의 지형도를 그렸는데, 잘 짜여진 정규 네트워크보다 주변에 존재하는 인간관계를 늘려가게 되었을 때, 다른 사람들에게 쉽게 연결될 수 있다는 것을 발견하였다. 기존의 친구 외에 새로운 친구를 단 한명이라도 알게 되면 그 친구의 주변 사람들에게 쉽게 접근할 수 있다는 뜻이다. 타인에게 접근하는데 평균 이동거리가 짧고, 서로 클러스터링(clustering)으로 뭉치게 된다. 따라서 작은 세상 네트워크는 정규네트

---

65) 연결수란 어떤 노드가 다른 노드와 얼마나 많은 연결을 갖고 있는가를 표시하기 위한 개념이다. 네트워크의 특성을 구분 짓는데 있어 가장 기본이 되는 변수이다. 연결수는 총 연결수, 평균연결수, 연결수의 분포 등이 주요한 분석 대상이다. 네트워크의 유형은 주로 연결수의 분포형태의 차이를 중심으로 구분된다.

워크와 무작위 네트워크의 혼합 네트워크로서 완전히 규칙적이지도, 무작위적이지도 않은 중간에 있다고 할 수 있다.

작은 세상 네트워크의 장점은 당사자가 접촉하는 친숙한 이웃은 당사자의 요청을 거부하기보다는 도와 줄 가능성이 높다는 점이다. 그 이유는 친구의 요청에 대해 직접적인 이득과 손실을 판단하기보다는 친구사이라는 포괄적 호혜관계를 우선하기 때문이다. 나아가 작은 세상 네트워크에서는 이러한 협력이 신속하게 전파되고 확장된다고 본다는 점이다. 따라서 우리는 전체적인 네트워크의 협력문제를 다룰 때 작은 그룹간의 협력부터 출발하는 것이 바람직한 전략일 수 있다.

흔히 인간사회에서는 '6단계 분리이론(six degrees of separation, six handshakes rule)'이 작은 세상 네트워크의 사례로 거론되어 왔다. 이 이론은 1967년 미국 하버드대의 스탠리 밀그램(S. Milgram)이 연구한 '좁은 세상 실험(small-world experiment)'으로 밝혀낸 법칙으로 알려져 왔으며, 미국 어느 한 지점에 있는 사람이 또 다른 어느 지점에 있는 전혀 모르는 사람과 불과 6단계만 거치면 연결될 수 있다는 것이다. 밀그램은 임의로 추출한 160명을 대상으로 미국 중부에서 동부까지 먼 도시의 특정인에게 편지를 전달토록 부탁했는데 평균 5.5명을 거쳐 편지가 도달한 사실을 알아냈다.[66] 2008년 MS의 연구원인 에릭 호르비츠(E. Horvitz)는 인터넷 대화프로그램인 MS 메신저에서도 평균 6.6명을 거치면 서로 연결된다는 유사한 결과를 발표하기도 했다(Wikipedia 검색).

인간세계뿐 아니라 중세 흑사병이나 코로나 바이러스(Covid-19) 등의 전파, 인터넷상의 정보(www)나 바이러스 전파, 전력의 분배망 등이 작은 세상의 속성을 갖는 것으로 알려져 있다. 특히, SNS의 발달로 인간 세상은 잘 모르는 상대방에게 더 빨리 연결되고 있어서 이에 대한 장단점이 논의되고 있다.

---

66) 밀그램의 실험은 참여한 사람 전부가 아닌 일부 사람들만 평균 6단계 만에 편지가 도달된 사실 등 많은 조건들이 달려 있어서 신중한 판단이 필요하다. 또한 이 이론이 처음이라고 알려져 왔지만 사실은 그 이전인 1929년 Frigyes Karinthy의 게임 등 유사한 실험과 주장들이 다수 있어 왔다.

■제3항 척도 없는 네트워크에서의 협력

한편, 산토스와 파체코(Santos & Pacheco, 2005)는 네트워크 속성이 균일하지 않을수록 협력에 유리하다는 입장을 취한다. 이때 네트워크 속성이란 주로 연결 수의 차이를 가리킨다. 모든 행위자들이 네트워크에서 서로 동등한 빈도로 상호작용하는 것은 아니다. 즉 연결 수가 대개 균일하지 않다. 어떤 행위자는 다른 행위자에 비해 더 많이 상호작용한다.

사회 네트워크에서 연결수가 많은 사람은 다른 사람과 더 협력적인 사람일 것이다. 그리고 이 사람은 다른 개인들에 비해 일반적으로 더 자주 사회적 모범으로 간주된다. 협력적인 사람이 다른 사람의 모범이 되므로 협력적 행동양식이 쉽게 확산될 수 있다.

결국 사회적 다양성이라는 요인이 보상이나 처벌과 같은 공동체의 이행기제와 무관하게 그 집단에서 협력이 우세하도록 만들 수 있다는 것이 산토스와 파체코의 논지이다. 사회적 다양성이란 연결 수가 균등하지 않다는 것을 뜻한다.

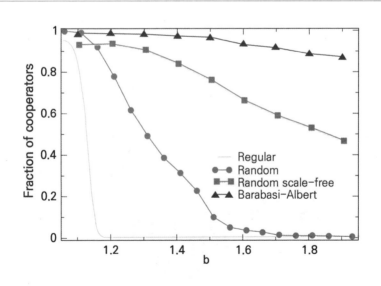

[그림 5-2] 네트워크 유형과 협력자 집단의 비율

산토스와 파체코의 연구 결과는 위의 그림에 잘 요약되어 있다(세로축은 출현하는 협력자 비율, 가로축 b는 배반의 유혹의 크기임(Santos & Pacheco, 2005: 728). 연결 수의 이질성 정도는 정규 네트워크, 무작위 네트워크, 작은 세상 네트워크, 척도 없는 네트워크 순으로 옮겨갈수록 커진다. 그림에서 보듯이 이질적인 분포를 가진 네트워크일수록 협력수준이 높게 나타남을 볼 수 있다. 특히 BA모델(scale-free model)은 배반의 유혹이 커지더라도 협력의 비율이 별로 줄어들지 않았다.

왜 연결수 분포의 이질성이 협력에 긍정적인 영향을 미칠까? 첫째, 앞에서 설명했듯이 연결수가 높은 사람 즉 협력자의 행동양식이 모범적으로 간주되어 쉽게 전파된다는 것이 중요한 이유이다. 둘째, 그와 더불어 행위자들 간의 상관성이 증대되기 때문이다. 상관성이 증대된다는 말은 협력자는 협력자를, 그리고 배반자는 배반자를 만날 확률이 증가함을 가리킨다. 이렇게 되면 배반의 유혹이 억제된다. 이런 이유로 산토스와 파체코의 연구는 성장(growth)과 선호적 연결(preferential attachment)을 통해 만들어지는 이른바 "척도 없는 네트워크"가 협력을 촉진시키는 데 유리하다고 결론내리고 있다.

컴퓨터 모의실험에서 사용한 게임 모형은 죄수의 딜레마 게임과 눈치우기 게임(snowdrift game) 두 가지이다. 실험 결과 두 종류의 게임 모두에서 척도 없는 네트워크가 협력을 더 촉진시킨다는 결론을 끌어내고 있다.

[그림 5-3] 눈치우기 게임 이미지

눈치우기 게임이란 치킨게임과 유사하다. 두 대의 자동차가 어느 계곡에서 눈사태로 인해 길이 막힌 상황에 봉착했다고 해 보자. 이 경우 가장 이상적인 상황은 물론 두 차의 운전자가 동시에 나와 함께 눈을 치우고 길을 가는 것이다. 그러나 개인에게 가장 이득이 되는 상황은 상대방이 눈을 치워 길을 내 놓으면 자신은 눈을 치우지 않고도 통과하는 것이다. 그러나 둘 다 같은 생각을 하면 둘 다 길이 막혀 목적지에 도달하지 못할 것이다.

눈치우기 게임의 특징은 상대방이 눈을 치우지 않으면 나 혼자서라도 눈을 치우고 가는 것이 낫다는 점이다. 눈 속에 갇혀 있으면 어쨌든 불리하니까. 그래서 이 게임에서는 상대방이 협력하면 나는 배반을 택하는 것이 유리하고, 상대방이 배반하면 나는 협력을 택하는 것이 낫다. 눈치우기 게임은 이런 상황을 상정한 것이다.

		을	
		C	D
갑	C	3, 3	1, 5
	D	5, 1	0, 0

[표 5-4] 눈치우기 게임

<그림 5-4>는 죄수의 딜레마 게임과 눈치우기 게임 두 상황에 대하여 정규 네트워크와 척도 없는 네트워크 간에 협력의 진화과정이 어떻게 다르게 나타나는지를 비교한 것이다. 위쪽의 두 그래프는 정규 네트워크에서의 협력의 진화를 표시한 것이고, 아래의 두 그래프는 척도 없는 네트워크에서의 협력진화 양상을 표시한 것이다(Santos & Pacheco, 2005: 2).

<그림 5-4>에서 b와 r은 게임의 보수구조를 뜻한다. 즉, b는 죄수의 딜레마 게임에서 배반의 유혹의 크기를 나타내고, r은 눈치우기 게임에서 비용 대 편익의 비율을 나타낸다. 그리고 z는 평균 연결 수 즉 네트워크의 촘촘함 또는 상호작용의 빈번함을 표시하는 지수이다.

그림의 아래쪽 두 그래프인 척도 없는 네트워크에서 협력의 수준을 보면 게임의 구조(PD 죄수의 딜레마, SD 눈치우기 게임)와 게임의 파라미터(b, r)에 상관

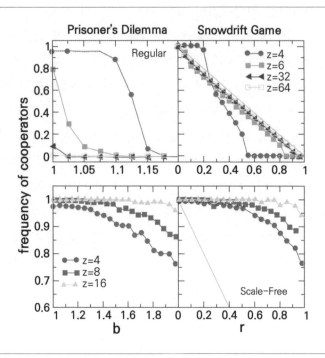

[그림 5-4] 네트워크에서의 협력의 진화 양상

없이 협력이 나타남을 볼 수 있다. 물론 배반의 유혹(b)과 협력의 비용(r)이 증가함에 따라 협력수준이 감소하고 있긴 하지만 정규 네트워크에 비해 감소의 기울기가 완만함을 볼 수 있다. 척도 없는 네트워크에서는 두 파라미터(b, r)가 매우 높을 때만 협력수준이 80% 이하로 떨어진다.

정규 네트워크의 경우 연결 수(z)의 증가가 협력수준의 증가로 이어지지 않는다. 정규 네트워크에서의 죄수의 딜레마 게임에서는 연결 수 즉 상호접촉 빈도가 높을수록 협력수준이 오히려 떨어짐을 보여준다. 그러나 척도 없는 네트워크에서는 두 게임 유형 모두에서 연결 수의 증가와 협력수준이 긍정적 상관관계를 보여준다. 이 현상은 정규 네트워크처럼 연결선의 분포가 균등한 경우보다 불균등한 구조가 협력을 더 촉진시킨다는 것을 말해준다.

산토스와 파체코는 이 실험 결과를 토대로 네트워크의 연결이 이질적일 때 협력의 확산이 더 잘 일어난다고 결론짓고 있다. 그리고 이것은 게임의 종류와 관계가 없이 적용된다는 것이다.

▌제4항 랜덤 네트워크에서의 협력

한편, 네트워크의 이질성과 협력 수준 사이에 별로 관계가 없다는 주장도 있다. 이차오 장 등(Zhang et al., 2014)은 산토스와 파체코의 결론과 달리 랜덤 네트워크 그리고 랜덤 네트워크의 변형이라고 할 수 있는 작은 세상 네트워크에서 협력이 더 잘 일어난다고 주장한다. 즉 척도 없는 네트워크 보다 랜덤네트워크나 작은 세상 네트워크가 협력에 훨씬 더 좋은 환경을 제공해 준다는 것이다.

산토스와 파체코의 연구에서는 사람들이 협력을 하느냐 배반을 하느냐의 선택을 할 때 주위 이웃의 행동결과를 보고 그것을 판단의 근거로 삼는 것으로 가정했다. 즉 협력이냐 배반이냐를 선택하는 전략적 원칙을 자신과 연결된 이웃 중에서 좋은 성과를 얻는 이웃의 전략을 따르는 것으로 가정했었다. 즉 이웃이 협력을 선택하여 배신보다 더 나은 보수를 받는 것을 보면 자신도 그것을 따라한다고 보았었다.

네트워크의 연결 수가 선호적 연결의 원칙에 따라 일어난다면 네트워크의 허브는 대개 협력지향적인 사람들이 차지하게 마련이다. 이 허브의 역할로 인해 척도 없는 네크워크에서는 협력이 촉진된다는 것이 산토스와 파체코의 논리였다.

그런데 이차오 장 등은 이런 갱신규칙(updating rule) 즉 전략변경 방식은 척도 없는 네트워크에서는 가능해도 랜덤 네트워크에서는 작동되기 어렵다고 본다. 왜냐하면 랜덤 네트워크에서는 이웃이 무작위로 바뀌게 되기 때문이다. 그래서 이들은 전략 갱신규칙을 이웃의 전략을 참조하는 것이 아니라 자신이 과거 게임에서 얻는 성과를 참조하는 것으로 바꾸었다. 즉 보수에 대한 기억(payoff memory)을 전략갱신의 기준으로 삼았다. 그러므로 과거 자신의 선택이 좋은 결과를 낳았으면 차기 게임에서도 그 전략을 유지할 것이고 그 반대이면 전략을 바꾸게 된다.

이차오 장 등도 컴퓨터 시뮬레이션을 통해 결과를 도출했다. 이들은 죄수의 딜레마 게임에 대해서만 조사했다. 그리고 랜덤 네트워크, 작은 세상 네트워크, 척도 없는 네트워크에서 협력수준이 어떻게 나타나는지를 비교했다. 아래 그림은 컴퓨터 모의실험의 결과이다(Zhang et al., 2014: 6).

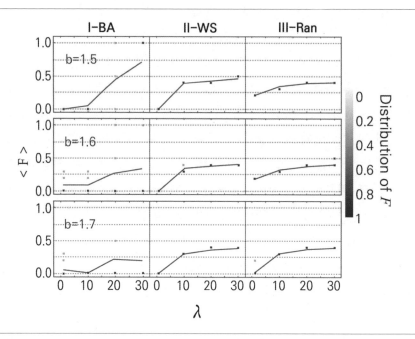

[그림 5-5] 네트워크 유형과 협력 수준

위 그림에서 BA, WS, Ran은 각각 척도 없는 네트워크, 작은 세상 네트워크, 무작위 네트워크를 가리킨다. 그리고 <F>는 평균 협력빈도, λ 는 기억의 범위(payoff memory), b는 배반의 보수를 나타낸다. λ 는 몇 게임 전까지의 결과를 고려하느냐를, b는 배반의 유혹을 가리킨다. 이 파라미터들과 협력의 빈도 사이의 관계를 요약하면 다음과 같다.

첫째, 배반의 유혹(b)이 클수록 협력수준이 전반적으로 낮아짐을 보여준다. 위쪽 그래프들보다 아래쪽 그래프들의 평균 협력빈도가 낮아짐을 볼 수 있다. 그러나 그 민감도가 네트워크 구조에 따라 조금 다름을 볼 수 있다. 척도 없는 네트워크(I-BA)는 배반의 유혹에 민감하게 반응하는 데 비해 다른 두 네트워크는 상대적으로 덜 민감하게 반응한다.

둘째, 보수의 기억범위(λ)가 길어질수록 협력수준이 증가함을 보여준다. 보수의 기억범위란 과거 게임의 결과를 몇 차 이전까지 기억하느냐를 말한다. 고려하는 과거 게임의 결과가 많을수록 협력이 증가한다는 것은 유의할 만하다.

이차오 장 등이 내린 결론은 다음과 같다. 첫째, 보수에 대한 기억이 중요한 역할을 한다. 척도 없는 네트워크에서보다 작은 세상 네트워크와 랜덤 네트워크에서 보수에 대한 기억이 협력증진에 더 두드러진 역할을 할 수 있다. 둘째, 척도 없는 네트워크의 특징인 연결수의 이질적 분포가 협력 수준에 별로 영향을 주지 못한다. 즉 연결 수 차이가 네트워크에서 협력발생의 필요조건도 충분조건도 아니다. 즉 척도 없는 네트워크의 가장 큰 특징인 허브의 효과가 나타나지 않는다.

최종적으로 이들은 네트워크 구조가 협력수준에 미치는 영향은 미미하며 협력은 어떤 구조에서도 가능하다고 결론 내리고 있다. 그리고 배반의 유혹이 강한 게임에서는 척도 없는 네트워크보다 랜덤 네트워크에서 협력이 더 쉽게 일어날 수 있다는 것이다.

산토스와 파체코의 연구와 이차오 장 등의 연구는 서로 다른 갱신규칙을 가정하고 있다. 산토스와 파체코의 연구에서는 이웃 행위자의 전략을 모방하는 것으로 상정한 반면, 이차오 장 등의 연구에서는 오직 자신의 과거 경험만을 근거로 삼고 있다. 행위자 가정이 서로 다르기 때문에 어느 주장이 더 타당한지를 말하기 어렵다. 어느 갱신규칙이 더 설득력이 있는지는 경험적으로 검증되어야 할 문제이다. 앞으로 더 많은 이론적 및 경험적 연구가 축적 되어야 객관성 있는 결론을 얻을 수 있을 것으로 보인다.

제6장

웹(web) 공간에서의 협력

여기서는 웹 공간에서 어떻게 협력이 쉽게 이루어지는지를 탐구할 것이다. 우리는 지금 웹의 세상에서 살고 있다. 상대방의 얼굴도 모르고 시간과 장소에 구애됨이 없이 협력이 이루어지고 있다. 웹 공간에서의 협력의 특징들을 살핀 다음 위키피디아의 사례를 들고, 웹상에서의 공공재게임의 양상을 살펴볼 것이다.

협력은 일정 부분 이타성에 기초해 있다. 이타성이란 자신의 비용으로 타인의 편익을 증가시키는 행위를 말한다. 죄수의 딜레마 게임은 이 점은 잘 보여준다. 자신의 이익 극대화만을 추구하면 협력이 일어날 수 없다. 자신의 이익을 조금 줄여서 타인의 이익이 증가하도록 해야 좀 더 나은 균형점으로 이동할 수 있다. n인 죄수의 딜레마 게임으로 표현될 수 있는 공공재 게임도 마찬가지이다. 조금 귀찮더라도 각자 쓰레기를 분리 수거할 때 모두가 더 좋은 환경에서 살 수 있다.

흔히 가상공간으로 불리는 웹 공간의 가장 큰 특징 중의 하나는 바로 이 이타성이 실물공간보다 더 풍부하다는 점이다. 많은 유저들이 아무 대가 없이 정보를 공유하고, 아무 대가 없이 어려운 작업에 동참한다. 가상공간에 대한 열렬한 예찬론자인 피에르 레비는 웹을 통한 집단지성의 의의를 단순히 문제해결 수단의 확장에서 찾지 않고 새로운 사회적 유대의 창출 가능성에서 찾았었다. 레비의 말처럼 현재 웹 공간에서는 실물세계에서 보기 어려웠던 새로운 사회적 유대가 많이 생겨나고 있다. 가상공간에 대한 또 다른 예찬론자인 하바드대학교의 요차이 벤클러교수는 그의 저서『펭귄과 리바이어던: 어떻게 협력이 이기심을 이기는가(*The Penguin and the Leviathan: How Cooperation Trumps over Self-interest*)』에서 웹이 그동안 근대세계를 지배해 왔던 이기심의 신화를 무너뜨릴 이타성의 싹을 틔우고 있다고 하였다(Benkler, 2011: chapter 1.)

일반적으로 정보재는 공공재적 특성 때문에 협력의 비용이 적게 소요된다고 한다. 사회가 급속히 발전하고 있는 주된 이유 중의 하나는 협력의 비용이 급격히 낮아진 정보재를 사용하기 때문이다(Goyal, et al., 2006). 현대사회가 집단지성의 시대로 변하여 온 주된 동력은 가상공간에서 이루어지는 협력의 용이성 때문이라는 뜻이다. 그렇다면 가상공간에서 협력의 비용은 항상 낮거나 없는 것일까?

웹에서 이루어지는 대부분의 집단지성들은 대체로 크라우드 소싱에 해당한다. 도안(A. Doan) 등의 연구(Doan, Ramakrishnan, & Halevy, 2011)는 웹기반 집단지성을 크라우드 소싱으로 유형화하여 명시적, 묵시적 크라우드소싱으로 분류하였다(권찬호, 2022: 191). 명시적 크라우드 소싱 중에서도 구체적 활동 내용들을 평가(Evaluating)하거나 공유(Sharing)하거나 네트워킹(Networking)하는 집단지성 사이트들의 경우에는 협력의 비용은 크지 않다. 구글의 페이지랭크나 리캡차(reCAPTCHA)와 같은 묵시적 크라우드 소싱은 유저들이 집단지성의 형성에 자신들이 참여하고 있다는 것을 의식하지 못한다. 따라서 협력의 비용이 제로(0)에 가깝다. 사실 많은 주요 검색 사이트나 포털 사이트들은 암묵리에 유저들의 사용 흔적을 모아 그것을 가공하여 사용한다.

웹에서 이 새로운 이타성의 출현을 어떻게 이해해야 할까? 웹 공간에서는 인간성이 정말 변하는 것일까? 실물공간에서 개인들 간의 교환관계를 지배해 왔던 상호성의 원리가 가상공간에서는 이타성의 원리로 변하는 것일까? 그것이 사실이라면 그 원인은 무엇일까?

제1절 웹 공간에서의 협력의 특징

가상공간의 특징들

가상공간의 특징에 대해서는 많은 사람들이 여러 각도에서 언급해 왔다. 여러 견해들 중에서 가장 자주 거론되고 있는 세 가지는 복잡성의 증가, 외부성의 증가, 상호성의 증가이다. 이 세 특징의 함의를 요약해 보면 다음과 같다.

첫째, 복잡성(complexity)의 증가이다. 복잡성이란 보통 구성요소들 사이의 상호작용 결과가 예측되기 어렵다는 뜻으로 사용되고 있다. 어떤 요인이 초래할 결과를 함수식으로 표현하기가 어렵다는 뜻이다. 이 복잡성은 구성요소들의 숫자가 많아질수록, 상호작용의 속도와 종류가 빨라지고 다양해질수록 증가한다. 인터넷은 거의 전지구상 인류들을 하나의 연결망 속으로 통합시켰다. 그리고 상호작용의 속도와 종류를 급격히 변화시켰다. 이것들은 모두 사회의 복잡성 정도를 높이는 요인들이다. 복잡성이 집단자성에서 가지는 가치에 대해서는 장을 달리하여 별도로 살펴볼 것이다.

둘째, 외부성(externality)의 증가를 지적할 수 있다. 정보재는 외부성에 쉽게 영향을 받는다. 외부성은 어떤 주체의 행위 결과가 본인의 의도와는 관계없이 다른 주체에게 의도하지 않은 혜택이나 손해를 발생시키는 현상을 가리킨다. 웹에서의 상호작용은 다양한 정보의 교환을 통해 이루어지기 때문에 이 긍정적인 결과를 초래하는 외부효과와 부정적인 결과를 초래하는 비외부효과가 쉽게 발생한다.

만약 자기가 참여한 집단인 한 사이트가 외국에서 인기를 얻게 되어 외국인과 소통도 자유롭게 이루어진다고 할 때 이를 외부효과(external effect)라고 할 수 있다. 반면 자기가 참여한 집단인 한 사이트보다 더 편리하고 매력적이며 더 많은 사람들이 참여한 곳이 있다면 기존 사이트에의 참여를 줄이거나 중단할 수도 있을 것이다. 이를 비외부효과(negative external effect)라고 한다.

일반적으로 행위결과가 비배제성, 비경합성을 가질 때 외부효과가 쉽게 발생한다.[67] 웹에서의 상호작용은 정보의 교환을 통해 이루어진다. 웹에서 유통되는 정보는 배제성을 구현하기가 어렵다. 그리고 정보나 지성과 같은 추상적 재화는 한 사람이 사용하든 여러 사람이 사용하든 소모되지 않는다. 오히려 소비될수록 더 불어난다는 역설이 작용하는 경우도 많다. 그러므로 비경합적이다.

비배제성과 비경합성으로 인하여 웹에서는 사유화의 동기가 급격히 약화된다. 사유성의 약화는 이기심보다는 이타심의 발현을 쉽게 만든다. 레비가 창의성만이 유일한 희소성의 근원이라고 지적하고, 공유와 공생 정신이 새로운 시대에 더욱 풍부해질 것이라고 본 것도 웹의 이 외부효과에 주목했기 때문이다(Levy, 2005).

정보재가 외부효과에 가장 민감하게 반응하는 환경 중의 하나는 정보문화일 것이다. 특정 조직이나 조직을 둘러싼 환경이 개방적이냐 폐쇄적이냐, 협업적이냐 개인적이냐, 과정을 중시하느냐 결과를 중시하느냐 등에 따라 정보재의 활용도는 달라진다. 다시 말해 정보재는 개방적 협업적 과정적 조직문화를 가진 곳에서 더욱 영향력을 발휘할 것이다(황주성 외, 2010).

셋째, 웹은 또 상호성(reciprocity)을 변화시킨다. 상호성이란 상대의 행동에 비례적으로 반응한다는 의미이다. 웹은 어떤 측면에서는 상호성을 약화시키기도 하고, 또 어떤 면으로는 강화시키기도 한다. 웹 공간에서는 기여와 공유가 쉽게 일어난다. 이것은 직접적인 상호성의 약화를 뜻한다. 반면 웹은 어떤 개인의 행위가 많은 사람들의 눈으로부터 벗어나기 힘들게 만든다는 측면도 있다. 그 결과 무임승차에 대한 감시효과가 발생하여, 상호제재와 규범의 강화 등의 효과를 낳는다. 이것은 간접적인 상호성은 강화될 수 있음을 가리킨다. 웹상의 상호성에 대해서는 뒤에서 자세히 설명할 것이다.

그렇다면 가상공간에서 집단[68]의 구성원들이 자발적으로 참여하여 지성[69]을 만들어 갈 수 있는 이유는 정보재가 소통의 기제로 주요 역할을 담당하는 현대 사회의 정보화의 특성이 집단지성의 구현을 용이하게 하기 때문이라고

---

67) 비배제성, 비경합성의 개념은 아래 공공재에 대한 설명에서 다룬다.
68) 집단지성이 상정하는 가상공간에서의 집단 개념은 폭이 넓다. 인터넷상의 공식 또는 비공식 집단은 물론 주의나 주장을 펼치는 운동(movement)도 포함된다.
69) 지성이란 일반적으로 '어려운 문제를 풀어내는 공동체의 창의적 능력'으로 정의된다. 구체적으로는 레비(P. Levy, 1997), 애틀리(T. Atlee, 1999) 참조

할 수 있다. 오늘날 가상공간에서 정보의 주요 공급원인 빅데이터, 집단지성의 사례인 크라우드 소싱과 위키피디아의 성공적인 운영은 인터넷의 도움이 없이는 이루어질 수 없다. 이처럼 현대의 많은 집단지성 사례들은 가상공간을 통해 이루어지고 있으며[70], 웹(web) 자체가 집단지성 네트워크라고 할 수 있을 만큼 가상공간에서 이루어지는 집단지성은 사례도 많고 연구실적도 다수 축적되어 있다.[71]

정보재의 특징들

정보재(information good)란 정보를 담고 있는 재화를 말한다.[72] 정보가 담겨 있는 물건이나 파일 등의 형태를 가진다. 정보재는 다른 재화와는 다른 속성을 지니며 특히 집단지성에서 중요한 역할을 수행한다. 정보재 또는 정보화의 어떤 속성들이 어떻게 작용하여 집단지성을 이루어 가는 것일까? 지금까지 정보재의 특징이나 정보화 조직의 특성에 대해서는 많은 연구가 축적되어 있다.[73] 정보재(information goods)란 컴퓨터 소프트웨어나 디지털 음악 등의 디지털화가 가능한 정보로 이루어진 재화나 서비스를 말한다. 디지털이란 0과 1의 비트형태로 저장하고 운송할 수 있는 특질을 말한다. 정보재는 시장에서 거래되는 일반 재화와 달리 무한한 저장과 복제, 동시 거래가 가능하다.

학자들은 대체로 정보재의 특징을 모아서 공공재(public good), 규모의 경제 (economies of scale), 파괴불가능성(indestructibility), 재생산가능성(reproducibility), 변환용이성(transmutability), 불투명성(opaqueness)으로 설명한다(윤기호, 1999: 1-17). '규모의 경제'란 생산량이 증가할수록 평균비용이 감소하는 특성을 말한다. 정보재의 경우 첫 번째 단위를 생산하기 위한 고정비용이 매우 크지만 재생산비용이 거의 소요되지 않는다. '파괴 불가능성'이란 정보재가 내구재로서 시간이

---

70) 모든 집단지성의 유형 또는 사례들이 가상공간에서 이루어지는 것은 아니지만 다수의 웹기반 멀티미디어 서비스는 집단지성의 형태를 보여주고 있다.

71) 크라우드 소싱(crowd sourcing), 동료 생산(peer production), 사회적 미디어(social media), 위키노믹스(wikinomics), 그룹웨어(groupware) 등이 그것이다.

72) 여기서 말하는 정보는 컴퓨터 프로그래밍의 최소단위인 비트(bit)에 담긴 정보만을 뜻하므로, 집단지성에서 말하는 개체의 정보나 지식이나 경험들과 일치하는 것은 아니다.

73) 정보재에 대해서는 윤기호(1999), 정보화 조직의 특성에 대해서는 권찬호(2012) 등 참조

감에 따라 감가상각이 되지 않는다는 뜻이다. 재생산가능성, 변환용이성은 이해하기 어렵지 않다. '불투명성'이란 정보재를 실제로 사용하기 전에는 그 가치를 판단하기 어려운 경험재(experience good)라는 뜻이다.

이 중에서 공공재로서의 특징은 정보재가 가진 가장 중요한 특징이다. 공공재란 정부나 공공기관 등이 주체가 되어 관리하는 공공의 재화로 누구나 비용을 들이지도 않고 경쟁을 하지 않아도 획득할 수 있는 재화나 서비스를 말한다. 흔히 치안이나 소방 등의 안전 서비스, 도로나 공원 등은 누구나 무료로 경쟁이 없이 이용할 수 있다. 시장에서 일반 상품을 구매하려면 그 대가를 지불해야 하는데 공공재는 상응하는 대가를 지불하지 않아도 이용할 수 있다. 또한 누군가 특정 재화나 서비스를 사용하면 다른 사람이 사용하지 못할 수도 있는데, 공공재는 재화나 서비스의 양이 충분하여 서로 경합할 필요가 없다.

공공재의 무임승차 딜레마

웹에서 공유되는 모든 정보는 상업적인 거래로 독점하여 사용되지 않는 한 비배제성과 비경합성을 속성으로 하는 공공재적인 특성을 가진다고 할 수 있다(Kollock, 1999: 222). 그런데 합리적인 관점에서 보면 공공재의 사용에는 비배제와 비경합의 특징 때문에 항상 무임승차(free ride)를 하고 싶은 유혹이 따른다. 재화가 일단 제공되면 모두가 이용할 수 있지만, 아무런 기여를 하지 않고 편익만을 누리는 것이 더 이익이 되기 때문이다. 이 때문에 필요한 공공재가 공급되지 않을 수 있는데 이를 공공재의 딜레마라고 한다.

그런데 가상공간에서는 공공재의 딜레마가 거의 나타나지 않는다. 모든 사람이 똑같은 수준으로 기여하지 않더라도 많은 사람들이 기꺼이 자신의 정보나 지식을 웹에 기여하기 때문이다. 그 이유 중의 하나는 정보재의 낮은 비용 때문이다. 정보재는 처음 개발하는 단계에서는 큰 비용이 발생하는 것이 일반적이다. 따라서 정보재의 공급에 수입을 거둘 수 없게 되면 시장에 정보재가 공급될 수 없을 것이다. 이런 사유로 지적재산권을 통하여 복사를 방지함으로써 배제가능성을 부여하기도 한다. 그런 반면에 정보재의 소비가 늘어나 많은 사람들이 참여한다면 새로운 가치가 발생하게 된다. 따라서 정보재의 공급자는 지적재산권에 매여 있을 필요가 없어지는 것이다.

정보재는 배포하는 단계에서 소요되는 비용은 매우 낮으며, 점차 한계비용도 체감하게 된다. 그 이유는 기존의 정보재를 사용하는 제품에 익숙하고 편리하여서 다른 좋은 제품으로 전환을 하지 않는 잠김효과(lock-in effect)와 많은 사람들이 같이 사용하게 됨에 따라 누리는 소통과 만족감을 나타내는 네트워크 효과(network effect) 때문이다. 따라서 정보재를 무료로 배포하는 경우가 많아지고 있다.

피터 컬록(P. Kollock, 1999)의 연구는 정보의 공공재적 특성 중에서 무한복제 가능성을 낮은 비용의 주요 요인으로 설명하고 있다. 컬록은 공공재 공급방식이 실물공간과 다르다는 점을 지적한다. 가상공간에서 유통되는 것은 실물이 아니라 정보라는 것이며 이 정보가 디지털화되어 전달되는 것이다. 웹은 비트의 세계이기 때문에 전달된 정보는 무한히 복제될 수 있고 거의 추가비용이 소요되지 않는다. 그러므로 무임승차의 문제가 없어지고 정보재는 자유롭게 유통될 수 있게 된다.

공공재에서 무임승차의 유혹이 일어나는 또 다른 중요한 이유는 공공재가 공동의 노력에 의해서만 공급될 수 있다는 점 때문이다. 내가 아닌 다른 사람들이 합하여 공공재를 제공할 수 있다면, 누구나 그 공동의 노력에 시간과 비용을 들이지 않으려고 할 수도 있다. 그러나 컬록은 정보재의 경우 누구나가 단독으로 공급할 수 있다는 사실을 지적하고 있다. 이러한 정보재의 특성 때문에 웹 네트워크나 커뮤니티가 올슨(M. Olson)이 말한 '특권화된 집단'의 성격을 가지고 있고 이것 역시 공공재 공급을 용이하게 만드는 주요 요인이다 (Kollock, 1999: 224).[74]

이처럼 특정인이 정보재를 사용한다고 하여 다른 사람이 그 재화를 사용하지 못하는 경우는 없다. 또한 정보재를 저작권 등의 명목으로 큰 비용을 들이지 않는다는 전제하에 자유롭게 복사할 수 있다면 복사를 하여 사용하는 데에 거의 비용이 들지 않는다.[75] 뿐만 아니라 정보재는 일반 공공재와는 달리 무

---

74) 일반적으로 공공재의 비경합성은 공급보다는 수요에서 일어난다. 내가 소비하면 다른 사람이 소비하지 못할 수도 있다는 것이 그것이다. 그런데 컬록은 이처럼 공급측면에서의 경합도 고려하고 있다.

임승차의 유혹이 거의 없다. 학자들은 이 같은 무임승차 없는 정보재의 공공 재적 속성이 집단지성을 쉽게 구현해 나가도록 한다고 본다.[76] 가상공간에서는 누구나 쉽게 만나서 정보를 교환하고 획득하며 활용할 수 있다. 독점하지 않고 유통되는 일반 정보는 사용대가가 거의 없고 누구나 사용할 수 있기 때문이다. 이러한 정보들이 다수에 의해 축적될 경우에 집단지성의 힘을 발휘한다.[77]

정보재와 협력의 동기

그런데, 정보재의 공공재적 특성만이 집단지성 형성에 작용하는 것은 아니다. 정보재가 비배제적이고 비경합적인 특성이 있다고 하여 집단에서 그 정보가 기계적으로 합해져서 지성으로 이어지는 것은 아니라는 뜻이다. 정보를 다루는 사람들이 특별히 조직 내에서 유용한 정보를 활용할 의지를 가지고 집단에 참여하여야 하기 때문이다. 학자들은 조직에의 참여를 돕는 요인으로서 정보재의 특성에 주목한다. 예컨대, 내가 정보를 가지고 집단에 참여하는 것은 다른 사람들의 정보를 얻기 위함이거나, 남을 이롭게 할 수 있다는 자긍심이나 효능감을 가져다주는 등 동기요인으로 작용하여 집단지성의 형성을 돕는다는 것이다.[78]

맬런(T. Malone) 등(Malone, Laubacher & Dellarocas, 2010a: 26-27)은 앞서 협력의 동기부분에서 설명한 바와 같이 정보의 주도자들이 인터넷 집단에 참여하는 이유로 금전(money), 영광(glory), 사랑(love)을 들었다. 실제로 인간행동의 심리적 동인은 개인적인 손익의 여부, 소속한 조직과의 관계, 개인이나 조직과의 인연을 초월한 요인들로 구성되어 있다. 이들 심리적 요인들은 합리적 사회적 이타적 동기로 나눌 수 있다. 합리적(rational) 동기란 개인 차원의 이기

---

75) 모든 정보재가 모두 복사에 비용이 들지 않는 것은 아니다. 일반적으로 정보재의 개발에는 많은 비용이 소요되고, 개발된 가치는 매우 크지만 그 재화나 서비스를 독점하지 않는다면 정보재의 가치는 복사에 소요되는 비용과 노력 정도이며 0에 수렴될 것이다.
76) 맬런(T. Malone, 2010), 컬록(P. Kollock, 1999) 등이 대표적이다.
77) 상호 간에 독립적이고 분산되어 있는 정보가 체계적으로 집적화될 경우에 고도의 집단지성이 만들어질 것이지만 정보가 모아져 지성으로 전환되는 과정에 대한 논의는 이 글의 연구대상이 아니다.
78) 컬록(P. Kollock, 1999), 고야 등(Goyal, et al., 2006)의 저서 참조

적이고 경제적 동기를 말한다. 사회적(social) 동기란 조직이나 집단 속에서 가지는 커뮤니티에의 소속감, 명예나 평판 등을 말한다. 특히 정보화 사회에서는 웹상으로 평가가 자연스럽게 이루어진다. 이타적(altruistic) 동기란 사심을 배제하고 순수하게 타인을 돕는 것을 말한다. 맬런이 말하는 금전은 합리적 동기, 영광은 사회적 동기, 사랑은 이타적 동기에 대응한다.[79]

제2절 위키피디아의 사례

웹 공간 집단지성의 전형적인 예로 가장 많이 거론되고 있는 것이 위키피디아이다. 위키피디아는 위키 방식(Wiki Way)에 기반을 둔 시스템이다. 위키와 위키피디아는 다르다. '위키'는 유저가 공동으로 참여해서 편집해 나가는 시스템을 총칭한다. 문서의 편집 권한이 임의의 모든 사람에게 부여된 웹사이트들을 말한다. 위키피디아는 위키 방식을 사용해 성공을 거둔 한 사례이다.

위키피디아의 특징은 많은 사람들이 공동으로 참여하여 양질의 백과사전을 만들어냈다는 사실에만 있는 것이 아니다. 유저들이 모두 대가없이 참여하고 있다는 점이 더 중요한 특징이다. 단순한 집단지성이 아니라 자발적 참여에 의한 집단지성이라는 점이 위키피디아를 더 가치 있게 만들고 있다. 이 이타적 참여를 어떻게 설명할 수 있을까.

참여의 동기

위키피디아 사례에서 가장 놀라운 것은 유저들의 자발적 참여이다. 사실 위키피디아 어느 항목 하나를 작성하려면 많은 노력이 필요할 것이다. 반면에 그 유저가 되받는 물질적 보상은 없다. 그럼에도 불구하고 위키피디아는 현재 가장 거대한 백과사전의 대명사가 되었다.

---

79) 동기이론에 관한 수많은 연구를 나열하기는 어려우며, 멜런(Malone) 등의 연구는 이하에서 설명하도록 한다.

많은 위키피디아 기여자들이 시간과 노력이라는 비용을 무릅쓰면서 원고작성에 참여하는 이유는 무엇일까? 기존 연구결과를 종합하고 또 새로운 경험적 조사 자료를 이용해서 기고자들의 참여 동기를 분석한 쿠즈네초프는 앞서 제5장에서 설명한 바와 같이 그 동기를 이타주의, 상호성, 커뮤니티, 평판, 자율성의 다섯 가지로 정리한 바 있다(Kuznetsov, 2006). 각 동기가 유의미한 설명변수가 될 수 있는지에 대해서 위키피디아의 경우를 간략히 부연하면 다음과 같다.

첫째, 이타주의(Altruism)이다. 많은 연구자들은 유저들의 위키피디아 작업 참여의 동기로 이타주의를 들고 있다. 그러나 이런 설명은 이미 지적한 바 있지만 이타심 때문에 이타적으로 행동한다는 동어반복이 되기 쉽다. 사실 웹에서의 이타주의는 설명변수가 아니라 설명되어야 할 변수일 것이다.

둘째, 상호성(Reciprocity)이다. 위키피디아 커뮤니티에서 동료들로부터 인정받는 등 비물질적인 보상이 있는 것은 사실이다. 상호성에 대해서는 여러 곳에서 언급한 바 있다.

셋째, 커뮤니티(Community)를 들고 있다. 위키피디아에는 여러가지 형태의 커뮤니티가 있다. 또 토론페이지가 있어 항목에 대한 이견을 조정하고 견해를 교환한다. 이것이 집단 자아의식과 상호성을 만들어 내는데 얼마간 작용했을 수 있다. 그러나 커뮤니티 참여가 먼저인지 기고가 먼저인지 생각해 볼 필요가 있다.

넷째, 평판(Reputation)이다. 위키피디아는 가입한 유저에게 아이디를 주고, 자신의 활동내역이 기록되게 한다. 또 특별히 많은 활동을 하는 사람들은 위키인들에게 알려진다. 투표에 의해서 상을 수여하기도 한다. 그러나 참여의 자발성을 이 평판 동기로 설명할 수 있는 부분이 얼마나 될지는 알 수 없다.

다섯째, 자율성(Autonomy)이다. 위키피디아에서 항목을 편집하는 것은 자율성의 욕구가 표현된 면이 강하다. 자율 욕구가 위키피디아 참여의 한 측면일 수는 있지만 그것이 차지하는 비중이 얼마나 될지는 미지수이다.

위 다섯 가지는 자주 거론되는 설명변수들이지만, 모두 합해도 위키피디아 기여자들의 참여를 전부 설명하기에는 뭔가 부족해 보인다. 더구나 위키피디아 참여만을 대상으로 한 설명이 아니라 웹에서의 이타적 참여 모두에 적용될 수 있는 좀 더 일반화된 설명이 필요하다.

조정비용의 증가

위키 시스템은 모든 유저가 편집자가 될 수 있다. 거의 모든 페이지 내용들을 누구나 편집할 수 있고, 그 편집결과는 바로 반영된다. 더욱이 많은 내용들이 매우 고품질이다. 위키피디아의 기적 중의 하나는 편집내용을 둘러싼 갈등이 잘 조정되고 있다는 사실이다. 위키피디아에는 예민한 주제들이 많이 포함되어 있다. 특히 정치적 주제들이나, 민족, 인종적 주제들, 그리고 학술적으로 민감한 내용들도 많다. 그런데 이 예민한 주제들을 둘러싼 갈등이 그리 표면화되지 않고 있다. 그리고 대체로 중립적인 시각이 담겨있다. 이것이 어떻게 가능할까?

위키의 발전과정에서 나타난 갈등과 조정의 전반적 특징을 경험적 자료를 통해 분석하고 있는 키터 등의 연구(Kittur et al., 2007)는 위키피디아에서 갈등이 얼마만큼 존재하고, 또 그것이 어떻게 조정되고 있는지를 경험적 자료를 통해 종합적으로 분석한 대표적인 글이다.

갈등과 조정비용의 상승은 위키피디아와 같은 분산적 협업 시스템에서는 불가피하다. 참여가 늘면 다양한 입장이 있게 마련이다. 그래서 유저들 간의 갈등을 쉽게 예상할 수 있다. 이 갈등을 조정하기 위해서는 유저들 간 소통이 증가해야 하고, 또 조정과 해결을 위한 절차와 규칙도 점차 복잡해질 수밖에 없다. 그 결과 조정비용이 점차 늘어나기 마련이다. 키터 등에 의하면 우선 위키피디아 역시 전반적으로 갈등 조정의 비용이 지속적으로 증가해 왔음을 볼 수 있다. 이 점은 위키피디아의 전체 활동에서 내용편집 작업의 비중이 줄어들고 있다는 데서 나타난다.

편집활동의 비중이 2001년에는 90%였으나 2006년 7월에는 대략 70%로 감소했다(ibid.: 455). 더욱이 새 페이지 편집의 비율이 10% 이하로 떨어지고 있다. 물론 위키가 성숙함에 따라 신규 항목을 설정하기가 어려워지고 기존 페이지의 수정이 많아졌기 때문이라고 설명할 수 있다. 하지만 이견 해소, 합의 형성, 커뮤니티 관리 등 편집과 직접 관련이 없는 활동들의 비중이 위키피디아 전 기간을 통해 계속해서 증가하고 있는 것으로 나타났다(대략 2001년 2%에서 2006년에는 12%로 증가함).

위키에서 전체 활동의 비중 변화는 아래 그림과 같다(Kittur et al. 2007: 456). 그림은 직접적 활동의 감소와 간접적 활동의 비율이 어떻게 변화하고 있는지를 잘 보여준다.

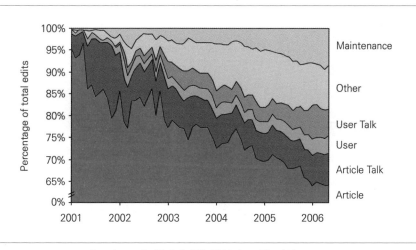

[그림 6-1] 위키피디아 활동의 구성 변화

특히 내용을 둘러싼 편집자들 간의 갈등이 점점 더 많아지고 있음을 알 수 있다. 항목 편집을 둘러싼 유저들 간의 갈등은 '되돌림(revert)'의 형태로 가장 많이 나타난다. 되돌림은 흔히 '편집전쟁'으로 불린다. 한 항목에 대해 어떤 한 유저가 편집한 내용을 다른 유저가 수정을 하면, 처음 유저가 내용을 원래대로 바꾸어 놓는 것을 말한다. 다음 그림은 이 되돌림의 비율이 계속 증가하고 있음을 보여준다(Kittur, et al. 2007: 456).

사실 이런 이견의 발생과 편집 주도권 다툼은 충분히 예상할 수 있는 일이다. 그래서 위키시스템이 계속 유지되려면 편집활동과 사이트 유지활동 둘 다가 필요하다. 위키피디아의 지속적 성장을 단지 사전 항목의 증가나 품질로만 이야기 할 수 없음을 알 수 있다. 유저들을 조정하고 갈등을 관리할 수 있는 적절한 절차가 지속적으로 만들어져 왔다는 사실도 매우 중요하다. 더욱이 이 절차나 규칙들이 사이트 관리자에 의해서가 아니라, 참여자들 간 대화와 토론, 그리고 심의를 통해 만들어졌다는 점이다. 다시 말해 공동거버넌스의 원활한 작동이 유저들의 자발적 참여 못지않게 중요한 위키피디아의 성공요인이었다고 말할 수 있다.

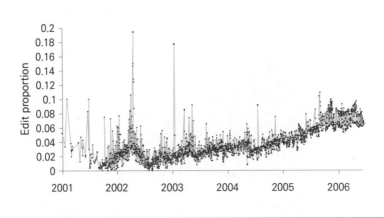

[그림 6-2] 편집내용 중 되돌림(revert)의 비중 변화

　이상에서 살펴보았듯이 첫째, 많은 유저들의 자발적 참여가 있었고, 둘째, 이들 간 갈등이 공동거버넌스에 의해 잘 관리되어 왔다는 것이 위키피디아의 두 가지 주된 성공요인이었다고 요약할 수 있다. 그러나 유저들의 자발적 참여에 대해서는 설명이 충분히 이루어졌다고 보기는 어렵다. 몇 가지 동기를 열거하는 것만으로는 설명력이 충분하지 않다. 좀 더 체계적인 설명이 요구된다. 아래에서는 이 문제를 좀 더 검토해 보기로 한다.

제3절 웹에서의 공공재 게임

　위키피디아처럼 웹에서 놀라운 협력이 쉽게 생겨나는 것을 어떻게 설명할 수 있을까? 다시 말해 가상공간에서 이타성이 증가하는 이유는 무엇일까?
　온라인상의 상호작용이 대부분 익명으로 이루어진다는 점, 유저들의 상호관계를 규율하는 중앙권위가 없다는 점, 그리고 물리적 혹은 금전적 제재가 어렵거나 불가능하다는 점을 감안하면 인터넷 공간에서 '만인에 대한 만인의 투쟁'이 나타나지 않는다는 것은 놀라운 일이다. 이 거대한 공유와 협력의 세계는 현실세계와 동떨어진 별천지일까?

피터 컬록(Kollock, 1999)의 연구는 가상공간에서의 협력 증가의 원인을 이타성과 같은 행위자 속성의 변화에서 찾지 않고, 정보의 공공재적 특성 등 구조적 요인으로 설명하고 있다는 데서 관심을 끈다. 더구나 그는 합리적 선택이론의 전제를 그대로 유지해도 인터넷상의 협력행동을 설명할 수 있다고 본다. 웹에만 적용되는 별도의 이론을 만들지 않아도 된다는 뜻이다.

그는 인터넷 공간에서 만들어지고 배포되며 공유되는 정보가 공공재적 성격을 가지고 있다는 점에 주목한다. 그리고 이런 정보재의 특성으로 인해 웹상에서는 공공재 게임이 실물공간과는 전혀 다르게 나타날 수 있음을 논증하고 있다. 정보 공공재는 공급비용이 매우 낮은 데 비해, 많은 유저들이 사용할 수 있기 때문에 비용편익의 함수가 극적으로 달라진다는 것이다. 그렇지만 웹에도 여전히 사회적 딜레마가 존재하며 온라인 상호작용이 항상 협력을 보장하는 것이 아님도 지적한다.

■ **제1항 일반화된 교환**

온라인상에서는 정보나 조언의 제공이 대개 무상으로 이루어진다. 그래서 하워드 라인골드는 온라인 공동체에서의 상호작용을 선물경제(gift economy) 개념으로 설명하려 한 바 있다(Rheingold, 1993).

선물에는 반드시 미래에 갚아야 한다는 의무가 들어있지 않다. 그러므로 명시적인 흥정이나 거래가 아니다. 선물을 주고받는 행위에서 교환되는 것은 물건 그 자체가 아니다. '누가 준 무엇'이라는 새로운 의미가 첨가된다. 반면 시장에서의 거래는 상품 그 자체가 중요하지, 판 사람이 누구인지는 전혀 중요하지 않다. 시장교환은 상품의 교환일 뿐이지만 선물교환은 인간관계의 교환이다. 이런 점으로 미루어보면 웹에서의 정보나 조언의 교환을 선물경제 개념으로 접근하는 것도 일리가 있는 듯 보인다.

그러나 컬록은 웹에서의 교환은 선물경제 보다는 일반화된 교환(generalized exchange) 개념으로 접근하는 것이 더 타당하다고 주장한다. 상호성의 작동방식이 선물경제와는 다르다는 것이다(Kollock, 1999).

선물에도 상호성 원리가 작동한다. 당장 받은 만큼 되갚을 의무는 없지만 받기만 하고 주지 않는 경우는 생각하기 어렵다. 물론 이 상호성이 장기적이고 비구속적으로 이루어지지만 그래도 선물을 주는 사람과 받는 사람 사이에는 대략적이나마 상호성의 관계가 형성된다. 하지만 인터넷상에서의 정보 기여는 선물경제처럼 주는 사람과 받는 사람 사이에서 상호성이 작동하는 것은 아니다.

인터넷에서 교환되는 것은 주로 정보이다. 그리고 전통적 선물교환 방식과는 달리 주는 자와 받는 자가 특정되지 않는다. 받는 사람은 주는 사람이 누구인지 몰라도 되고, 주는 사람 역시 받는 사람이 누구인지를 따지지 않는다. 이처럼 웹에서의 '선물'의 교환은 익명성을 띠기 때문에 개인 간에 상호성이 작동하기가 매우 어렵다.

그렇지만 웹에서도 상호성이 작동한다. 예컨대 자신이 어떤 유용한 소스코드를 해당 사이트(site)의 토론그룹에 올린다면 수혜자로부터 보상을 직접 받지는 못하지만 다른 사람이 올린 유용한 정보를 자신도 사용할 수 있다. 그러므로 집단차원에서 보면 상호성이 실현된다.

이런 커뮤니티나 네트워크 차원에서 이루어지는 교환을 "일반화된 교환(generalized exchange)"[80)]이라 한다. 이와 대칭되는 말은 "제한된 교환(restricted exchange)"이다. 제한된 교환은 양자 간 교환이다. 그러나 일반화된 교환은 네트워크나 집단 차원에서 상호성이 이루어지는 교환이다. 그래서 웹에서의 기여를 선물경제라기보다 일반화된 교환으로 보아야 한다는 컬록의 주장이 더 설득력이 있어 보인다.

일반화된 교환은 일종의 공유제도이다. 능력 있는 사람이 업로드하고 필요한 사람이 다운로드한다. 그래서 전통적 선물교환보다 더 관대하고 또 더 위

---

80) "일반화된 교환"이라는 개념은 Ekeh(1974)에서 처음 제시되었다.

험하다. 더 관대한 이유는 즉각적인 보답을 기대하지 않기 때문이다. 그러나 이 때문에 위험도 증가한다. 귀중한 정보를 모으기만 하고 자신은 기여하지 않을 가능성이 있는 것이다. 만일 모든 사람들이 이 유혹에 빠진다면 모두가 손해를 볼 것이다. 따라서 일반화된 교환은 사회적 딜레마의 구조를 가진다.

만일 개인들이 모두 받기만 하고 주지 않는다면 결국 네트워크에서의 공유 체계도 무너질 것이다. 그렇게 되면 아무도 무상으로 정보나 조언을 제공하지 않으려 할 것이고, 그래서 모두가 손해를 보게 될 것이다.

웹은 또 상호성을 변화시킨다. 웹은 어떤 측면에서는 상호성을 약화시키기도 하고, 또 어떤 면으로는 강화시키기도 한다. 일반적으로 웹 공간에서는 기여와 공유가 쉽게 일어난다. 이것은 상호성의 약화를 뜻한다. 반면 웹은 어떤 개인의 행위가 많은 사람들의 눈으로부터 벗어나기 힘들게 만든다는 측면도 있다. 그 결과 무임승차에 대한 감시효과가 발생하여, 상호제재와 규범의 강화 등의 효과를 낳기도 한다.

▌제2항 정보 공공재의 특권화

가상공간에서 제공되는 조언이나 정보와 같은 편익은 일단 기여가 이루어지면 누구나 그것을 이용할 수 있다. 그리고 많은 사람이 이용한다고 해서 그 정보가 줄어들거나 소모되지 않는다. 이 비배제성과 비경합성은 공공재의 특징이다. 그러므로 웹에서 공유되는 정보는 상업적으로 사용되지 않는 한 모두 공공재적 특성을 가진다(Kollock, 1999: 222).

합리적 선택이론의 관점에서 보면 공공재에는 항상 무임승차의 유혹이 따른다. 공공재가 공급되면 모두가 이익을 보지만, 기여를 하지 않고 편익을 누리는 것이 더 이익이 되기 때문이다. 이 때문에 필요한 공공재가 공급되지 않을 수 있다. 그래서 딜레마가 된다. 그런데 웹에서는 이 공공재의 딜레마가 별로 나타나지 않는다. 모든 사람이 똑같은 수준으로 기여를 하지 않더라도 많은 사람들이 계속해서 기꺼이 자신의 정보나 지식을 웹에 기여한다. 그 결과 웹에는 정보가 풍성하다. 왜 실물세계와 달리 웹에서는 딜레마가 쉽게 극복될까?

[그림 6-3] 정보공공재의 특징 이미지(황지유 그림)

컬록은 그 주된 이유로 공공재 공급함수가 실물공간과 다르다는 점을 지적한다. 그리고 정보재의 특성 때문에 웹 네트워크나 커뮤니티가 올슨이 말한 '특권화된 집단'의 성격을 가지고 있다는 점도 지적한다(ibid.: 224).

웹에서는 공공재 공급함수가 매우 달라진다. 그것은 정보의 특성, 디지털 재화의 특성, 웹이라는 네트워크의 특성 때문이다. 가상공간에서 유통되는 것은 실물이 아니라 정보이다. 또 이 정보가 디지털화 되어 전달된다. 디지털 재화의 특징은 무한히 복제할 수 있다는 것이다. 원본과 전혀 다르지 않은 완벽한 복사본이 거의 추가비용 없이 만들어질 수 있다. 정보의 형태가 텍스트든, 프로그램 코드든, 영상이든 마찬가지다. 웹은 원자가 아니라 비트의 세계이기 때문이다.

정보재의 이 같은 특성 때문에 공공재 공급의 비용은 매우 낮아지는 반면, 기여된 재화가 만들어내는 편익은 매우 크다. 비배제성 때문에 누구나 그 정보를 이용할 수 있기 때문이다. 만일 자신이 내어놓은 작은 정보가 많은 사람에게 도움을 줄 가능성이 있다고 하면, 기여의 동기가 현저히 늘어날 것이다. 사실 자신에게는 거의 소용없는 사소한 것일지라도 다른 사람들에게는 귀중한 정보일 수도 있다. 그러므로 기여와 공유를 제약하는 이기심이 작동할 여지가 적어진다. 낮은 공급비용과 높은 사용가치로 인해 이기심에 기초한 사회적 딜레마가 작동할 여지가 대폭 줄어들게 된다.

공급비용의 감소, 사용가치의 증가라는 두 가지 획기적인 변화이외에도 가상공간에는 공공재 공급을 쉽게 만들어주는 중요한 다른 요인이 있다. 그것은 누구나가 단독으로 공공재를 공급할 수 있다는 사실이다. 공공재에서 무임승차의 유혹이 일어나는 중요한 이유는 공공재가 공동의 노력에 의해서만 공급될 수 있기 때문이다. 그러나 디지털화된 정보는 공급이 쉬워서 많은 사람이 공동으로 작업할 필요가 없는 경우가 많다.

어떤 집단이 공공재를 단독으로 공급할 능력과 의사가 있는 개인을 최소한 한 사람 이상 포함하고 있을 경우, 그 집단을 올슨은 '특권화된 집단(privileged group)'이라고 칭했다(Olson, 1965: 49-50). 특권화된 집단에서는 공공재가 쉽게 공급된다. 한 개인이 무상으로 기여하면 된다. 이 경우에는 사회적 딜레마가 없다. 그런데 웹에서의 정보재도 한 개인이 얼마든지 모든 사람에게 유용한 정보를 공급할 수 있다. 그러므로 웹은 특권화된 집단으로서의 성격이 많다. 이것 역시 공공재 공급을 용이하게 만드는 주요 요인이라고 볼 수 있다.

온라인이 등장하기 전에는 특권화된 집단은 드물었다. 대부분의 공공재는 집합행동을 통해서만 공급이 가능했다. 하지만 디지털 공공재는 한 개인에 의해 얼마든지 공급될 수 있기 때문에 무임승차 걱정을 할 필요가 없다. 한 사람의 기여가 공공재가 될 수 있다는 것 사실 그 자체가 사람들로 하여금 공공재를 공급하게 만드는 긍정적 동기 역할을 한다.

정보재 특성으로 인한 공급함수의 변화와 온라인 공간의 특권화된 집단으로서의 성격은 가상공간에서 왜 기여가 쉽게 일어나고 또 사회적 딜레마가 쉽게 극복되는지를 설명해 준다.

▌제3항 동기와 흥미

공공재 공급비용이 낮아졌다는 것, 많은 사람이 사용할 수 있기 때문에 효용이 증가한다는 것, 그리고 한 개인이 단독으로 공급할 수 있다는 사실 등은 가상공간에서 이타적 행동이 왜 쉽게 일어날 수 있는지를 잘 설명해 준다. 그러나 약화되었다고 하지만 이기적 요소가 모두 사라진 것은 아니다. 가령 웹 페이지에 한두 줄이라도 글을 쓴다는 것은 귀찮은 일일 수도 있다. 그러므로 웹에서도 사회적 딜레마가 완전히 없어지는 것은 아니다.

웹에서도 여전히 이기적 동기가 작동한다면, 설사 정보나 디지털 재화의 특수성 등으로 인해 정보공유가 쉬워졌다고 하더라도 여전히 협력을 설명하는데 행위자의 동기를 설명변수로 끌어들이지 않을 수 없다. 특히 개인이 단독으로 공급할 수 없고, 반드시 여러 유저가 협력해야만 공급될 수 있는 재화인 경우, 협력의 발생은 구조적 요인 외에도 동기적 요인들이 고려되어야 한다. 그리고 앞서 본대로 컬록은 생각할 수 있는 동기로서 상호성(reciprocation), 평판(reputation), 효능감(efficacy)의 세 가지를 들었다. 이 셋은 앞에서 설명한 맬런(T. Malone)의 금전, 사랑, 영광 동기와 유사하였다. 또한 쿠즈네초프의 다섯 가지 동기와도 대동소이하였다. 동기에 대해서는 이들뿐 아니라 많은 학자들의 견해가 있음을 보았다.

하지만 구조적 요인들 그리고 동기라는 심리적 기제들만으로 웹상의 협력을 모두 설명할 수 있을까? 웹사이트를 개설하기만 하면 모두 참여하게 되고 협력이 이루어지는 것은 아니다. 그 외에 웹기반 집단지성의 성공과 밀접한 관련이 있는 것이 어떻게 유저들의 흥미를 유발할 것이냐의 측면이다. 동기요인이 유저의 속성 이라면 흥미유발은 사이트의 속성이다. 또한 정보재의 자원은 무한히 확대할 수 있지만 집단적 조작에 취약하다. 디지털 목초지를 누군가의 선동으로 훼손시킬 수 있다.

컬록은 리눅스의 창시자인 토발즈와의 인터뷰를 토대로 사이트가 성공할 수 있느냐의 여부가 얼마나 유저들의 관심을 끌 수 있는 주제를 제시하느냐에 달려 있음을 강조하고 있다(Kollock, 1999: 228f). 토발즈는 리눅스 프로젝트가 성공할 수 있었던 것은 운영체제 개발이라는 것이 프로그램 개발자들의 흥미를 유발할 수 있는 것이었다는 점을 강조했다(Torvalds, 1993). 어떤 새 집단지성 프로젝트가 만들어지더라도 그 주제가 많은 유저들의 흥미를 끌지 못하는 것이라면 자발적 참여자들을 모으기가 어려울 것이다.

위키피디아의 경우처럼 유저들의 대규모 자발적 참여를 이끌어내고 또 그것을 조직화하기 위해서는 사용자들의 동기 변화 이전에 흥미의 제공이 우선되어야 한다는 것이 토발즈의 주장이다. 동기와 흥미는 동전의 양면과 같다. 흥미를 만들어내는 것은 사이트가 해야 할 일이고, 동기의 변화는 유저가 하는 일이다. 그러므로 웹 공간에서의 협력은 사용자, 공급자, 그리고 정보재의 특성을 모두 고려할 수 있는 설명이 필요하다. 무엇보다도 웹 공간에서의 협력을 실물 공간에서의 협력과 별개의 것으로 취급하는 이론은 바람직하지 않다. 사람의 본성은 하나이니까.

제7장 ─────────────────────────────

복잡계 이론과 협력

여기서는 물리적 또는 생물학적 차원의 협력과 질서를 다루고자 한다. 자연 상태에서 협력을 이루기 전의 무질서와 자기조직화 원리, 협력을 통해 이루는 질서와의 연계성 등이 복잡계에서 다루는 주된 관심사이다. 집단지성의 두 유형은 범주적이거나 실체적이다. 실체적 집단의 경우 집단지성은 자기조직화 아니면 거버넌스의 결과로 나타난다. 둘 중에서 특히 자기조직화는 복잡계 모형의 핵심주제이다.[81] 이 장에서는 자기조직화를 통하여 협력과 집단지성이 실체적으로 구현되는 복잡계를 검토하고, 다음 장에서는 구체적 사례를 살펴보고자 한다.

원래 복잡계 이론은 인지적 차원보다는 물리적 또는 생물학적 차원의 자기조직화 현상을 연구대상으로 삼아왔다. 그러나 복잡계 시각에서는 물질과 정신을 엄격히 구분하는 이원론적 관점을 거부하므로 에너지나 물질과 정보 간의 구분이 애매하다. 체계가 원자, 분자, 세포 등 기본 요소에서 출발하여 두뇌, 사회, 언어, 문화 등으로 진화해 나감에 따라 더 마음 같아지고 덜 물질 같아진다고 보기 때문이다(Heylighen, 2013: 118).

이런 이유로 복잡계 이론에서는 원자든 세포든 개미든 사람이든 체계를 구성하는 요소들을 지칭할 때 '행위자(agents)'라는 중립적 표현을 사용한다. 물질계의 운동 원리인 인과와 정신계의 행동 원리인 의도를 본질적으로 등가로

---

81) 집단지성에 복잡계 모형을 적용시킬 때의 일반적 고려사항들을 검토한 글로는 Schneider & Somers(2006), Heylighen(2013) 등을 들 수 있다.

본다. 복잡계 시각으로 보면 집단지성의 출현은 본질적으로 자기조직화 과정의 하나이다. 개체들 간의 분산적 상호작용이 어떻게 질서나 패턴 또는 정보나 지성과 같은 체계수준의 속성을 만들어내는가가 연구과제이기 때문이다.

이 장에서는 먼저 복잡계와 자기조직화란 것이 무얼 뜻하는지에 대해 서술한 다음, 다음 장에서는 복잡계 연구에서 자주 사용되는 행위자기반 모형에 대해서 알아보겠다.

제1절 복잡계와 자기조직화

▍제1항 복잡계의 의의

복잡계(complex system)는 자연계를 구성하는 여러 단위들 간의 유기적인 협력에서 나타나는 복잡한 현상들의 총체를 말한다. 환경변화에 따른 적응양상을 뜻하는 복잡적응계(complex adaptative system)라고도 하며 구성 단위가 바뀌어도 전체적인 일관성은 유지된다고 본다. 예컨대 집에서 가까운 가게 하나가 문을 닫아도 이웃하는 다른 가게에서 물건을 사면 되며 전체적인 구매조달 체제는 유지된다. 우리 몸에 바이러스가 침투하여도 면역체계가 작동하여 우리 몸의 균형은 유지되는 것과 같다. 복잡계는 흔히 분명한 질서와 예측불가능한 혼돈의 중간단계로 이해하기도 한다.

개념의 다차원성

닐 존슨(N. Johnson)은 복잡계 이론을 가리켜 "모든 과학의 과학"[82]이라고 한 바 있다. 그만큼 여러 이론들을 통합할 수 있는 능력을 가진 이론이라는 뜻이다. 그러나 복잡계란 정확히 무엇을 뜻하느냐에 대한 합의된 정의는 존재하지 않는다. 그 이유는 복잡계의 개념이 다차원적이기 때문이다. 다차원적이란

---

82) Johnson(2007), chapter 1.5의 제목이다.

여러 측면에서 복잡계를 이야기할 수 있다는 뜻이다.

　가령 누가 '가장 아름다운 사람인지?'를 정해야 한다고 하자. 무엇을 기준으로 가장 아름답다고 해야 할까? 얼굴, 마음, 신체, 인품 등 무수히 많은 차원에서 아름다움을 이야기할 수 있다. 그러므로 '아름다움'에 대한 정의가 하나로 통일되기는 어렵다. 복잡계의 경우도 마찬가지이다. "복잡하다"는 말의 의미도 여러 차원에서 이야기할 수 있다. 그래서 하나의 복잡계 개념이나 정의를 기대하기는 어렵다고 봐야 한다.

　거버넌스 문제를 복잡계 개념들로서 설명하고 있는 분스와 게리츠는 복잡계 이론을 무엇보다도 체계이론의 하나라는 관점에서 접근해야 한다고 본다(Boons & Gerrits, 2008). '복잡계'라는 말은 "복잡(complex)"과 "체계(system)"이라는 두 단어로 구성되어 있다.

　체계(system) 혹은 계(系)는 구성요소들을 체계적으로 통일한 조직을 일컬으며 자연과학 및 사회과학에서 일찍부터 사용되어 왔었고, 지금도 자연과학이나 사회과학을 불문하고 널리 사용되고 있다. '체계'는 "상호작용하는 둘 이상의 구성요소들의 집합"(von Bertalanffy, 1969)으로 정의될 수 있다. 사실 복잡계 이론의 핵심적 요소는 이 정의 속에 거의 다 들어있다고 해도 과언이 아니다.

　체계의 첫 번째 요건인 "둘 이상의 개체"란 부분은 이해하기가 어렵지 않다. 하나의 개체만 존재한다면 그것을 기술하는데 굳이 체계라는 새로운 용어를 사용할 필요가 없다. 둘 이상 다수의 개체들이 모여 새로운 상위행위자(meta-agent)를 만들 때 그 상위행위자를 무엇이라고 부르느냐가 문제가 되는데, '체계'는 바로 이 필요성에 대응하는 말이다.

　체계의 두 번째 요건인 "체계내의 구성요소 간 상호작용"은 많은 설명이 필요하다. 구성요소들 간의 상호작용은 첫째, 체계의 상태를 예측불가능하게 만들고, 둘째, 그 예측불가능성을 일정 범위 이내로 제한시키는 역할도 한다. 복잡성의 본질은 예측불가능성이다. 그러므로 이 '상호작용'은 체계를 단순체계로 만들 수도 있고 복잡체계로도 만들 수 있다. 구성요소들의 상호작용이 만들어내는 결과가 항상 예측가능하다면 그 체계는 단순체계(simple system)가 된다. 반대로 항상 예측이 불가능하다면 그것은 카오스 체계가 될 것이다. 복잡계는 대개 이 완전한 예측가능성과 완전한 예측불가능성의 중간에 위치한다. 아래 표는 복잡계를 여러 측면에서 입체적으로 살펴본 것이다(Schneider, 2012: 133).

복잡계의 측면들	설명
구성적 Compositional	체계 내에 들어있는 구성요소들이 다양하고 숫자가 많다.
관계적 Relational	체계 내 구성요소들 사이 상호연결성의 종류, 빈도, 숫자가 많다.
생태적 Ecological	어떤 체계가 외부환경 및 하위체계와 연결되어 있고, 내포되어(nested) 있다.
위계적 Hierarchical	체계는 위계 수준에 따라 분화되어 있고 모듈화되어 있다.
기능적 Functional	체계가 수행하는 기능의 수가 많고 다양하다.
기계적 Mechanistic	체계 내 작동하는 메커니즘의 수가 많고 종류가 다양하다.
통계적 Statistical	체계의 미래 변화를 예측하는 데 필요한 과거행동에 대한 정보의 최소량이 크다.
알고리즘적 Algorithmic	체계와 무작위 사이에 나타나는 규칙성 정도의 차이(알고리즘으로 기술된다)가 있다.
열역학적 Thermodynamic	체계가 손상되었을 경우 자신을 재구성하려면 열역학적 자원이 많이 필요하다.
프랙털적 Fractal	세부 부분에서의 애매함과 상세함을 더 세밀한 척도로 표현할 수 있다.

[표 7-1] 복잡계의 여러 측면들

구성요소들 간 상호작용과 예측가능성

이제 구성요소들의 상호작용과 체계상태의 예측가능성의 관계를 살펴보자. 구성요소들이 상호작용한다는 말은 서로 "연결되어 있다", "상호의존적이다" 등과 같은 의미로 사용될 수 있다. 하지만 연결, 상호작용, 상호의존이 무얼 가리키는지 약간은 모호할 때가 많다. 예측가능성의 문제와 관련해서는 상호작용의 의미를 '상호제약(mutual constraints)'의 발생으로 이해하는 것이 도움이 된다.

다음과 같은 상황을 생각해 보자. 50개의 좌석이 있는 교실에 30명의 학생이 수업을 받는다고 하자. 이때 학생들이 좌석에 앉는 방법에 대해 질서라는 개념을 적용해보자. 질서가 있다는 것은 예측가능하다는 것을 의미한다. 물론 질서나 예측가능성은 모두 정도의 개념이다. 그러므로 앉는 방식에 어떤 규칙성이 생겨났을 때 그 규칙성으로 인해 예측불가능성이 감소한 만큼 질서가 증가했다고 말할 수 있다. 학생들이 앉는 방식에 규칙성이 어떻게 해서 '저절로' 생겨날 수 있을까? 질서가 없는 경우란 모든 학생들이 마음 내키는 대로, 즉 랜덤으로, 아무 좌석에나 앉는 경우이다. 30명이 50개의 좌석에 배열될 수 있는 경우의 수는 50개의 요소 중 30개를 뽑는 순열의 수와 같고, 따라서 그 수는 아래 식과 같다.

$$50P30 = 50! \ / \ (50-30)!$$

위 식은 학생들이 앉는 경우의 수가 엄청나게 많음을 보여준다. 계산해보면 대략 $2.4*10^{18}$ 정도가 되는데 어마어마한 수치이다. 달리 말하면 동일한 상태(앉는 방식)가 되풀이될 확률이 극히 작다는 것을 뜻한다. 그러므로 가령 교사의 입장에서 누가 어느 곳에 앉을지 또는 앉아 있는지를 예측해서 맞힐 확률이 0에 가깝다.

이 경우 예측가능성이 '저절로' 증가되는 상황은 어떻게 해서 생겨날 수 있을까? 물론 의자의 색깔을 달리한다든지, 아니면 교사가 학생들의 좌석배치를 지정해 준다든지, 좌석에 번호를 넣는다든지 할 경우 착석방식이 특정의 범위로 제한되고, 그래서 착석상태가 규칙적으로 재현될 수 있다. 그러나 이러한 외부제약이 전혀 없다고 할 경우, 즉 어느 좌석이든 그 속성들이 동일하고, 또 학생들의 좌석 선호도 50개 전체에 대해 동일하다고 한다면 특정의 배열이 반복될 확률은 거의 없다고 해도 과언이 아니다. 이 경우 규칙성은 어떻게 나타날 수 있을까?

바로 이 지점에서 상호작용의 역할이 나타난다. 만일 30명의 학생들 간에 서로 좋아하는 사람, 가까운 사람, 싫어하는 사람, 연인관계 등등의 "관계"가 존재한다면, 30명의 학생들이 앉는 방식의 수가 랜덤의 경우보다 훨씬 적어질 것이다. 즉 재현되는 상태공간이 제한된다. '관계' 혹은 상호작용성이 존재함으로 인해 행위자들의 선택가능성이 일정 범위로 좁혀지고 있음을 알 수 있다. 이것이 상호제약의 의미이다.

이런 이유로 복잡계에 대한 거의 모든 정의에는 "상호작용"이 필수적으로 포함된다. 몇 가지 예를 살펴보자. 우선 닐 존슨은 복잡계 이론을 "상호작용하는 개체들의 집합에서 창발하는 현상에 관한 연구"(Johnson, 2007: 13)로 정의했다. 헤이즌은 "상호작용하는 입자들의 집합체에 에너지가 소통되면" 인상적이고 질서가 있는 구조물이 생기는데, 이러한 현상은 자연과 인간 사회 어디에나 있는 것으로서, 은하계처럼 큰 스케일일 수도 있고, 현미경 수준의 작은 스케일의 분자들일 수도 있다고 말했다(Hazen, 2005: 14). 이것 역시 상호작용이 복잡계, 나아가 만물의 변화를 일으키는 근원임을 지적하고 있다.

또 창발이나 자기조직화에 대한 많은 정의들도 상호작용의 발생을 복잡계의 기본특징으로 지적하고 있다. 예컨대 마크 뷰캐넌은 창발을 "수많은 상호작용으로 이루어진 복잡계에서 의미있는 질서가 자발적으로 돌연히 출현하는 것"으로 정의했다(Buchanan, 2003: 323).

[그림 7-1] 창발 현상 이미지(황지온 그림)

구성 요소들 간의 상호제약으로 인해 체계가 취할 수 있는 상태공간의 수가 줄어들기는 하지만 그러나 일정 수준 아래로까지 너무 줄어들어서는 안 된다. 그렇게 되면 복잡계가 아닌 단순체계가 되어 버리기 때문이다. 체계가 취할 수 있는 상태의 수는 곧 환경의 변화에 대응할 수 있는 체계의 잠재적 적응능력을 의미한다. 그러므로 체계는 취할 수 있는 상태의 수를 가능한 한 최대한 가질 수 있되 완전히 예측불가능한 수준까지에 이르러서는 안 된다.

복잡계는 이처럼 규칙성에 대한 요구와 불규칙성에 대한 요구가 모순적으로 결합되어 있는 체계이다. 환경의 변화에 즉각 적응하려면 사전에 정해진 규칙에 따라서만 움직여서는 안 된다. 임기응변의 범위를 최대한 확보하고 있어야 한다. 이 임의로 변화할 수 있는 범위가 바로 복잡계로 나타난다. 이처럼 복잡계의 일차적 특성은 예측하기 어렵다는 것이다. 그러나 예측불가능성이 지나치게 커져버리면 집합체가 응집성을 잃어버리게 될 것이다. 그러므로 환경의 변화에 즉각 대응할 수 있는 임의적 선택의 범위를 최대한 가지면서도 전체적으로는 예측가능성이 일정수준 이상 유지되어야 한다.

이 예측불가능성이라는 원심적 힘과 예측가능성이라는 구심적 힘을 동시에 키워나갈 수 있을까? 그것을 가능하게 해주는 것이 바로 집단지성이다. 지성의 양이 많다는 것은 복잡한 변화에 대한 정보를 많이 가지고 있어서 불규칙한 것처럼 보이는 현상에 대해서도 예측할 수 있는 역량이 높다는 것을 뜻한다. 정보처리 능력이 높아지면 많은 변화를 통제할 수 있기 때문이다. 아마도 침팬지는 열매가 세 개 이상만 되어도 머리를 싸맬 것이다. 그러나 인간은 천문학적 숫자도 처리해 낸다. 숫자 그 자체에는 규칙과 불규칙이 없다. 인식주체의 정보처리 능력에 따라서 동일한 현상이 어지러워 보이기도 하고 간단해 보이기도 한다. 그러므로 집단지성과 복잡계는 분리될 수 없는 동전의 양면과도 같다.

■ 제2항 자기조직화

외부의 어떤 질서형성자의 개입 없이 순전히 체계 구성요소들 간의 상호작용에 의해 체계 수준에서 어떤 질서가 만들어질 때 그 현상을 가리켜 "자기조직화(self-organization)"라고 한다. 집단지성에 관해 많은 연구결과를 내놓고 있는 헤일리겐은 "별도의 통제, 계획, 청사진에 근거하고 있는 조직에 대한 설명은 어떤 경우든 그 통제가 어디서 유래했는지도 설명해야 한다. 그렇지 않으면 진정한 설명이 될 수 없다. 이 무한회귀의 함정을 피하는 유일한 방법은 어느 수준에선가 자기조직화의 메커니즘을 밝히는 것뿐이다."(Heylighen, 2002: 9)라고 함으로써 자기조직화 연구가 갖는 중요성을 지적한 바 있다. 중앙권위가 이미 주어져 있는 것으로 가정하는 설명들은 모두 근본적 설명이 될 수 없으므로 모든 자연현상, 사회현상에 대한 설명은 궁극적으로 자기조직화 이론에 바탕을 두어야 한다는 뜻이다. 그러므로 질서에 대한 논의의 출발점은 자기조직화가 될 수밖에 없다.

'자기조직화(self-organization)'라는 말을 최초로 제시한 사람은 사이버네틱스 이론가인 로스 애쉬비(Ashby)이다.[83] 자기조직화 원리를 적용시킨 초기 예로는 두뇌 속 뉴런이 중앙통제 없이 어떻게 복잡한 작업들(학습, 분류, 패턴인식 등)을 매우 안정적으로 수행하는가에 대한 컴퓨터 시뮬레이션이었다. 그 후 1980, 1990년대에 와서 자기조직화 연구는 여러 수학적 모형의 등장으로 심화되었다. 비선형 역학과 카오스 이론 그리고 너무 복잡해서 분석적 모형을 만들기가 어려운 체계들에 대한 연구를 가능하게 해 주는 다수행위자(multi-agent) 컴퓨터 시뮬레이션의 등장이 그것이다. 이런 발전은 복잡적응체계의 분야를 탄생시켰다.

복잡적응체계 분야는 사회, 시장, 생태계, 그리고 인터넷 환경 같은 많은 상호작용하는 구성요소들로 이루어진 체계들을 연구대상으로 삼는다. 최근에는 중앙통제 없이 안정적으로 작동할 수 있는 체계를 디자인 하는 수단으로서 자기조직화 개념이 컴퓨터 과학과 엔지니어링 분야에서 인기를 끌고 있다. 현재는 자기조직화 개념이 사실상 과학의 전 분야에 퍼져있다. 단순한 요소들 간의 상호작용에서 복잡한 구조가 나타나는 현상 즉 예전에는 신비하게 여겼던 현상들을 가리키는 말로 사용되고 있다.

예를 들면, 천문학에서는 우주에서의 질서 출현을 설명하기 위해, 생태학에서는 복잡한 생태계의 진화를 이해하기 위해, 생물학에서는 개미언덕, 물고기 떼, 조류군집 등과 같은 동물들의 집합체에서 박테리아, 세포, 개체 등의 행동

---

83) Heylighen(2013: 4)은 R. Ashby의 1947년 논문 "Principles of the Self-organizing Dynamic System"에서 자기조직화라는 말이 처음 사용된 것으로 본다. Ashby(1947) 참조.

이 조정되는 원리를 연구하기 위해, 의학에서는 간질이나 심장질환 또는 암과 같이 복잡한 이상증세들을 설명하기 위해 자기조직화 개념을 사용하고 있다. 또, 언어학에서는 어휘, 문법, 발음 체계 등의 기원을 모형화하기 위해, 심리학에서는 높은 수준의 인지구조 출현을 설명하기 위해, 사회학과 경영학에서는 하향식 조직과 상향식 조직 혹은 집단을 비교하기 위해, 경제학에서는 시장의 기본원리인 "보이지 않는 손"을 더 잘 이해하기 위해, 지리학에서는 도시나 지역을 자기조직적 체계로서 연구하기 위해, 로봇연구에서는 단순한 행위자들이 협동해서 복잡한 작업을 처리하는 전략으로서, 철학에서는 물질에서부터 생명, 마음, 사회에 이르기까지 전 수준을 아우를 수 있는 새로운 진화적 세계관을 만드는 토대로서 자기조직화 개념을 도입하고 있다. 물론 집단지성에 대한 많은 연구들 역시 이 자기조직화 개념을 중심으로 이루어지고 있다.

자기조직화 이론의 궁극적 목표는 자기조직화 현상 일반을 설명할 수 있는 기본 원리가 무엇인지를 찾아내는 것이다. 그러나 아직 자기조직화의 일반원리가 정립되어 있는 것은 아니다.[84] 자기조직화 개념은 군집지성과 같은 실체적 집단지성의 근본원리를 발전시키는데 중심적 역할을 맡고 있고, 많은 집단지성 연구자들이 자기조직화 현상에 대해 여러 가지 나름대로의 견해를 내놓고 있다.

협력의 자기조직화[85]

헤일리겐(Heylighen, 2013)은 스티그머지의 원리를 활용하여 협력과 집단지성의 자기조직화 과정을 알기 쉽게 설명한 바 있다. 자기조직화에서 문제의

---

84) 이 문제와 관련해서는 Fleischer(2005)를 참조. 그는 자기조직화를 진화적 관점에서 접근하고 있다. 체계를 구성하는 각 부분이 여러 척도(sacle)에서 파레토 최적을 구현하려는 경향으로 말미암아 자기조직화가 나타난다고 말하고 있다. 그래서 Fleischer는 자기조직화를 "파레토 최적의 선상이나 그것에 가깝게 작동지점(operating points)을 유지시키려는 체계의 행동"으로 정의한다. 쉽게 말하면 체계가 구성요소들의 관계를 최적화시키려는 노력의 결과로 자기조직화가 일어난다는 것이다.

85) 이 부분을 포함한 자기조직화에 대한 설명은 복잡계 이해에 필수불가결한 대목이어서 저자의 책 『집단지성의 원리』(2022) 중 군집지성 챕터(chapter)에 들어있는 것을 요약, 발췌하였다.

핵심은 분산적 행동들이 집합적 목표를 향해 어떻게 결합되느냐에 있다. 개별 행동들이 공동의 목표를 향해 모두 정렬되었을 때 나타나는 추가적 에너지가 바로 하켄(Haken, 1977)이 말한 시너지이다. 물론 집단지성은 인지적 차원의 시너지를 가리킨다. 먼저 스티그머지의 개념을 살핀 다음 헤일리겐의 설명을 좀 더 알아보면 다음과 같다.

스티그머지

다수의 무리가 집단지성을 만들어 내려면 정보의 교환, 합류가 필수적이다. 언어가 없는 개미나 벌이 정보를 교환하고 결합시키는 방법을 스티그머지(stigmergy)라고 한다. 스티그머지는 1959년에 프랑스 생물학자 피에르 그라시(P. Grasse)가 흰개미의 협력작업의 원리를 설명하기 위해서 만든 말이다.[86] 그리스어 '흔적(stigma)'과 '일(ergon)'을 합성한 것으로, 개체들이 환경에 남긴 자국을 통해 정보를 교환하는 방식을 가리킨다(Bonabeau et al., 1999: 14).

월슨 등 곤충학자들이 밝혀낸, 개미들이 페로몬을 사용해 경로를 표시한다는 사실은 이제 상식이 되어 있다(Hölldobler & Wilson, 2009: 178, 479). 개미들은 먹이를 물고 집으로 돌아갈 때 배의 끝부분을 땅에 끌며 냄새의 길을 만든다. 이 긍정적 피드백 덕분에 경로가 만들어지고, 그 결과 개미집 주변에 집과 먹이의 위치 사이를 연결하는 페로몬 네트워크가 만들어지게 된다. 그 결과 새로운 음식물 소재지에 관한 정보가 개미집단 전체로 전파된다.

또 그 음식물 있는 곳을 여러 개미들이 각자 서로 다른 길을 통해 접근했다면 그 중에서 가장 짧은 경로에 페로몬 흔적이 가장 강하게 남을 것이다. 왜냐하면 한번 왕복하는데 걸리는 시간이 짧아서 왕복의 빈도가 늘어나기 때문이다. 개미들은 공동의 물리적 환경을 '외부 기억장치(external memory)'로 활용하고 있는 셈이다.

스티그머지는 단순한 원리에 불과한 것처럼 보이지만 매우 많은 의의를 지

---

86) 원 글은 "La Reconstruction du nid et les Coordinations Inter—Individuelles chez Bellicositerm.es Natalensis et Cubitermes sp. La theorie de la Stigmergie: Essai d'interpretation du Comportement des Termites Constructeurs"(Grasse. 1959: 41–80).

니고 있다. 첫째, 자기조직화가 어떻게 해서 일어날 수 있는지를 보여주는 최소모델로서의 의의가 있다. 둘째, 개미 사회뿐만이 아니라 인간사회에 이르기까지 이 스티그머지의 현상이 광범위하게 발견되고 있다는 점이다.

구글의 페이지랭크 시스템은 검색흔적에 기초해서 사이트의 인기도를 평가한다. 서적 판매 사이트인 아마존은 "이 책을 산 사람들이 산 다른 책"이라는 기능을 통해 독자들에게 많이 팔린 책일수록 더 알려지게 만든다. DBpia와 같은 책이나 논문 검색 포털들도 다른 사람들의 검색 흔적을 활용하여 이용수, 피인용수, 저자의 다른 논문, 유사 참고문헌 등을 안내하고 있다. 이런 예들은 모두 흔적에 기초한 정보취합 방식이다. 알게 모르게 모든 유저들이 개미의 역할을 하고 있는 셈이다.

다른 예로 사람들이 산길을 오를 때 다른 사람이 많이 다녀서 가기 편한 곳으로 간다. 이것 역시 '흔적(stigma)'에 기초한 행동들이다. 먼저 잡목을 헤쳐서 길을 간 사람들이 나중에 오는 사람들에게 그쪽 길로 오르라고 알려주지 않았지만 뒷사람들은 대개 앞 사람이간 흔적을 따라 오른다. 그 결과 여기저기 수많은 길이 '저절로' 생겨난다.

개미의 스티그머지는 많은 난해한 최적화 문제들을 해결해 주는 유용한 수단으로도 활용되고 있다.87) 최적화(optimization)란 어떤 양(quantity)을 최소화할 수 있는 방식을 찾아내는 문제를 가리킨다. 전국의 여러 도시들을 돌아 다녀야 하는 외판원이 가장 효율적으로 이동하는 순서를 찾는 순회외판원 문제(Traveling Salesman Problem)처럼 경로를 최적화해야 하는 경우를 생각해 보자. 순회외판원 문제란 전국의 여러 도시들을 돌아다녀야 하는 외판원이 가장 효율적 이동하는 순서를 찾는 문제이다. 얼핏 단순해 보이지만 알고 보면 수학적으로 난해한 문제에 속한다. 이런 경우 개미 알고리즘을 사용하면 훨씬 쉽게 문제를 해결할 수 있다. 컴퓨터에 도시들이 배치된 연결망을 만들고 가상의 개미들을 풀어놓으면 된다!

헤일리겐은 공동의 목표를 향해 구성요소들의 자기조직적 배열이 일어나는

---

87) 순회 판매원 문제(Traveling Salesman Problem), 이차할당 문제(Quadratic Assignment Problem), 비결정 난해 최적화 문제(NP-hard optimization problems) 등이 그것이다 (Fleischer, 2005).

메커니즘으로 자기정렬, 공간적 분업, 시간적 분업, 집단화(aggregation)의 네 가지를 들고 있다(Heylighen, 2013). 그는 네 가지를 자기조직화 연구의 전반적인 개념적 기반이 될 수 있다고 본다. 그런데 이 네 가지 원리는 대부분 스티그머지 방식에 기초해 있다.

자기정렬

정렬(alignment)은 조정(coordination)의 가장 단순한 형태이다. 이것은 서로 다른 행동들이 "동일 표적을 겨냥함"을 의미한다. 모든 행동은 암묵적 목표나 표적을 가지고 있다. 즉 어떤 교란이나 장애에 의해 궤도를 이탈함이 없이 행동이 지속적으로 수행될 경우 만들어지게 되는 상황이 곧 목표에 해당한다.

두 사람이 어떤 무거운 물건을 치우려 한다고 가정해 보자. 만일 한 사람은 왼쪽으로, 다른 사람은 오른쪽으로 민다면, 두 사람의 행동은 반대가 되어 서로를 방해하게 될 것이다. 이때 자기조직화에 의해 정렬이 쉽게 일어날 수 있다. 약간의 시행착오를 통해 그들은 정확히 같은 방향으로 밀면 자신의 힘이 상대방의 가세로 인해 더 강해진다는 알게 될 것이다. 일단 방향을 공유하게 되면, 그들의 행동은 완전히 정렬되고, 따라서 그들의 행동은 생산성이 극대화될 것이다.

공간적 분업

행위자와 행동의 정렬은 조정되고 조직화된 작업이 이루어지기 위한 분업의 첫 번째 조건이다. 그러나 모든 행위자가 단지 동일한 방식으로 행동하기만 한다면, 그들의 결합된 행동은 잘해야 양적으로 더 강력해질 수 있을 뿐일 것이다. 예를 들면, 10명은 1명이 들 수 있는 무게보다 10배 더 무거운 물건을 들 수 있으나 벽돌공만 많이 모은다고 해서 집을 지을 수 있는 것은 아니다. 기초를 놓고, 목수 일을 하고, 전기선을 깔고, 등등 많은 분야의 전문가들을 필요로 한다. 협력의 효과를 충분히 올리려면, 각각의 행동이 서로를 보완해야 한다.

개인 각자는 그 능력이 한정되어 있으므로, 서로를 보완하고 보충함으로써 복잡한 기술을 요하는 문제들을 해결할 수 있다. 행위자들이 각자 자신이 가장 능숙한 일을 선호한다고 가정하면 분업의 문제는 쉽게 해결된다. 행위자가 자기가 특별히 능한 업무가 무엇인지를 알자마자 그는 그것을 자기의 일로 택하고 자신에게 덜 적합한 다른 일들은 다른 사람들에게 맡겨놓을 것이다. 물론 이런 식의 분업이 반드시 최적의 배치를 보장하는 것은 아니지만 비교적 효율적 공동작업을 가능하게 해준다.

시장이 만들어내는 사회적 분업이나 분화(social differentiation)가 대표적인 예이다. 위키피디아의 경우에도 자기조직적 방식으로 편집자가 배치된다. 누구에게 무엇에 관해서 쓰라고 할당해주는 "편집장"이 존재하지 않는다. 각 항목에 대해 누가 "전문가"인지는 스스로가 선택한다. 모두가 개미처럼 자기가 할 수 있는 일만 스스로 판단해서 묵묵히 하면 그 결과들이 '저절로' 합쳐진다.

시간적 분업

공간적 분업은 동시적으로 이루어지는 행위들을 조정해 준다. 반면 시간적 분업은 공간적 분업을 보충해 준다. 일반적으로 집을 짓는 일처럼 복잡한 활동들은 여러 단계를 거치면서 이루어지기 때문에 앞 단계의 작업이 완료되지 않으면 후반 단계의 작업이 수행될 수 없다. 이같이 여러 갈래로 분기되는 상호의존적인 작업들에 대한 계획과 일정의 작성은 유능하고 지식이 풍부한, 그리고 전문적인 관리도구의 도움을 받는 감독자가 있어야 되는 것처럼 보인다. 그러나 이 경우에도 매우 효과적으로 작동하는 자기조직적 해법이 존재한다. 자연발생적 연속작업은 현대의 중앙통제적 조직에서는 드물다. 하지만 개미의 예에서 보았듯이 동물세계의 공동작업에서는 자기조직적 해법이 일반적으로 사용된다.

집단화

개인들 행동의 다양한 결과를 모아서 응집적인 어떤 결과 속으로 통합시키는 과정을 "집단화(aggregation)"라고 한다. 시너지 효과를 완전히 얻으려면, 이 "집단화"라는 마지막 조정 메커니즘이 필요하다. 집단화 역시 자기조직적 방식이 가능하다.

가장 단순한 방식은 각자의 행동 결과를 공동의 기판 위에 포개놓는 것이다. 예를 들면, 여러 건축기술자들이 행한 작업들은 건축물이라는 물리적 공간 위에 누적된다. 다시 위키피디아가 뛰어난 예를 보여주고 있다. 이 사전에 대한 여러 사람들의 기고는 자동적으로 취합된다. 왜냐하면 모두 동일한 웹사이트에 올리기 때문이다. 이 공동의 전자 매체가 없다면 수백만 건의 기고를 통합된 하나의 전체로 조립하는 일은 어마어마한 노력이 요구될 것이다.

동일한 노력을 합치는 것은 여러 사람이 무거운 물건을 같은 방향으로 미는 것과 같이 물리적 작업일 경우에만 의미가 있고 정보처리의 경우에는 의미가 없다. 어떤 정보에 동일한 정보를 하나 더 추가해도 그 정보는 늘어나지 않는다. 그러므로 개인들이 각기 다른 정보를 제공한다는 의미의 분업이 필수적이다. 구성원들의 모든 기여들을 취합하는 집단화 단계는 어떤 결과물을 이루어내기 위해서는 필수적으로 거쳐야 하는 과정이다. 위키피디아에서는 웹사이트가 초점의 역할을 하므로 정보의 취합이 자기조직화 방식으로 일어날 수 있게 해준다.

군집 행동의 원리들

사람들이 다수가 모여서 행동을 할 경우에는 자기조직화 원리가 작동하는 경우가 많다. 사람들이 집단지성(collective intelligence)에 대하여 관심을 가지게 된 계기가 된 것은 생물학자였던 윌리엄 모턴 휠러(W. M. Wheeler)가 1900년대 초에 사회성곤충의 특징을 가진 개미들이 단체로 거대한 개미집을 만들고 생활하는 모습이 우리 인간사회의 모습과 닮았다는 것을 관찰하였을 때이다. 그러나, 정작 집단지성이 폭발적으로 주목받게 된 시기는 인터넷의 발달로 정보화 사회로 진입한 이후이다. 인터넷으로 접속하는 사람들이 마치 개미처럼 군집을 이루어 활동하는 시대가 도래한 것이다.

개체들이 집단을 이루어 자기조직화와 같은 군집행동(swarm behavior)을 통해 집단의 문제를 해결해 내는 현상을 일컬어 군집지성이라고 하고, 이는 집단지성의 한 유형으로 간주된다. 군집지성(swarm intelligence)은 곤충, 로봇, 시뮬레이션, 알고리즘 등 인지적으로 단순한 행위자들의 집합적인 행위를 가리키는 데 주로 사용된다. 특히 사람들의 군집행동은 군중행동(crowd behavior)이라고도 한다. 군집행동의 원리는 인간사회에서 강력한 힘을 발휘하고 있는 집단지성의 원형이라고 할 만큼 중요한 의미를 가진다.

피셔(Fisher, 2009)는 군집행동의 원리를 다음 3가지 규칙으로 설명한다. 첫째, 행위자들이 단순규칙에 입각해서 행동한다. 예컨대 개미의 경우 동료들의 분비물 흔적인 페로몬의 냄새가 진하면 그 길을 선택한다. 둘째, 무리의 전체 상태에 대한 인식이 없이 단지 자신의 주변에 있는 '이웃' 행위자들의 행동을 판단의 근거로 삼는다. 이를 로컬규칙(local rule)이라 한다. 셋째, 집단의 경계가 느슨하여 자유롭게 참여하거나 이탈한다. 동물들의 세계에서 자주 볼 수 있는 동조화 행위도 군집행동 모형으로 설명될 수 있다. 수많은 반딧불이들은 서로 의사소통이 없는데도 불구하고 일시에 불을 켜고, 한 마리의 귀뚜라미나 매미가 울면 주변의 동료들이 따라서 운다.

이아인 쿠진(I. Couzin) 등은 대형을 유지하면서 이동하는 철새 떼나 바다 속의 물고기들이 만들어내는 군집행동을 맞춤(alignment), 밀어냄(repulsion),[88] 당김(attraction)의 3가지 규칙으로 설명한다(Couzin et al., 2002: 1-11). 밀어냄이란 "동료들과 너무 가까워지면 떨어져라"이고, 맞춤이란 "이웃 동료들과 같은 방향을 취하라"이며, 당김은 "고립되는 것을 피하라"라는 단순한 행동원칙이다.[89]

여기서 헤일리겐이나 피셔 또는 쿠진 등의 군집행동의 요소에 두 가지 원리

---

88) 밀어냄의 원리와 관련하여서는 자연과 인간사회에 두루 적용할 수 있다. 솎아내기와 가지치기는 전자의 사례이다. 나무와 나무 사이에는 공존을 위하여 적당한 거리가 필요하다. 독일 속담에 생선과 친구는 사흘이 지나면 냄새가 난다는 말이 있다. 인간사회에서는 가까운 친구도 예의를 지키고 적당한 거리를 유지해야 한다는 뜻이다.

89) 레이놀즈(1986)도 군집 내에서 개체의 행동을 설명할 수 있는 아주 간결한 3가지 법칙을 정리했는데 다른 이론과 유사하다. 1. 주변 개체와 동일한 방향으로 움직인다(move in the same direction as your neighbors). 2. 주변 개체와 가까이 머무른다(remain close to your neighbors). 3. 주변개체와의 충돌을 회피한다(avoid collisions with your neighbors).

를 더하고 싶다. 하나는 행위자들이 서로 부담을 덜어주기 위하여 시간적이며 공간적 위치를 바꾸는 스위칭(switching) 기능이고, 다른 하나는 서로 힘을 북돋아 주기 위한 응원 또는 페이스 메이킹(pace making)의 기능이다. 그 사례는 대표적인 철새인 기러기의 군집이동에서 찾아볼 수 있다.

기러기는 겨울이면 따뜻한 곳을 찾아 1년에 수만 킬로미터를 이동한다. 이동하는 전체 기러기의 지혜를 모아 방향을 잡아 나간다. 선도하는 리더를 중심으로 V자 대형을 그리며 날아 뒤에 따라오는 기러기가 바람의 저항을 덜 받게 된다. 날아가는 동안 수시로 위치를 바꾸고 울음소리를 내며 서로를 격려한다. 특이한 점은 만약 누군가가 지쳐 대열에서 이탈하면 다른 두 마리도 같이 이탈해 동료가 회복하여 다시 함께 여행할 수 있을 때까지 지켜 준다고 한다.

학자들은 고속도로에서 자동차가 밀리거나 풀리는 현상, 태풍이 발생하고 소멸하는 자연의 원리, 주식가격의 등락 현상을 이 단순규칙을 바탕으로 한 복잡계 원리로 풀어내려 한다. 자연계나 인공지능의 영역에서는 '창발(emergence)'의 개념이 가장 잘 적용되고, 가장 많이 연구되는 경우가 군집지성이기도 하다. 레비(Levy)는 인터넷 시대에는 공유(sharing)와 공생(symbiosis)이 더 확대되고 풍부해 질 것이라고 하였다.

군집행동의 사례와 평가

사람들의 개별 지성은 단순하지는 않다. 상황판단이 국지적이지 않고 전체를 볼 줄 알며, 현재를 넘어 미래를 예측하는 능력을 지녔다. 특히 '이웃'을 쉽게 신뢰하지 않는다. 언제 어떻게 배반할지 모르기 때문이다. 그만큼 생각이 복잡하고 소통 수단도 다양하다. 또한 사회집단에는 역할의 강약은 있지만 지도자가 존재하며, 언론이나 SNS 등이 여론을 선도하기도 한다. 정치커뮤니케이션 이론에 의하면 보편적으로 미디어가 여론주도층에 영향을 미치고, 여론주도층이 일반대중의 의사형성에 영향을 미치기도 한다.

그렇지만 사람들이 강하든 약하든 집단으로 뭉쳐진 경우에는 개별적인 능력이나 지도자와 언론의 의견이 별로 중요한 역할을 하지 못하는 경우도 많다. 사람들의 개별행동들이 집단화되는 과정에서 이웃 행위자들의 행동 등 단순규칙을 판단의 근거로 삼는다는 뜻이다. 특히 위계적인 조직 내에서는 행동이 제약을 받을 수도 있다. 헤이리겐의 4가지 행동원리, 피셔의 3가지 행동규칙이나 쿠진 등의 3가지 행동지침으로 설명될 수도 있다는 의미이다. 특히, 집단으로 뭉쳐진 경우 개별 행위자들은 이웃이 배반을 하지 않을 것이라고 믿고 신뢰한다. 이른바 죄수의 딜레마(prisoners' dilemma)가 작동하지 않는 것이다.

예컨대, 야구 경기장에서의 파도타기 응원이나 공연장에서의 박수 등과 같이 군집적 행동을 하는 경우가 많다. 거리연주자의 모자에 누군가 동전을 넣으면 다른 사람들이 따라하게 되는 것도 마찬가지이다. 모두 지휘자 없이 만들어지는 자기조직적인 군집행동의 예이다. 공연장에서 공연이 끝난 직후 누군가 '안다 박수'를 치면 '옆 사람이 따라서 박수를 친다'는 단순규칙만으로 설명이 가능하다. 멀리 떨어진 다른 사람들이 무엇을 하는지를 알 필요가 없다.

또한 우리 사회에는 각자의 생각이 아무리 달라도 개인이 선택할 수 있는 의견이나 행동방식이 제한되어 있는 경우가 많다. 찬성하거나, 반대하거나 또는 따르거나 따르지 않거나 등으로 양분될 경우 선택지가 많지 않기 때문이다. 뿐만 아니라 합리적 무지(rational ignorance) 이론에 의하면 현대인들은 대체로 자기 일을 하는 것만으로도 바쁘기 때문에 구태여 많은 비용을 들여가면서 본인의 이해에 큰 영향을 주지 않는 사회적 이슈의 구체적인 실체를 알려고 하지 않는다. 로컬규칙에 의해, 또는 맞춤의 원리에 의해 부모 등 가까운 가족, 같이 생활하는 동료, 주변의 '빅마우스' 논객들의 의견을 따르면 경향이 강해지고 있다.

국가의 주요 정치이슈들에 대한 정치권이나 일반국민들의 의견도 군집행동의 원리로 설명될 수 있다. 인간 사회의 이러한 측면 때문에 '소프트웨어형 인간' 집단을 이용해 집단행동을 시뮬레이션 해 볼 수 있다는 주장도 있다. 이 같은 사회의 군집행동이 바람직한 것이냐에 대해서는 판단이 쉽지 않다. 공연장에서 이웃 사람의 유도에 호응하는 박수가 나쁘다고 말할 수 있겠는가?

자연계와 같은 자기조직화 원리가 작동하지 않고 다양한 형태의 거버넌스가 조직의 원리로 지배하는 사회에서는 개인들이 숙고의 결과가 아닌 단순규칙만으로 군집행동에 동참하는 것은 사회문제의 해결에 큰 도움이 되지 못한다. 동 시대를 사는 사회의 구성원이라면 주어진 이슈에 대하여 바르게 보고 판단하려는 의지를 가지고 있어야 한다. 집단에 참여할 경우 독자적인 정보와 의견과 지혜를 보탬으로써 집단의 문제해결에 기여해야 한다. 제임스 서로위키(J. Surowiecki)는 개별 지성들의 독립성(independent opinion buildings)이 집단지성의 형성에 중요한 네 가지 요소 중 하나라고 보았다.

실제로 집단지성에서 말하는 집단의 특성이 촉진집단(promotional group)이라고 불리는 사회운동단체(social movements)나 아노미집단(anomic group)의 속성과 다른 면이 있다면 바로 이 독립성 요인 때문이다. 이 요인을 살려서 집단지성을 형성하는 것이 아름다운 사회를 만드는 지름길이다. 또한 이것이 바로 집단이 체계편향에 빠져 벗어나지 못하는 현상을 가리키는 집단사고(groupthink)와 모든 영역에서 사회를 이끌고 있는 집단지성(collective intelligence)을 구분하는 가장 중요한 지표이기도 하다. 각계에서 민주시민교육을 강화하는 이유도 여기에 있다.

제2절 행위자기반 모형

복잡계의 자기조직화 과정을 연구할 때 가장 자주 사용되는 연구모형이 행위자기반 모형(agent-based model)이다. 복잡계에 대한 연구는 개체들 간의 상호작용이 체계적 수준에서 어떤 현상을 창발시키는가에 주로 연구의 초점을 맞춘다. 그러나 복잡계 이론이 연구대상으로 삼는 현상들은 구성요소의 수가 매우 많고 상호작용의 양상이 매우 복잡하기 때문에 경험적 관찰이나 수학적 연역을 사용하기가 어렵다. 이 연구방법상의 한계를 극복하기 위해 널리 사용되고 있는 것이 모의실험이다. 특히 컴퓨터 관련 여러 기기들의 발달은 매우 복잡한 모형을 세우더라도 그것을 검증해 보기가 쉬워졌다.

모의실험에 기초하여 자기조직화 메커니즘을 연구하려면 모형의 설정이 중요하다. 복잡계 연구에서는 행위자기반 모형(agent-based model)을 주로 사용한다.[90] 행위자기반 모의실험(agent-based simulation)이라고도 한다.

---

90) 집단지성 모의실험에 대해서는 Schut(2007) 참조.

행위자기반 모형의 기본 아이디어는 간단하다. 어떤 체계를 구성하는 개체들에 대해 그 개체들의 행동방식을 설정해 주는 것이다. 행동방식을 설정한다는 말은 개체들이 랜덤에 기초해 행동한다고 가정할 것인지, 어떤 몇 가지 행동규칙에 따르는 것으로 볼 것인지, 또는 스스로 목적을 설정하여 합리적으로 행동하는 행위자라고 가정할지 등을 정한다는 말이다. 행위자들의 행동방식에 대한 가정이 정해지면 체계의 몇 가지 환경변수를 설정한 후 다양한 매체를 이용해서 모의실험을 수행하고 그 결과가 어떻게 나오는지를 살펴보는 방식으로 연구가 진행된다.

행위자기반 모형은 행위자의 행동방식을 어떻게 설정하느냐에 따라서 몇 가지 유형으로 나눌 수 있다. 대개 행동의 무작위성을 가정하는 랜덤 행위자 모형에서부터, 최소한의 국지적 정보에 기초해서 행동한다고 보는 최소행위자 모형, 그리고 의도적 대안선택과 상황변화에 대한 적응능력을 가정하는 복잡행위자 모형의 세 유형으로 대별해 볼 있다 (Schweitzer, 2007: 7-8; 윤영수 외, 2005: 264-270).

랜덤 행위자 모형

랜덤 행위자(random agent) 모형은 브라운 행위자(brownian agent) 모형으로 불리기도 한다. 물리학에서의 유명한 연구대상이었던 브라운 운동에서 취한 이름이다. 그러나 이 글에서

랜덤 행위자의 기본 가정은 개체 즉 행위자(agent)가 어떤 행동 대안을 선택할 때 랜덤 또는 어떤 확률로 선택한다고 보는 것이다. 랜덤 행동을 가정하는 이유는 개체들이 무수히 많아 일일이 행동규칙을 설정하기 어렵다는 측면 때문이기도 하지만, 다른 한편 이들의 행동이 모두 동일한 방식으로 이루어지는 것이 아니라는 점 때문이기도 하다. 즉 행동의 동질적 측면과 이질적 측면을 동시에 고려하려면 랜덤 가정이 가장 편리하기 때문이다.

랜덤 행동은 행동의 독립성이 전제된다. 가령 두 가지 선택지가 있다고 가정할 경우, 시점 t에서의 대안 선택 확률이 시점 t+1에서의 확률에 영향을 주

지 않는다는 뜻이다. 동전던지기의 예를 든다면 1차 시행 시의 확률이 0.5 대 0.5인데, 2차 시행 시 확률 역시 1차 시행에서 어떤 결과가 나왔는지에 관계없이 0.5 대 0.5로 동일한 것으로 가정한다는 뜻이다.

랜덤 행위자 모형의 가장 중요한 연구관심은 체계수준에서 규칙성(질서, 패턴)이 만들어지는가에 대한 관찰이다. 즉 개체 수준에서는 불규칙(랜덤)이 지배하지만 그 불규칙 행위자들 간의 상호작용이 거시적 수준에서 질서를 만들어 낼 수 있는가를 확인하려는 것이다.

최소행위자 모형

최소행위자(minimalistic agent) 모형은 현재 가장 널리 사용되고 있는 모형이라고 할 수 있다. 최소행위자 모형에서는 랜덤 행위자 모형과 달리 개체들이 어떤 행동을 취할지에 대해 일정한 규칙을 미리 부여해 준다. 개체 수준에서의 행동들이 결정론적이라고 가정하는 것이다. 예컨대 세포자동자(cellular automata) 모형에서 앞뒤와 상하 인접 셀(cell)들이 모두 on이면 그 셀이 다음 시기에는 off가 되는 것으로 정한다든지, 아니면 동물들의 집단적 거동을 알아보는 실험에서 "앞 행위자와 거리가 멀어지면 접근한다"와 같은 행동의 규칙을 미리 설정해 준다. 물론 이 규칙들은 행위자들이 이용할 수 있는 정보가 매우 제한적임을 가정하는 것이다. 그러므로 대개 직접 접촉이 가능한(즉 정보의 교환이 가능한) 공간적 이웃과의 관계를 규칙의 기반으로 삼는다. 국지적 정보에 기초해서 행동한다고 가정하는 것이다. 사회성 곤충들이나 동물들의 집단 거동을 연구할 때 이 모형이 사용된다.

개체 수준에서의 행동이 결정론적이라고 하더라도 여러 개체들이 상호작용을 통하여 집합적으로 만들어 내는 체계수준의 결과는 전혀 결정적이지 않을 수가 있다. 체계 수준에서 나타나는 예측불가능한 결과를 가리켜 카오스(chaos)라고 한다. 랜덤 행위자 모형이 개체수준의 무질서한 행동이 집단수준에서 질서를 만들어내는 것에 관심을 가진다면, 그와는 반대로 최소행위자 모형은 개체수준의 규칙성이 집단수준에서 카오스를 만들어 내는 현상을 밝혀내려 하고 있다는 점에서 흥미롭다.

복잡행위자 모형

복잡행위자(complex agent)란 개체들이 각자 나름대로의 행동기준을 스스로 정하는 것으로 상정하는 모형이다. 인간사회의 경우 개인들은 랜덤으로도, 결정론적으로도 행동하지 않는다. 각자 나름대로 상황을 판단하고 행동을 결정한다. 즉 학습을 통해 지식을 습득해 나갈 수도 있고 그래서 행동의 방식이 바뀔 수도 있는 자율적 행위자로 간주되는 모형이다. 복잡행위자는 달리 말하면 상황 변화에 대한 피드백을 참조하는 행위자이다.

복잡행위자 모형은 가장 현실과 가까운 설정이기는 하지만 또 가장 다루기 어려운 것이기도 하다. 복잡행위자 모형 역시 행위자들의 행동에 대해 일정한 가정을 도입할 수밖에 없다. 예컨대 "합리적으로 행동한다" 등을 행동의 기본 원칙으로 설정할 수도 있다. 그러므로 어떤 의미에서 보면 최소행위자 모형과는 정도의 차이이지 본질적 차이가 있는 것은 아니라고도 할 수 있다. 하지만 복잡행위자의 경우 어떤 시점(t)의 행동이 낳는 결과를 고려하여 다음 시점(t+1)의 행동이나 전략을 수정해 나가는 것으로 상정한다는 점에서 앞의 두 모형과 큰 차이가 있다. 자신이 선택한 행동의 결과를 고려하여 다음 시점의 행동을 결정한다는 것은 학습에 의한 피드백(feedback) 메커니즘이 작동한다는 뜻이 된다. 이 피드백 효과는 체계의 변화를 매우 예측하기 어렵게 만든다.

복잡행위자 체계의 분석에는 게임이론과 네트워크 이론이 자주 사용된다. 게임이론이나 네트워크 이론 역시 자기조직화 원리를 전제로 하고 있다. 예컨대 2인 죄수의 딜레마 게임을 보자. 이 모형에는 두 행위자의 행동을 강제하는 외부의 권위가 존재하지 않는다. 즉 아나키 상황에서 행위자들 간의 상호작용이 집합적으로 어떤 결과를 자아내는가를 탐구한다. 아나키 상황에서의 질서형성이란 곧 자기조직화를 뜻한다. 네트워크 이론 역시 아나키 가정에 기초해 있다. 노드(nod)들 사이 연결이 이루어지느냐 마느냐가 행위자 당사자들의 판단에 따라서 일어나는 것이지, 어떤 외부의 행위자가 정해주는 것은 아니다. 그러므로 웹과 같은 네트워크의 전체 양상은 자기조직화된 것이지 설계된 것은 아니다.

▌제1항 랜덤 행위자 모형

랜덤 행위자 모형에서는 개체들의 행동선택이 랜덤으로 이루어진다고 가정한다. 개체들이 어떤 행동을 취하느냐에 영향을 미치는 요인들은 무수히 많다. 이 많은 요인들을 모두 고려하기는 어려우므로 랜덤으로 행동한다고 가정하는 것이다. 예컨대 입자들의 집합적 상호작용의 결과를 연구하는 통계물리학의 경우를 보자. 천문학적 수효의 입자로 구성된 어떤 체계에서 입자들의 미시적 움직임을 모두 고려하는 모형은 만들기 힘들다. 그러므로 개체들의 행동이 무작위로 이루어진다고 가정한다. 랜덤 가정은 개체들의 행동이 모두 동일하다는 것을 뜻하지는 않는다. 오히려 제각기 다를 수 있다. 대안들이 랜덤으로 선택되기 때문이다.

브라운 운동

자연에서의 적응은 거의 대부분 확률적 과정을 통해서 일어난다. 다시 말해 항상 랜덤의 요소를 포함하고 있다(Kennedy, et al, 2001: 9).

랜덤 모형의 대표적인 예는 브라운 운동이다. 브라운 운동이라는 이름의 유래는 꽃가루의 움직임을 관찰한 스코틀랜드의 생물학자 로버트 브라운(Brown)에서 비롯된 것이다(Ball, 2004: 52). 1828년에 그는 현미경으로 물에 떠 있는 꽃가루가 활발하게 춤을 추고 있는 현상을 최초로 관찰했다. 그는 그런 움직임이 고대 생기론(vitalism)의 주장처럼 꽃가루에 어떤 '정령'이 들어있는 것을 보여주는 증거라고 해석했다. 하지만 스핑크스의 돌가루와 같이 '죽은' 것이 분명한 입자에서도 똑같은 움직임이 관찰되었고 그래서 다른 설명이 있어야 했다. 아인슈타인이 이 문제에 관해 최종적으로 확실한 설명을 제시하였다.

아인슈타인은 작은 꽃가루 입자가 현미경으로 볼 수 있을 정도로 크지만, 물 분자와 충돌하면 움직이는 방향이 바뀔 정도로 작다고 생각했다. 그러므로 물 위 꽃가루의 살아있는 듯한 움직임은 물 분자와의 충돌의 결과라고 보면 가장 잘 설명된다고 했다. 그러므로 물이 분자, 원자로 구성되어 있다고 보아야 한다는 것이다. 당시에는 원자론 가설이 지지되기 전이므로 아인슈타인의

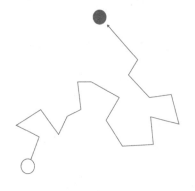

[그림 7-2] 기체 상태의 분자 활동

이 설명은 원자론 가설이 지지되기 전 원자론의 정당성을 지지해 주는 근거가 되었다. 다음 그림 기체상태의 분자활동 랜덤워크를 보자(Ball, 2004: 50).

랜덤워크(random work, 무작위 걸음)란 무작위하게 이동하는 개체의 궤적을 수학적으로 기술한 모형을 말한다. '랜덤워크(random walk)'라는 이름은 1905년 통계학자 칼 피어슨(Pearson, 1905)이 처음 붙인 것으로 알려져 있다. 체계의 구성요소가 엄청나게 많은 분자, 원자의 세계를 다루는 물리학에서는 이 랜덤워크 모형이 필수적이다. 어떤 의미에서 보면 복잡계 이론의 출발점이기도 하다. 왜냐하면 최소행위자, 복잡행위자 모두 이 랜덤 행위자의 '랜덤 가정'을 조금씩 현실과 가까워지도록 구체화한 것으로 볼 수 있기 때문이다.

랜덤하게 움직이는 개체의 일회적 행동은 예측할 수 없다. 그러나 충분히 오랜 시간 동안에 그런 이동의 크기를 모아 보면 일정한 규칙성이 드러난다. 랜덤워크에서 설명하고자 하는 것은 걸음의 폭(L)이 일정하다고 할 때 총 N걸음을 걸은 후에 위치가 처음 지점으로부터 어느 방향으로, 얼마나 멀어지느냐 하는 것이다. 즉 다음 식의 값을 구하는 것이 목적이다.

총 9개 층의 계단이 있다고 해보자. 중간인 5번째 층계에 서서 동전던지기를 하되, 앞면이 나오면 위로 한 계단, 뒷면이 나오면 아래로 한 계단 간다고 정하자. 만일 총 9번 동전던지기를 한다면 최초 층으로부터 몇 층이나 멀어지게 될까? 얼핏 생각하면 확률이 반반이므로 여러 번 시행하면 결국 제자리에 있을 것으로 생각하기 쉽다. 그러나 첫 번째 동전을 던지면 위나 아래로 반드시 한 층을 이동하게 된다. 그리고 두 번째 동전던지기를 할 때는 그 이동한 위치가 출발점이 되므로 어떻게든 위치의 변동이 생길 수 있다. 즉 시행의 결과가 누적적이 되므로 이동이 생기는 것이다.[91]

동전을 N번 던졌을 때, 원점으로부터의 거리는 얼마나 될까? 각 시행의 평균을 내는 것은 좋은 합산방식이 아니다. 왜냐하면 0이 될 것이니까. 그래서 제곱값의 제곱근이나 절대값을 사용해서 변화를 계산한다. 동전던지기의 경우에는 앞면 아니면 뒷면이 나오므로 2항 분포에 해당한다. 이 이항분포에서 분산의 크기는 평균의 제곱근으로 나타난다. 수학적 계산에 의하면 랜덤워크에서 총 분산의 크기는 시행횟수(N)의 제곱근이 된다. 그러므로 걸음의 폭이 L이라면 N걸음 후의 이동거리는 시행횟수의 제곱근에 걸음의 폭을 곱한 값이 된다(Sethna, 2011: 15f).

$$이동거리 = \sqrt{N} \times L$$

이 결과는 랜덤워크에 흥미로운 성질이 담겨 있음을 알려준다. 즉 랜덤워크에 척도무관성(scale invariance)과 보편성(universality)이 존재한다는 것이다(Sethna, 2011: 17). 척도무관성이라 함은 N걸음 후 총 이동거리가 걸음의 폭(L)과 상관없이 걸음 횟수의 일정 비율($\sqrt{N}$)이 되기 때문이다. 즉 걸음의 폭(scale)은 상수이고 시행횟수만 유일한 변수라는 뜻이다. 걸음의 폭이 얼마이든 상관없이 동일한 변화양상을 보여준다. 보편성이라 함은 이 같은 공식이 모든 랜덤워크에 동일하게 적용될 수 있다는 뜻이다.

▌제2항 최소행위자 모형

최소행위자 모형은 랜덤 모형과 달리 사전적으로 행위자들의 행동선택 기준

---

91) '마르코프 과정(Markov Process)'과 유사하다. 마르코프 과정이란 X_{i+1}이 직전 X_i에만 영향을 받고, 그 이전 $X_1, X_2, \cdots, X_{i-1}$과는 통계적 독립시키는 접근을 말한다.

이 주어져 있다. 이 규칙을 행위자가 임의로 바꾸는 일은 없다. 말하자면 자극-반응 모형 또는 if-then 모형에 가깝다. 확률에서 마코프 과정(markov process)처럼 현재 상태만 미래에 영향을 주고 과거와는 관계가 없다. 그렇다면 이 최소행위자들의 집합적 결과는 쉽게 예측할 수 있을까? 절대로 그렇지 않다. 여기에 최소행위자 모형의 의의가 있다. 즉 개체들의 행동이 단순한 규칙에 의해 '결정적으로' 이루어진다고 하더라도 그 개별행동의 집합적 결과는 여러 가지 형태로 나타날 수 있다. 경우에 따라서는 예측불가능한 양상 즉 카오스 현상을 낳는다.

세포자동자 모형

최소행위자 모형의 가장 단순한 형태는 세포자동자(cellular automata) 모형에서 찾아 볼 수 있다. 세포자동자의 기원은 1940년대 게임이론을 정립한 사람으로 유명한 폰 노이만(von Neumann)의 인공생명 연구이다. 그는 생명을 '합성'하는데 관심을 가지고 있었다. 그 계획의 첫 단계로 인공적인 자기재생산(reproduction) 즉 개체의 자기증식에 대해서 연구했는데, 그때 사용한 모형이 바로 세포자동자이다. 폰 노이만 이후 많은 사람들이 약간씩 변형된 세포자동자를 선보였었다.

세포자동자는 먼저 격자들로 분할되어 있는 상태공간을 상정한다. 이것이 말하자면 생명체가 살아가는 세상이다. 이 공간에서 각 격자는 세포(cell)라고 불린다. 격자의 배열은 일차원의 직선일 수도 있고, 2차원의 평면, 그리고 가장자리가 다른 가장자리와 연결되는 토러스(torus) 구조를 상정할 수도 있다.

세포자동자를 설계할 때 기본적으로 포함되어야 하는 가정은 다음 세 가지이다(조용현, 2002: 123-125).

(1) 세포 당 가지는 상태의 수
(2) 세포의 '이웃'(neighborhood)을 구성하는 방식
(3) 다음 세대에서 그 세포의 상태를 규정하는 진화의 규칙

첫째, 세포가 가질 수 있는 상태 수란 행위자가 취할 수 있는 행동의 종류이다. 물론 최소행위자 모형에서는 이 행동 대안을 행위자가 임의로 선택하지 못한다. 주어진 규칙에 의해서 자동적으로 정해지기 때문이다.

세포자동자가 선택할 수 있는 대안의 수는 연구자가 임의로 정할 수 있지만 대개 세포 당 두 상태만을 가질 수 있는 2진 세포자동자가 일반적이다. 이것이 가장 다루기 쉬울 뿐만 아니라 3개 이상의 선택지들도 결국 2진 모형으로 환원시킬 수 있기 때문이다.

둘째, 세포의 '이웃'이란 어떤 세포의 다음 세대 상태에 영향을 줄 수 있는 인접한 세포를 가리킨다. 어떤 세포의 다음 상태는 그 이웃들이 어떤 값을 갖느냐에 따라 정해지므로, 이웃의 구성은 세포자동자의 동적 과정을 결정하는 핵심적 변수이다.

이웃에 의해 자신의 미래가 결정된다는 것은 복잡계의 기본가정인 "상호작용에 의한 질서의 형성" 원칙을 반영한다고도 볼 수 있다. 그리고 소통범위가 매우 제한되어 있는 상황도 가정하는 것이다.

2차원 세포자동자에서 이웃을 정의하는 가장 흔한 방식은 '폰 노이만 이웃'(von Neumann neighborhood)과 '무어 이웃'(Moore neighborhood) 두 가지이다(Zaki, 2011). 폰 노이만 이웃은 세포의 상하좌우 네 방향 인접세포들만을 이웃으로 본다. 무어 이웃은 폰 노이만 이웃에 대각선 방향에 있는 인접 격자들을 포함시킨 것이다.

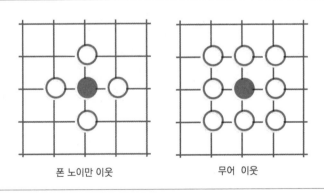

폰 노이만 이웃   무어 이웃

[그림 7-3] 폰 노이만 이웃과 무어 이웃

셋째, 진화의 규칙이란 셀(cell)의 변화규칙을 가리킨다. 셀의 상태변화는 이웃들의 상태구성에 따라 결정되는 것으로 가정되어 있으므로, 진화의 규칙은 보통 아래와 같은 방식으로 표현된다.

이웃세포의 현재 상태 ⇒ 해당 세포의 다음 상태

다음 <표 7-2>는 진화규칙을 도표화한 것이다. 1차원 격자를 상정한 것이므로 이웃은 좌측과 우측의 셀이 된다. 좌측 이웃 L과 우측 이웃 R의 상태, 그리고 행위자의 현재상태에 따라서 행위자의 다음 상태가 정해진다. 물론 이 규칙은 연구자가 임의로 설정할 수 있다.

1차원 격자공간의 초기 상태가 아래와 같을 경우 <표 7-2>의 규칙을 적용시키면 그 진화과정은 <표 7-3>과 같이 나타난다.[92]

이웃 L 현재상태	행위자 (현재 상태)	이웃 R의 현재 상태	행위자 (다음 상태)
0 □	0 □	0 □	0 □
0 □	0 □	1 ■	1 ■
0 □	1 ■	0 □	0 □
0 □	1 ■	1 ■	0 □
1 ■	0 □	0 □	1 ■
1 ■	0 □	1 ■	0 □
1 ■	1 ■	0 □	0 □
1 ■	1 ■	1 ■	0 □

[표 7-2] 1차원 세포자동자의 진화규칙(예)

---

92) <표 7-2>와 <표 7-3>의 규칙과 진화 내용은 조용현(2002: 129)의 내용을 참고한 것이다.

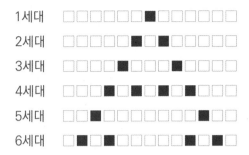

[표 7-3] 1차원 세포자동자의 진화(예)

세포자동자 모형에 의한 모의실험 결과가 보여주는 내용 중에서 가장 놀라운 것은 이처럼 단순하고 결정론적 행동원리를 가진 개체들의 세계에서 예측 불가능한 무질서가 만들어질 수도 있다는 점이다. 물론 질서가 만들어질 수도 있지만, 질서 보다는 무질서 측 카오스가 나타난다는 것이 가장 흥미로운 점이다. 또 질서 역시 단순한 정태적 규칙성을 갖는 질서만 만들어질 수 있는 것이 아니라 시시각각 다양한 변화가 나타난다.[93]

카오스 상태

최소행위자 모형을 통해 알 수 있는 가장 중요한 현상 중의 하나는 결정론적 규칙에 따르는 행위자들의 집합적 결과가 예측불가능성을 낳을 수 있다는 사실이다. 이 결정론적인 원인이 만들어내는 예측불가능성을 가리켜 카오스(chaos), 또는 결정론적 카오스(deterministic chaos)라고 한다.

카오스는 랜덤과 마찬가지로 예측불가능성을 본질로 하고 있다. 그러므로 질서의 반대상태에 해당한다. 그러나 둘 사이에는 큰 차이가 있다. 랜덤은 예측불가능성이 확률적 범위를 가지는 데 비해 카오스는 매우 불규칙성을 갖는 예측불가능성이다.

확정적 원인이 비예측성을 만들어 내기 때문에 카오스 현상은 뭔가 신비하

---

93) 세포자동자와 관련해서는 조용현(2002)의 제2부, Kauffman(1996)의 8장, Nowak et al.(1995), Kennedy & Eberhart(2001)의 Chapter One 참조.

게 보이기도 한다. 카오스를 이처럼 특별한 현상으로 보는 태도들을 가리켜 레오나드 스미스는 '카오스의 신화'라고 불렀다(Smith, 2007: 81). 하지만 그는 카오스를 신비하게 여기는 것은 잘못이라고 본다. 왜냐하면 일반적으로 예측 불가능성이란 인지적 차원의 불완전성에서 기인하는 것일 뿐이지 현상 그 자체의 속성에서 비롯되는 것은 아니기 때문이다. 다시 말해 카오스를 예측불가능하다고 말하지만 그 예측이 원리적으로 불가능한 것은 아니라는 뜻이다.[94]

카오스는 예측불가능한 것이고 따라서 무질서한 상태이다. 그렇다면 카오스는 나쁜 것일까? 그렇지는 않다. 많은 복잡계 이론가들은 카오스 영역이 존재하기 때문에 생명체의 진화가 가능하다고 본다. 왜냐하면 카오스가 인과관계를 단절시켜 줄 수 있기 때문이다. 인과관계란 시점 t_n에서의 상태가 그 다음 시점 t_{n+1}의 상태를 결정하는 것을 가리킨다. 만약 우주의 모든 사건들이 이 인과법칙의 지배를 받기만 한다면 새로운 변화는 원칙적으로 발생할 수 없다. 모든 미래는 과거에 의해 결정되어 있기 때문이다. 그런데 카오스 상태에서는 이 인과관계가 단절된다. 그러므로 행위자가 새로운 길로 접어들 수 있는 가능성이 생긴다는 것이다(Smith, 2007). 이 인과의 사슬에 틈새를 만들어 주는 것이 카오스이다. 카오스의 크기는 엔트로피의 크기에 비례한다. 과거의 굴레에서 벗어나 내가 임의로 선택할 수 있는 공간이 주어진다. 마치 진화론에서 돌연변이가 나타나서 환경에 적응하게 되면 생존해 나가는 원리와 같다.

베르누이 사상

이제 카오스라는 것이 무엇인지를 이해하기 위해 간단한 카오스 사상 (chaotic map)을 검토해 보자. 카오스를 만들어내는 방법은 여러 가지가 있다. 그 중 가장 간명한 모형은 수학적 카오스라고 불리는 것으로, 로지스틱 사상 (logistic map)이나 베르누이 사상(Bernoulli map)이 대표적이다.[95] 여기서는 가장 단순한 베르누이 사상의 예를 들어보겠다(Prigogine & Stengers, 1997: 80ff). 먼저 다음 모형으로 주어지는 운동방정식을 생각하자.

---

94) 이 문제와 관련해서는 여러 가지 견해가 있다.
95) 로지스틱 사상은 $Xt+1 = r \times Xt(1-Xt)$으로 주어지는 사상이다.

$$Xt+1 \ = \ Xt+1/2(\mathrm{mod} \ 1)$$

위 식은 Xt+1/2의 값이 1보다 크면 그 나머지(소수점 이하)만 취한 값이 Xt+1이 된다는 것을 뜻한다. 여기서 X의 범위는 $0 \leq X \leq 1$이다. 이 식에서는 Xt의 값이 어떻게 주어지더라도 Xt+1의 값은 Xt의 값을 반복하게 된다. 두 단계를 지나면 첫 숫자가 다시 나타나게 된다.

- Xt이 1/4인 경우
  1회 : 1/4 +2/4 =3/4
  2회 : 3/4 + 2/4 =5/4 (1을 제하면 1/4)
  → 1/4과 3/4의 반복
- Xt이 1/2인 경우
  1회 : 1/2 +1/2 =1 (1을 제하면 0)
  2회 : 0 + 1/2 = 1/2
  → 1/2과 0의 반복
- Xt이 1/8인 경우
  1회 : 1/8 + 4/8 = 5/8
  2회 : 5/8 + 4/8 = 9/8 (1을 제하면 1/8)
  → 1/8과 5/8의 반복

위의 경우는 카오스가 나타나지 않는다. 주기적 반복만 나타난다. 이제 위 식을 다음과 같이 바꿔보자.

$$Xt+1 \ = \ 2Xt(\mathrm{mod} \ 1)$$

차기 값이 이전 값보다 항상 2배 커지는 경우이다. 단 1보다 값이 크면 소수점 부분만 취하게 된다. 이 사상의 계산은 복잡하다. 다음 그림은 위 식의 결과를 보여준다(Prigogine et al,, 1997: 85).

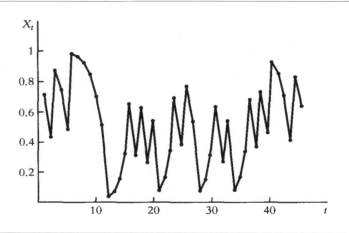

[그림 7-4] 카오스가 나타나는 베르누이 사상

위 두 운동방정식은 모두 결정론적이다. 즉 Xt만 알면 Xt+1의 값이 결정된다. 그렇지만 앞의 식에서는 주기적 변동이 나타나는 데 비해 뒤의 식에서는 카오스가 나타난다. 이것이 "결정론적 카오스"이다. 위의 그림에서 보듯이 궤적이 예측불가능하게 변함을 볼 수 있다.

■ 제3항 복잡행위자 모형

복잡행위자(complex agent)란 개체들이 각자 나름대로의 행동기준을 스스로 정하는 것으로 상정하는 모형이다. 복잡행위자들 간의 상호작용 분석에 사용되는 대표적인 이론은 게임이론이다. 게임이론 자체가 전략적 행위를 설명하기 위해서 고안된 이론이기 때문이다.

복잡행위자들 사이의 상호작용은 전략적으로 이루어진다. 전략적이란 말은 상대가 어떤 행동을 취하느냐에 따라서 나의 행동을 달리 선택한다는 말이다. 그러므로 나의 행동은 상대방의 행동의 함수가 된다. 상대방 역시 마찬가지이다. 이 같은 전략적 행동은 사람뿐만 아니라 모든 생명체의 기본적 특성이다. 전략적 행동은 상대가 반드시 나와 같은 생명체일 필요가 없다. 환경 역시 전략적 행동의 상대가 될 수 있다. 가령 날씨가 추워지면 나는 옷을 두껍게 입는다. 그러나 환경의 변화 같은 경우에는 나의 행동변화에 따라서 환경이 전략적으로 반응하지는 않는다. 그러므로 이 경우에는 전략적 행동이 일방적이다. 이런 경우에도 게임이론이 적용될 수 있지만 대개는 쌍방이 전략적 행위자인 경우가 게임이론의 기본적인 전제이다. 이런 전략적 행동을 생물학 등에서는 보통 적응(adaptation)이라고 칭한다.

사람은 물론 모든 생명체 나아가 입자와 같은 물리학적 개체들까지 적응이나 전략적 대응의 관점에서 이해할 수 있기 때문에 게임이론은 인간과 관련된 학문뿐만 아니라 생물학, 물리학 등 거의 모든 분야에서 사용되고 있다. 이론이란 이해와 설명을 쉽도록 상황을 단순화하는 것인데 대부분의 상황이 게임이론이 상정하는 전략적 요소를 지니고 있기 때문이다.

게임은 경기자의 수, 경기자의 목적과 능력, 택할 수 있는 전략의 수, 그리고 각 전략을 선택했을 때 얻을 것으로 기대되는 보수(payoff) 등 여러 변수들에 의해서 행위자들 사이 전략적 상호작용의 결과가 결정된다. 여기서는 모든 게임이론의 기본이 되는 2×2 게임 그리고 사회적 딜레마 개념에 대해서 간략히 알아보겠다.

1) 2×2 게임

2×2 게임(이하 '2인 게임'으로 줄임)이란 경기자(player)가 둘이고 각 경기자가 택할 수 있는 전략이 두 가지인 경우를 가리킨다. 전략적 행위가 가능하려면 두 개 이상의 선택지를 가진 두 명 이상의 경기자가 있어야 하므로 이 2인 게임은 게임이론의 최소모형이라고 할 수 있다. 이처럼 간단하기는 하지만 그 사용빈도는 게임이론을 적용한 설명들의 대부분을 차지한다고 해도 과언이 아니다. 경기자가 셋 이상이거나 전략의 수가 세 가지 이상이 되면 수학적 풀이는 가능하지만 머릿속으로 상황을 그려보기가 매우 어렵다. 그래서 사회현상에 대한 대부분의 설명들은 2인 게임에 의존하고 있다.

행위자가 둘뿐이고 전략도 둘뿐이지만 2인 게임의 종류는 매우 많다. 게임의 종류란 보수구조(payoff structure)의 종류를 가리킨다. 물론 보수구조뿐만 아니고 행위자들 간의 의사소통이 가능한가 여부(협조게임, 비협조게임), 동일한 게임이 얼마나 반복되는가 여부(반복게임, 일회게임) 등등 다른 기준에 의해서도 분류가 가능하지만 그런 것들은 여기서 다루지 않겠다.

2인 게임은 기본적으로 비협조 게임 상황을 가정한다. 협조게임이란 두 경기자가 서로 어떤 행동을 취할지를 약정할 수 있는 경우를 말한다. 그러나 이 약정이 가능하려면 우선 의사소통 수단이 전제되어야 하고, 또 약속의 이행을 보장할 수 있는 장치도 선행되어야 한다. 우선 동물들 사이의 전략적 행동에 이런 소통에 의한 약정과 그 약정의 이행을 보장해줄 장치는 없다. 또 사람들 사이에서도 설사 어떤 합의를 한다고 하더라도 그 약속이 항상 지켜진다는 보장이 없다. 그러므로 협조게임은 전략적 상호작용의 원형으로 보기가 어렵다. 그래서 아나키 상황에서의 상호작용 양상에 대한 모형화가 게임이론의 출발점이 된다.

2) 죄수의 딜레마 게임

죄수의 딜레마(prisoner's dilemma) 게임은 1950년에 미국 랜드연구소의 메릴 플러드와 멜빈 드레셔가 수행한 한 비공식적인 실험에서 유래한 것이다. 후에 이들의 동료였던 수학자 앨버트 터커(Tucker)가 한 논문에서 이 모델을 소개하고 '죄수의 딜레마'라는 이름을 붙임으로써 이후 수천 편의 논문을 촉발시킨 출발점이 되었다(Kollock, 1998: 185).

두 사람의 용의자가 있다. 이들은 서로 자백하지 않기로 하고 각각 따로 조사를 받는다. 만일 한 죄수가 동료와 협력(C: cooperation)하지 않고 배반(D: defection)하여 범행사실을 자백하면 수사에 협조한 대가로 방면되거나 아주 가벼운 처벌만 받을 수 있다. 대신 동료 용의자는 중형을 받게 될 것이다. 둘 다 끝까지 자백하지 않으면 범행이 모두 입증되지 않기 때문에 둘 다 비교적 적은 처벌로 끝나게 된다. 문제는 상대가 자백하든 아니하든 자신으로서는 자백을 하는 것이 최선이라는 점이다. 만일 동료가 자백하지 않는다면 나는 자백함으로써 더 가벼운 벌을 받을 수 있을 것이고, 동료가 자백한다면 나 역시 자백해야 벌을 덜 받을 것이기 때문이다. 그러므로 상대가 자백을 하느냐 여부와 상관없이 나는 자백하는 것이 최선의 선택이 된다. 그래서 이 게임의 보수구조는 다음과 같이 설정된다(C: cooperation, D: defection).

		용의자 을	
		C(협력) 자백하지 않는다	D(배반) 자백한다
용의자 갑	C(협력) 자백하지 않는다	1년형(갑) 1년형(을)	7년형(갑) 0석방(을)
	D(배반) 자백한다	0석방(갑) 7년형(을)	3년형(갑) 3년형(을)

[표 7-4] 죄수의 딜레마 게임(3)

죄수의 딜레마 게임에서는 협력이 일어나기 어렵다. 왜냐하면 상대가 어떤 선택을 하든 상관없이 나는 배반을 하는 것이 가장 좋은 결과를 가져다주기 때문이다. 이처럼 상대가 어떻게 행동하느냐와 상관없이 항상 나에게 좋은 결과를 가져다주는 전략을 우월전략(dominant strategy)이라고 부른다. 죄수의 딜레마 게임에서는 배반이 우월전략이지만 그것이 파레토 열등의 결과를 낳는다.

3) 사슴사냥 게임

'사슴사냥' 게임(stag hunt game)이라는 이름은 18세기 계몽주의시대 프랑스의 철학자이자 저술가인 장자크 루소의 『인간불평등기원론』의 제2부에 나오는 한 구절에서 비롯된 이름이다.

사람들이 상호 약속에 대해, 또 그 약속을 지키는 이득에 대해, 엉성하나마 어떤 관념을 조금씩 얻을 수 있었던 것은 바로 이렇게 해서였다. 하기야 눈앞의 뚜렷한 이해관계가 약속을 지키도록 요구하는 만큼만 지켰지만. 왜냐하면 선견지명이 그들에게는 아무것도 아니어서, 먼 앞날을 생각하기는커녕 내일 생각조차도 하지는 않았으니까. 사슴을 잡을 때는 저마다가 제자리를 충실히 지켜야 한다는 것을 제대로 깨닫고 있었다. 그러나 그들 중의 하나 곁을 토끼가 지나가기라도 하면, 그가 서슴지 않고 쫓아갔을 것은, 그리고 그것을 잡고 나서도 자기 '일행들'이 사냥감을 놓친 것을 언짢게 여기지 않았을 것은, 의심할 것도 없다(Rousseau, 박은수 역, 『사회계약론 외』. 2012: 223-224).

이 짧은 한 구절에서 사회과학자들은 신뢰의 부족으로 인해 공동의 이득이 달성되지 못하는 상황에 대한 통찰이 들어있음을 발견하고 게임모형을 만들어 '사슴사냥' 게임이라고 이름 붙였다. 사슴사냥 게임의 모형은 다음과 같다(C: cooperation, D: defection).

	C 사슴사냥에 협력	D 토끼를 잡으려 이탈
C 사슴사냥에 협력	4, 4	1, 2
D 토끼를 잡으려 이탈	2, 1	3, 3

[표 7-5] 사슴사냥 게임

사슴사냥 게임의 중심주제는 신뢰이다. 첫째, 모두가 협력해서 사슴을 잡는 것(CC)이 모두에게 가장 좋은 결과를 가져다준다. 둘째, 그러나 개인의 입장에서 보면 사냥 도중에 자기 옆으로 지나가는 토끼를 잡기 위해 이탈할 이유가 있다. 왜냐하면 다른 사냥꾼들 중에서 누군가가 이탈해서 토끼를 잡으려 할지 모르기 때문이다. 그렇게 되면 사슴을 놓치게 될 뿐만 아니라 토끼도 놓치게 된다(CD). 그러므로 다른 사람들 중 아무도 이탈하지 않는다는 보장이 없는 한 토끼라도 잡아 개인의 이득을 챙기는 것이 낫다. 모두가 그렇게 생각하면 모두가 토끼를 잡는 것으로 끝나게 된다(DD, 이 DD를 알기 쉽게 ALL D, 올디라고 도 한다).

사슴사냥 게임에서 중요한 조건은 사슴을 잡아서 나눌 때 한 사람에게 돌아오는 몫이 토끼 한 마리의 가치보다 커야 한다는 것이다. 협력하면 사슴을 여러 마리 잡을 수 있다고 생각해도 좋을 것이다. 반면 공동으로 사슴을 잡아서 나눌 때 돌아오는 몫이 토끼 한 마리 가치보다 못할 경우에는 죄수의 딜레마 게임이 된다. 물론 모두가 토끼를 잡으려 이탈하면 토끼도 놓치고 사슴도 놓친다는 것이 전제되어야 한다.

사슴사냥 게임에서는 상대가 협력하면 나도 협력하는 것이 좋고 상대가 배반하면 나도 배반해야 한다. 즉, 다른 사람 모두가 협력한다는 것이 보장만 된다면 나도 협력을 선택하는 것이 합리적이다. 물론 사람들이 약속을 얼마나 지킬지가 문제가 된다. 이 게임에서 내시균형은 CC와 DD 두 개다. 그러나 두 사람간 신뢰가 높다면 DD에서 CC로 옮겨 갈 것이다. 한 사람이 상대방의 배반에도 불구하고 지속적으로 신뢰를 보내면 상대방도 신뢰를 택하게 되어 궁극적으로 올디(DD)로 귀착될지도 모른다.[96]

사슴사냥 게임은 보장게임(assurance game) 또는 신뢰게임(trust game) 등으로도 불리며, 여러 가지 변형이 있다.

4) 치킨게임

치킨게임(chicken game)이라는 이름은 1955년의 미국영화 "이유 없는 반항(Rebel Without a Cause)"에서 나오는 자동차 게임에서 따왔다. 이 영화에 나오는 자동차 게임은 두 사람이 마주보고 전속력으로 달리다가 충돌 직전에 누가 먼저 자동차 핸들을 꺾느냐로 겁쟁이(chicken)를 가려내는 게임이다. 만일 두 사람이 모두 이기려고 버티면 충돌로 인해 양쪽 다 죽거나 크게 다친다. 그렇다고 먼저 핸들을 꺾으면 평생 겁쟁이라는 소리를 들어야 한다.

현실에서는 이 치킨게임과 같은 상황이 자주 벌어진다. 국제정치에서 핵무기를 둘러싼 흥정, 그리고 앞에서 설명했던 '눈치우기 게임' 등이 이 유형에 해당한다.

치킨게임의 특징은 상대가 배반할 때 나도 따라서 배반하는 것이 최선이 아니라는 점에 있다. 충돌해서 죽는 것보다 비겁자 소리를 들더라도 핸들을 꺾는 것이 더 낫다.

이 게임에서도 사슴사냥과 마찬가지로 내시균형점이 두 개다. 그러나 두 균형점의 보수가 불평등하기 때문에 균형점이 불안정하다. 바람직한 협력의 결과는 두 사람이 모두 핸들을 꺾는 것이다. 치킨게임의 보수행렬은 다음과 같다(C: cooperation, D: defection).

---

96) 예컨대 남북관계나 북미관계의 대립상황을 게임이론으로 분석할 때 현실주의자들은 죄수의 딜레마게임이나 치킨게임을, 대화론자들은 사슴게임을 즐겨 인용해 왔다.

	C 핸들을 꺾는다	D 핸들을 꺾지 않는다
C 핸들을 꺾는다	3, 3	2, 4
D 핸들을 꺾지 않는다	4, 2	1, 1

[표 7-6] 치킨게임

2×2 게임에는 위에 설명한 죄수의 딜레마, 사슴사냥, 치킨게임 이외에도 여러 가지 변형이 존재한다. 그러나 모두 이 세 가지 기본형에서 파생된 것이라고 보아도 무방하다.

5) 사회적 딜레마와 해법

게임이론에서 '딜레마'란 모두가 협력을 선택하면 모두가 최선의 결과를 얻을 수 있는데도 불구하고 보수구조의 특성으로 인해 협력에 도달하지 못하는 상황을 가리키는 말이다. 모든 사회적 딜레마는 적어도 하나 이상의 열등균형 (deficient equilibrium)을 가지고 있다. 균형이 '열등'인 이유는 모든 행위자가 더 나아질 수 있는 균형점이 하나 이상은 있기 때문이다. 또 '균형'이기 때문에 아무도 자신의 행위를 변경할 유인을 갖지 못한다(Kollock, 1998: 184). 그러므로 사회적 딜레마란 "비협력적 행동이 더 나은 보수를 가져다주기 때문에 개인에게는 선호하는 대안이 되나, 모두가 이 비협력적 대안을 선택하면 모두가 협력하는 것보다 낮은 보수를 얻게 되는 상황"(Lange et al., 2013: 125-126)으로 정의할 수 있다.

넓은 의미로 보면 죄수의 딜레마, 사슴사냥, 치킨게임 모두 딜레마에 해당하겠지만 좁은 의미로는 우월전략이 존재하고 그 전략이 만들어내는 균형이 파레토 열등 즉 집합적으로 최선의 결과가 아닌 경우를 가리킨다.[97] 그러므로 죄수의 딜레마 게임이 가장 전형적인 예에 해당한다.

앞에서 설명한 세 가지 2인 게임의 딜레마적 성격을 요약해 보면 다음 표와 같다.

---

97) 사슴사냥이나 치킨게임은 '완화된(relaxed) 협력의 딜레마'로 불리기도 한다.

게임의 종류	내쉬균형	파레토 최적	협력가능성
죄수의 딜레마	1	1	강제가 필요
	무조건 배반하는 것이 유리		
사슴사냥	2	1	신뢰가 필요
	협력에는 협력, 배반에는 배반이 유리		
치킨게임	2	3	조정이 필요
	협력에는 배반, 배반에는 협력이 유리		

[표 7-7] 2인 게임의 딜레마 구조 비교

위 표의 협력가능성을 살펴보면 죄수의 딜레마는 딜레마가 상존하여 리바이 어던과 같은 강제장치가 필요하고, 사슴사냥 게임은 신뢰가 필요하며, 치킨게임은 조정이 필요함을 알 수 있다.

죄수의 딜레마에 대해 액셀로드는 반복게임이 해법이라고 하면서 몇 가지 조언을 하였음은 이미 앞에서 지적한 바와 같다. 게임 당사자들에게는 질투를 하면 먼저 배반할 가능성이 높기 때문에 질투하지 말 것, 먼저 배반하지 말 것, 팃포탯(TFT)을 할 것, 너무 영악하게 굴지 말 것 등이었다. 게임을 지휘하는 당사자들에게는 배반의 처벌을 강화하는 등으로 보수구조를 바꾸거나, 배려와 호혜를 주문하거나, 상호작용의 결과를 기억하도록 하거나, 호혜를 안정적으로 유지하기 위해 협력의 잇점이 드러나는 미래의 그림자를 확대하도록 주문하였음도 보았다(Axelrod, 1984: part 4).

이들 지침이나 주문들이 가지는 특징은 모두 게임의 규칙대로 지나치게 합리적으로 행동하지 않고 먼저 이타적으로 양보를 할 것을 요청하고 있다는 점이다. 이는 다소간의 양보가 없이는 죄수의 딜레마를 풀기 어려움을 시사한다고 할 수 있다. 사슴사냥 게임과 치킨게임을 포함하면 양보(concession)와 배려 (consideration)는 사회생활을 위한 최고의 덕목임을, 그리고 양보와 신뢰(trust)와 조정(mediation)이 없이는 세상에 존재하는 사회적 딜레마는 극복하기 어려움을 보여준다.

6) N인 게임의 딜레마

2인 게임이 아니라 경기자의 수가 더 많은 N인 게임이 되면 협력을 가로막는 장애물은 보수구조의 특성뿐만 아니라 경기자가 '다수'라는 사실에서도 발생한다. '다수'의 효과는 크게 세 가지를 들 수 있다(Kollock, 1998: 191).

> (1) 행위자가 익명화(anonymity)된다.
> (2) 외부성(externality)이 다수에게 분산된다.
> (3) 상호성(reciprocity)이 작동하기 어렵다.

첫째 '익명성'은 내가 배반해도 다른 사람이 그 사실을 모른다는 것이다. 그러므로 배반 전략을 선택하기가 더 쉬워진다. 2인 게임의 경우 나의 행위가 상대방에게 인지될 수밖에 없지만 N인 게임에서는 내가 무슨 행동을 했는지 잘 알려지지 않는다. 그래서 개인은 쉽게 무임승차를 할 수 있다.

둘째, '외부성의 분산'이란 나의 배반이 집단에게 주는 피해가 여러 사람들에게 분산되므로 다른 사람이 그 피해를 잘 느끼지 못하는 것을 가리킨다. 2인 게임에서는 배신으로 인한 피해가 상대방에게 전적으로 귀속된다. 하지만 N인 게임에서는 집단 전체로 분산되기 때문에 그 피해에 대해 덜 예민하게 된다. 이 효과는 집단의 규모가 커질수록 커진다.

셋째, 2인 게임의 경우 각 개인은 전략선택을 통해 상대방이 얻는 배반의 이익을 통제할 수 있지만 N인 게임의 경우 그런 통제가 불가능하다. 즉 상호성이 잘 작동되지 않는다.

N인 게임의 이런 효과들은 "나 하나쯤이야"라는 말에 잘 압축되어 있다. 집단에 참여하는 사람 수가 늘어갈수록 성과에 대한 1인당 공헌도가 오히려 떨어지는 집단적 심리 현상을 '링겔만 효과(Ringelmann Effect)'라고도 부른다. 혼자서 일할 때보다 집단 속에서 함께 일할 때 노력을 덜 기울이기 때문이다. 1913년 독일 심리학자 막스 링겔만(M. Ringelmann)이 집단 내 개인 공헌도를 측정하기 위해 줄다리기 실험을 했는데 그 결과, 참가자가 늘수록 한 사람이 내는 힘의 크기가 줄어드는 것으로 나타났다. '제노비스 신드롬(Genovese Syndrome)'이나 '방관자 효과(Bystander Effect)'도 같은 내용의 다른 표현이다.

제노비스 신드롬이란 뉴욕에서 발생한 키티 제노비스 살인사건에 관한 이야기이다. 제노비스가 자기 집 뒷골목에서 전 남자친구에게 칼로 마흔 세번이나 찔리는 동안 세른 여덟 명의 이웃이 그녀의 비명을 듣거나 찔리는 장면을 목격했지만 아무도 도와주지 않았다는 것이다.

방관자효과는 제노비스 신드롬과 같은 경우를 포함하여 직접적인 이해관계가 없는 경우에 스스로 나서서 문제를 해결하지 않으려 하는 경향성을 말한다. 방관자 효과의 가장 큰 원인은 N인 딜레마이다. 사건 주변의 다수인들은 특정 사건에 대해 책임의 분산됨을 직감하게 된다. 그러나 이것이 불합리하거나 무책임한 행동이라고 볼 수는 없다. 누군가를 섣불리 돕다가 나중에 내가 시간과 노력을 더 투자해야 할 만큼 귀찮아질 수도 있다. 상황을 더욱 악화시키거나 이용을 당할 수도 있다.

그러나 만약에 주변에 사람이 많지 않았거나, 주변에 방해 요소가 없거나, 피해자와 서로 알고 지내는 유대가 형성되어 있었다면 상황이 달라졌을 것이다. N인 게임 딜레마의 이면에는 다수의 사람이 관여하였을 경우에는 책임의 분산과 함께 이타심이나 유대감의 부족이 작용함을 알 수 있다.

7) 공공재의 딜레마와 공유자원의 딜레마

N인 게임 딜레마의 두 가지 전형은 공공재의 딜레마와 공유자원의 딜레마다. 공공재의 딜레마는 집합행동의 문제라고도 불린다.[98] 어떤 공공재를 만들 필요성에 모두가 동의하더라도 구조적으로 무임승차의 유혹이 존재하기 때문에 공공재가 공급되기 어렵다는 것을 가리킨다. 맨커 올슨(Olson, 1965)이 이것을 최초로 체계적으로 다루었다.

공공재란 비배제적(non-excludable), 비경합적(non-rival)인 재화를 가리킨다는 것은 이미 지적한 바와 같다. 비배제적이란 누구에게는 사용을 허가하고 누구에게는 허용하지 않는 것이 불가능함을 말한다. 공공재를 생산하는데 기여한 사람이든 아니든 일단 생산되면 아무나 혜택을 누릴 수 있다는 말이다. 그러므로 생산과정에 기여함이 없이 공짜로 사용하고픈 유인이 존재한다. 이 때 무임승차는 개인적으로는 합리적이지만 집합적으로는 비합리적인 결과를

---

98) 넓은 의미의 집합행동의 문제는 모든 N인 게임 딜레마를 가리킨다.

낳는다. 모두가 무임승차하면 공공재가 만들어지지 않을 것이기 때문이다. 공공재는 또 비경합성을 갖는다. 대부분의 공공재는 내가 많이 사용한다고 해서 남이 사용할 수 있는 양이 줄어드는 것은 아니다.

순수 공공재는 이 두 속성을 완전히 갖고 있지만, 대부분의 공공재는 그 정도가 조금씩 다르다. 공공재의 딜레마란 이처럼 사유재와 다른, 공공재의 특성으로 인해 무임승차(free ride)가 발생하기 쉽고 그래서 필요한 공공재가 공급되지 않는 현상을 가리킨다.

한편 공유자원의 딜레마는 흔히 "공유지의 비극(tragedy of commons)"이라는 이름으로 불린다. 이 딜레마는 공공재 문제와 반대로 집단이 이미 가지고 있는 공유물을 남용함으로써 공동의 재산이 빠르게 소진되는 현상을 가리킨다. 개릿 하딘의 논문(Hardin, 1968)을 통해서 널리 알려졌다. 하딘은 공동의 목초지를 예로 들었다. 어떤 마을에서 공동의 방목장을 운영한다고 하자. 개인의 입장에서 보면 가능한 한 많은 가축을 이 공동 방목지에 풀어놓는 것이 이득이 된다. 그러나 그렇게 되면 공동 목초지는 빠르게 황폐화될 것이다. 현재 세계의 많은 현안들이 이 공유지의 비극 문제와 관련되어 있다. 인구과밀, 어족 남획, 브라질 우림지대 파괴, 자동차에 대한 과잉의존으로 인한 온실가스의 누적 등이 그것이다.

사회적 딜레마는 사회구성원들이 협력을 통해서 만들어 낼 수 있는 잠재적 가치를 발휘하지 못하게 함으로써 집단의 발전을 어렵게 만든다. 그래서 이 사회적 딜레마를 어떻게 극복할 수 있을까가 사회과학의 주요 주제가 되고 있다.

이 문제에 대한 표준적인 해법은 아직 없다. 많은 주장들이 서로 다투고 있을 뿐이다.

제3절 집단화와 유형들

집단화 방법

행위자들의 상호작용 방식은 '집단화(aggregation)'의 영역에 해당한다. 집단지성이 만들어지는 과정을 요약한 다음 그림을 보면 집단화의 과정을 이해할 수 있다.99) 여기서는 거시이론에 속하는 집단화 과정에 주목하여 보자.

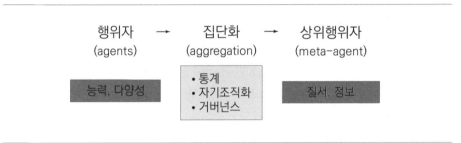

[그림 7-5] 집단지성의 구성요소와 형성과정

위 그림에서 보듯 집단화 과정에서는 이들 개별 행위자들이 가진 능력과 다양성 등의 정보가 취합된다. 정보는 취합 과정에서 수정되고 보완되며 발전할 것이다. 집단지성 이론의 중심 과제는 결국 위 식의 두 번째 변수인 '집단화 방법'의 발견이다.100) 구성요소들이 아무리 다양하더라도 그 자체로 집단지성이 되는 것이 아니기 때문이다. 이 집단화 즉 '합침(aggregation)'의 문제를 자연과학자들은 자기조직화라는 개념으로 다루고, 사회과학자들은 거버넌스라는 이름으로 연구한다. 우리는 앞에서 이것과 관련된 여러 주제들을 살펴보았다.

자연과학자들이 다루는 자기조직화 문제의 중심 주제는 복잡성의 본질을 이해하는 것이다. 예를 들어보자. 사람의 몸은 물리적으로 보면 수억 개 원자의 집합에 불과하다. 사람의 몸에 들어있는 원자의 총 수는 대략 10^{28}이라고 한다. 세포의 수가 대략 10^{14}로 추정되므로 세포 하나에 10^{14}개의 원자가 들어있는

---

99) 이 그림은 저자의 책 『집단지성의 원리』(2022) 206면에 제시된 것이다.
100) 집단화 방법의 발견에 관한 두 가지 유형, 즉 자기조직화와 거버넌스에 관한 내용도 저자의 책 『집단지성의 원리』(2022: 247-248)에서 인용하였음을 밝힌다.

셈이다. 이처럼 사람은 엄청난 수의 원자들의 집합체이다. 하지만 개개의 원자에는 생각하고, 계산하고, 예측하고, 또 화내고 기뻐하는 등의 인지능력이나 정서활동이 없다. 쉽게 말해 마음이 없다. 그러므로 이런 의문을 제기할 수 있다. "마음이 없는 원자들의 집합체가 어떻게 해서 마음을 가지게 되었을까?"

이 의문에 대한 가장 오래된 답변은 심신이원론이었다. 영혼과 육신이 서로 다른 기원을 가지고 있다고 가정하는 것이다. 마음이나 영혼을 비물질적인 신의 세계에서 기원되는 별개 차원의 것을 봄으로써 물질과 마음의 부조리한 결합을 납득하려 했다. 물질들의 응집체에서 마음이 저절로 생겨난다는 것을 상상하기 어려웠기 때문이다. 하지만 현대 과학은 물질들의 집합체에서 인지능력이나 정서활동, 나아가 마음이 '창발'될 수 있다고 본다. 개체들에게 없었던 속성이 집합체에서 생겨나는 이 창발의 원리를 이해하고자 하는 것이 복잡계 이론이고, 잠재적으로 가능한 여러 측면의 창발들 중에서 지성의 창발 문제를 다루는 개념이 바로 집단지성이다.

하지만 이 자기조직화를 통한 지적능력의 창발 과정이 현재 충분히 해명되어 있는 것은 아니다. 법칙 수준으로 일반화된 집단지성의 원리가 현재로서는 존재하지 않는다는 뜻이다. 그리고 그 한계는 '복잡계'라는 용어 속에 이미 내포되어 있다.

사회과학자들이 다루는 거버넌스의 문제에서 핵심적 연구과제는 '협력으로서의 질서'를 만드는 방법의 발견이다. 예컨대 만일 미로에 모여 선 사람들이 모두 다 남이 좋은 생각을 제안해 주기만을 기다리면 어떻게 될까? 문제에 부딪혔을 때 해결책을 찾느라고 궁리하는 것은 누구에게나 피곤한 일이다. 잠시 기다렸다가 남이 찾아 낸 방법을 베끼는 것이 상책으로 볼 수 있다. 그러나 모두가 그렇게 생각을 한다면 미로의 갈림길 앞에 수만 명이 서 있다고 하더라도 아무 의미가 없을 것이다. 차라리 똑똑한 한 사람에게 부탁하는 것이 훨씬 더 나을 것이다. 우리는 이것을 '집합행동의 문제'라고 하였다. 그리고 이것이 '협력으로서의 질서'나 규범을 만들기 어렵게 만드는 핵심 난제로 간주되고 있음을 보았다.

집단화 유형들

앞의 그림에서는 집단화 방식은 크게 통계적 취합과 자기조직화에 의한 취합, 그리고 거버넌스에 의한 취합으로 나눌 수 있음을 보여주고 있다. 우리는 앞서 제1장에서 집단지성을 크게 세 유형으로 나누고, 각각의 집단화 방식을 첫 번째 유형인 통계적 집단지성에서는 통계적 취합, 두 번째 유형인 군집지성에서는 자기조직화, 그리고 세 번째 유형인 협력적 집단지성에서는 거버넌스로 설정했었다. 그러므로 집합체 수준의 집단지성 요건에 대한 논의도 유형별로 나누어 생각할 필요가 있다.

첫째, 통계형 집단지성에서는 외부의 취합자가 주로 통계적 기법이나 컴퓨터 알고리즘을 이용해 분산되어 있는 개별적 지성들을 집단화한다. 그러므로 이 유형에서 주된 과제는 빅데이터를 어떻게 확보할 것인가와 그 데이터에서 어떻게 유용한 정보를 추출해 낼 것인가가 된다. 통계적 기법이나 적절한 알고리즘을 개발하는 것 등 주로 기술적인 문제가 현안이 된다.[101] 질문의 취합 과정에서 사용되는 FAQs(frequently asked questions)도 훌륭한 취합정리 방식의 하나이다.[102]

둘째, 군집지성에서의 집단화는 자기조직화 방식으로 일어난다. 이 "저절로 생기는 질서(order for free)"의 본질을 이해하고자 하는 것이 복잡계 이론임은 앞에서 말했다. 이 자기조직화에 대한 연구는 현재 이론과 응용의 두 측면에서 이미 많은 성과를 거두고 있다. 로봇공학, 인공지능 등이 모두 이 자기조직화에 대한 연구 성과에 바탕을 두고 있다. 하지만 자기조직화나 창발의 원리가 완벽히 해명된 것은 아니다. 그러므로 이 유형의 집단지성에서는 지금까지의 연구 성과를 어떻게 잘 활용하느냐가 중심 과제가 된다.

---

101) 예컨대 국민제안제도를 운영할 때 청와대나 각 부처나 기관에 제기되는 수많은 제안들을 어떻게 취합하고 분류할 것인가에 대한 깊은 연구를 거쳐 현재의 국민신문고 제안 시스템이 정착되었다.

102) 유저들이 자주 하는 질문에 대한 대답을 미리 정리하여 게시판에 올려놓으면 그 후에 사용하는 사람들이 그 정보를 보고 질문을 중단하거나 추가 질문을 하게하여 질문의 폭과 깊이가 더해지게 한다. FAQ는 전문가들의 답변 또는 오랫동안 이용한 유저들의 지식이 축적된 것이어서 질문 이전에 현황 파악에 큰 도움이 된다.

셋째, 의식적인 협력을 통해서 만들어지는 인간세계의 집단화는 거버넌스 방식으로 이루어진다. 이 유형의 집단화에서 중심 주제는 '협력'이다. 협력을 창출하기 위한 공동의 노력들이 바로 거버넌스이기 때문이다.

동물들의 세계에서 볼 수 있는 군집지성은 대개 유전자 속에 입력되어 있는 행동의 규칙에 의존해서 만들어진다. 그래서 개미나 벌의 군집지성에 변화가 오려면 진화를 통해 유전자가 바뀌어야 한다. 이런 동물들의 군집지성은 '진화적 집단지성'이라고 부를 수 있다. 이 진화적 집단지성은 자기조직화의 원리에 기초하고 있다.

반면 인간들의 집단지성 중에서 협력적 집단지성은 의식적인 반성을 통하여 자신의 행동을 조정해 나간다. 이처럼 유전자에 의존하지 않는 의식적인 행동의 조정양식을 가리키는 말이 거버넌스이다. 거버넌스는 "전역적 최적에 도달하기 위해 구성원들이 서로의 행동을 의도적으로 조정해 나가는 방식"으로 정의될 수 있다. 먼저 이 의도적 조정이 자연적 자기조직화와 어떻게 다른지 다음 제8장 협력의 미래에서 알아보자.

협력의 미래

지금까지 우리는 협력이론의 기초인 질서와 거버넌스, 협력의 본질, 합리성 이론과 게임이론, 자기조직화와 복잡계 등을 두루 검토하였다. 여기서는 협력이론들을 재음미하면서 협력의 의의를 제시하고자 한다.

협력이론의 기초들

인간사회이건 자연에서건 협력은 쉽지 않다. 인간 사회의 경우 협력과정에서 협력의 당사자들에게 나타나는 다양한 상황과 수많은 감정적 판단들이 의사결정에 영향을 미치기 때문이다.[103] 협력은 개인의 합리적 판단에도 불구하고 나타날 수 있는 죄수의 딜레마, 공유지나 공공재 문제 등 사회적 딜레마가 초래되지 않도록 조정하는 과정이다. 자연의 경우에도 기능적으로 생존에 가장 유용한 개체의 조합을 만드는 것이 의도적으로 가능하지 않다. 오랜 시간에 걸쳐 무작위 변이를 통하여 적절한 조건과 환경 등 적합도가 충족되어야 한다. 자연적 질서는 사회적 딜레마를 해결하기 어렵고, 인위적 질서는 자연계의 복잡성을 풀어 낼 수 없다. 그럼에도 불구하고 인간의 경우 생존을 지속하

---

103) 미국 버지니아공대의 비즈니스 스쿨인 팜플린 경영대(Pamplin College of Business)의 연구 결과에 의하면 미국인의 경우 각종 의사결정을 하루 평균 약 3만5000회 내린다고 한다. 오늘 입을 셔츠의 색깔 고르기 등 일상적인 결정에서부터 예방접종을 해야 할지 여부 등 중요한 결정에 이르기까지 매우 다양하다(동 대학 경영대 News, September 20, 2021).

며 번영을 누리기 위해서는 협력이 필요하며 협력을 하여 왔다.

이 책은 협력의 본질과 협력을 해야 하는 이유, 협력의 요인 그리고 협력의 방법들에 대해 연구한 것이다. 타인의 이타심에 기반을 둔 협력은 물론 상호성을 통하여 협력을 촉진하는 방법에서부터 제도를 만들어 이행을 강제하는 방법까지 두루 검토하였다. 또한 이 책에서는 협력에 앞서 질서, 무질서에서 질서로 가는 과정, 질서의 형태인 거버넌스를 연구하고 그 유형들을 검토하였다. 질서로 나타나는 네트워크의 양상, 안정성 및 특징도 살펴보았다. 세상은 모두 연결되어 있다. 네트워크 이론은 질서나 거버넌스의 구조를 파악하고 대응방법을 강구하는 데에 도움을 준다. 네트워크 속의 동등한 위치에 있는 개체들이 어떻게 상호작용을 하는지, 다시 말해 네트워크 안에서 서로 유대관계가 맺어지고 발전하고, 뒤섞이고, 끊어지는 등의 동역학에도 관심을 가질 필요가 있다.

아울러 이 책은 자연상태에서 협력을 이루기 전의 무질서와 자기조직화 원리, 협력을 통해 이루는 질서와의 연계성, 복잡계의 원리, 랜덤 행위자 모형, 최소행위자 모형, 복잡행위자 모형에서 각종 게임들과 사회적 딜레마, 공공재의 딜레마와 공유자원의 딜레마를 고찰하였다. 자연은 언제나 인간보다 앞서고, 자연의 역사는 인류에게 많은 것을 가르쳐 준다. 우리는 생물학과 물리학을 공부하고 예술적 역량을 동원하여서까지 자연과 신의 영역에 접근하고자 한다. 자연의 원리와 역사를 연구하지 않고는 협력의 속성을 가진 생명체의 DNA를 풀어낼 수 없다. 자연에서 생물들은 지능과 이타심이 없이도 협력을 해 나간다. 이 책에서 협력의 문제를 다룰 때 자기조직화와 복잡계까지 접근하지 않을 수 없는 이유가 바로 여기에 있다.

자연 선택(Natural Selection)과 협력의 진화

자기조직화에 기초한 집단지성과 거버넌스에 기초한 집단지성과의 차이는 무엇일까? 달리 말하면 사람의 집단지성과 다른 동물들의 집단지성 간의 차이는 무엇일까? 이 차이는 진화적 방식의 협력과 합리적 방식의 협력의 차이라고 할 수 있다(Elster, 2007: 275).

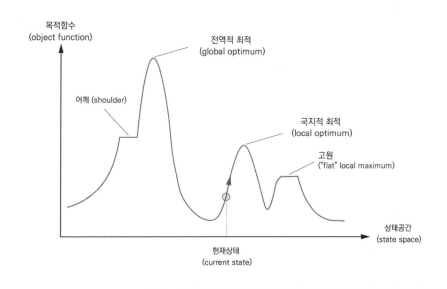

[그림 8-1] 국지적 최적과 전역적 최적

'자연 선택'은 국지적 최적을 낳는다.[104] 왜냐하면 유기체의 재생산 과정에서 유전자 변이가 무작위로 일어나기 때문이다. 만일 그 변이가 종의 번식에 유리하다면 그 종은 확산될 것이고, 따라서 그 형질은 보존될 것이다. 하지만 그것이 최선의 적응력에 도달한다는 것을 의미하지는 않는다.

등산을 생각해보자. 아주 많은 봉우리를 가진 산악지대에서 가장 높은 봉우리로 올라가려 하는 등산가가 있다. 모든 올라가는 길이 최정상으로 통하지는 않는다. 한번 길을 잘못 들어서 최고 정상이 아닌 주변의 높은 봉우리에 도달했다고 하자. 이 등산가가 최정상 봉우리로 가려면 계곡을 내려가 다시 먼 길을 돌아서 올라가야 한다. 생물에게 이것이 가능하려면 다시 태어나는 수밖에 없을 것이다.

진화는 올라가기만 하는 구조이다. 그러나 최고 봉우리에 도달하려면 올라가려고만 해서는 안 된다. 때로는 내려 가기도 하고 험난한 계곡을 건널 줄도 알아야 한다. 더 높은 곳에 도달하기 위하여 기다릴 줄 알아야 하고, 간접적으

104) 자연 선택(Natural Selection)이라는 용어는 자연계에서 환경에 적합한 종은 살아남고 적합하지 않은 종은 도태된다는 원리로 진화론의 핵심이지만 여기서는 자연계의 자기 조직화를 뜻하는 것으로 이해하기 바란다.

로 접근할 줄 알아야 한다. 인간의 가장 중요한 특징은 바로 이 우회적 접근을 할 줄 안다는 것이다. 단기적인 성과는 미흡할지라도 시행착오를 거쳐 전역적 최적화를 추구할 수 있다. 예컨대 지금 당장은 맛있는 것 마음대로 먹고 마음대로 놀고 싶지만 그렇게 하면 미래는 밝지 못할 것이다. 보다 더 큰 미래의 이익을 위해 현재의 욕망들을 억제할 줄 아는 것이 인간의 특성이란 뜻이다.

동물들의 진화적 방식은 왜 전역적 최적에 도달하기 어려울까? 다시 등산을 생각해 보자. 산을 오르는 도중에 무수히 많은 갈래 길을 만나게 된다. 가령 다섯 갈래로 길이 나누어져 있다고 하자. 어느 길로 가야 최정상에 도달할 수 있는지를 모른다. 자연 선택이란 이 다섯 갈래 길 중에서 하나를 무작위로 선택한다는 것을 뜻한다. 즉 변이(variation)와 선택(selection)의 원리이다. 물론 생명체들은 다섯 갈래 중 각각 다른 길을 택하게 된다. 이 중에서 가장 적합한 길로 접어든 생명체는 높은 적합도(fitness)를 가지게 된다. 적합도가 높으면 많이 증식하게 되고 그래서 진화경쟁에서 앞서게 된다. 이것이 자연 선택에 의한 진화의 원리이다.

인간의 협력과 전역적 최적의 추구

자연 선택과 인간 사회의 발전은 다르다. 인간은 무작위로 갈래 길을 선택하는 것이 아니라 최선의 대안이 무엇인가를 숙고할 줄 안다. 즉 합리성을 추구한다. 국지적 최적의 기계인 동물들은 환경을 주어진 상수(parametric)로 취급하고 단지 자기의 행동만을 변수로 다루지만 인간들은 환경을 전략적으로 변화시킬 수 있는 요인으로 간주하는 능력이 있다.

물론 인간 역시 항상 최선의 길을 택하기는 어렵다. 종종 잘못된 길로 접어들게 된다. 위 그림에서 국지적 최고의 봉우리를 향해 행위자가 가고 있다고 하자. 만일 어느 순간 그 길이 잘못 접어든 길임을 알았다면 올라 간 길을 다시 내려가야 전역적 최적으로 향할 수 있다. 인간은 이렇게 미래의 더 큰 성취를 위해서 현재의 작은 이익을 희생할 줄 아는 능력이 있다. 이 점이 사람과 동물들의 가장 중요한 차이이다.

인간은 미래의 즐거움을 위해서 현재의 즐거움을 억제할 줄 안다는 의미에서 합리적이며, 자신의 합리성이 늘 불완전하다는 것을 안다는 점에서 합리적이다. 뿐만 아니라 비합리적 행동의 유혹에 늘 노출되어 있다는 것을 안다는 점에서 합리적이다. 인간은 당장은 술을 마시고 싶지만 건강을 위해서 자제해야 된다고 판단할 줄 안다. 하지만 술의 유혹을 억제하지 못할지도 모른다는 것도 안다. 그래서 합리성은 번민과 고통의 근원이기도 하다.

협력의 문제도 이처럼 근시안적인 이익과 장기적인 이익 사이의 갈등에서 비롯된다. 인간은 합리성을 추구하지만 항상 합리적으로 행동하지는 않는다. 현재의 이익을 고려하는 본능과 미래를 고려하기를 요구하는 이성 사이에서 갈등을 하게 된다. 당장은 상대방을 속이면 큰 이득을 볼 수 있다 하더라도 그렇게 하는 것이 장기적으로는 더 큰 손해이기 때문에 배반의 유혹을 억제할 줄 안다. 이처럼 장기적 선호를 위해 단기적 선호를 억제할 줄 알 때 협력이 발생한다. 이런 이유로 엘스터는 전역적 극대화를 추구하는 존재(global maximizing machine)라는 점에서 인간의 특별함을 찾는다(Elster, 1979; Gauthier, 1983: 183f).

협력의 편익과 딜레마

협력이 문제시 되는 이유는 서로 협력하면 장기적으로 더 큰 이득을 얻을 수 있는데도 불구하고 행위자들이 여러 가지 이유 때문에 그렇게 행동하지 않기 때문이다. 장기적으로는 협력이 이득이라는 말이 무슨 뜻일까?

협력의 문제에서 첫 번째로 중요한 것은 협력으로 만들어낼 수 있는 이익이 두 사람이 각각 만들어내는 결과의 산술적 합보다 크다는 것을 이해하는 것이다. 게임이론의 용어로 말하면 두 사람의 상호작용이 영합 게임이 아니라 비영합 게임(non-zero sum game)일 때 협력이 중요해진다는 뜻이다. 협력이 시너지를 만들어 내지 않는다면 굳이 협력을 문제 삼을 이유가 없을 것이다.

협력의 시너지란 무엇일까? 예를 들어 똑 같은 넓이의 밭을 하나씩 가지고 있는 두 사람(갑, 을)이 있는데 그 밭에 자갈과 큰 바위 등이 많아서 생산성이 낮다고 한다. 두 사람 밭에 50kg 무게의 바위가 10개씩 있고, 200kg 무게의 바위가 5개씩 있다고 해 보자. 만약 두 사람이 각기 밭을 가꾼다면 혼자서는

200kg의 바위를 들 수 없기 때문에 50kg 바위들만 치운 후 경작을 할 것이다. 그러나 두 사람이 힘을 합치면 200kg의 바위도 치울 수 있다. 그래서 먼저 갑의 밭에 있는 큰 바위를 함께 치운 후 다시 을의 밭에 있는 것도 없애버리면 두 사람은 협력의 시너지를 얻을 수 있다. 협력이란 산술적 합이 아니다. 혼자서는 들 수 없는 200kg 바위를 치울 수 있게 만들어 주는 것이 협력이다. 실험에 의하면 실제 협력을 받고 있으면 무거운 바위를 실제보다 더 가볍게 느낀다고 한다. 협력의 심리적 효과이다.

위의 경우에도 협력에 딜레마가 존재한다. 만약 갑이 을의 도움으로 자기 밭의 바위들만 옮긴 후 을의 밭 바위를 치우는데 협력하지 않을 수도 있기 때문이다. 마틴 노왁은 협력이 문제가 되는 상황을 다음과 같이 일반화시켰다 (Nowak, 2012: 1).

첫째, 두 경기자가 협력하면 두 경기자가 배반하는 것보다 더 많은 보수를 받는다. 게임 이론에서는 이 조건을 2R>T+S라고 표현한다. 협력을 했을 때 두 사람 보수의 합이 한 사람은 협력을 하고 다른 한 사람은 배반을 했을 때 두 사람의 보수를 합한 것보다 커야 한다는 뜻이다. 둘째, 그러나 항상 배반의 유인이 존재한다. 다음 세 가지가 배반을 유혹하는 조건이다.

(1) T>R : 만일 배반의 유혹이 협력의 보수보다 크면 상대가 협력으로 나올 때 나는 배반을 택하는 것이 더 낫다.
(2) P>S : 만일 협력의 위험 보수보다 배반의 처벌이 받는 보수가 더 크면 상대가 배반으로 나올 때도 나는 배반을 택하는 것이 더 낫다.
(3) T>S : 만일 배반의 유혹이 협력의 위험보다 크고, 상대의 협력 또는 배반 가능성이 반반이라면, 나는 배반을 선택하는 것이 더 낫다.

	C	D
C	협력의 보상 R (Reward)	협력의 위험 S (Sucker)
D	배반의 유혹 T (Temptation)	배반의 처벌 P (Punishtation)

[표 8-1] 2×2 게임의 기본 모형

노왁은 위의 세 조건 중에서 어느 하나라도 해당하면 협력의 딜레마가 발생한다고 말한다. 어느 것에도 해당이 없으면 딜레마는 없고 협력이 배반보다 더 나은 선택이 된다. 반대로 만일 이 세 가지 요건을 모두 갖추게 되면 가장 해결하기 어려운 상황이 되고, 그것이 바로 죄수의 딜레마 게임(위 표에서 왼쪽에 위치한 경기자가 갖는 보상의 순서는 T>R>P>S)이다.

상호성과 호혜적 관계의 확장

협력의 딜레마로부터 벗어나려면 어떻게 해야 할까? 이 문제에 관해서는 많은 연구와 주장들이 있다. 진화문제를 연구하는 생물학에서는 대체로 직접적 상호성, 간접적 상호성, 공간선택, 집단선택, 혈연선택 등 다섯 가지를 협력을 발생시키는 기본적 기제로 본다(Nowak et al., 2006).

공간선택(spatial selection)이란 네트워크 내에서의 상호성을 말한다. 집단의 형태가 진화와 협력에 영향을 주며 어떤 집단의 개체는 다른 집단의 개체보다 더 자주 접촉한다는 것이다. 우리는 이미 네트워크 이론에서 노드간의 연결과 상호성에 대해서 충분히 살펴본 바 있다. 사회 내에서 상호성이 활발한 네트워크를 구축하면 보다 협력적인 집단을 만들 수 있다.

집단선택(group selection)이란 집단의 이익을 위해 희생하는 구성원이 많으면 집단의 생존에 유리하고 다른 집단과 경쟁에서 승리하게 된다는 논리이다. 집단선택은 집단의 이익이 구성원의 이익으로 환원될 수 있기에 구성원의 협력이 일어나게 된다. 종족간의 다툼이나 전쟁 시 구성원이 협력하는 것이 사례가 될 것이다. 공간선택과 집단선택을 결합하면 작은 집단일수록 협력이 쉽게 일어난다고 할 수 있다. 다만 공간선택은 비용과 편익이라는 경제논리에 의해, 집단선택은 사회적 가치에 의해 결정된다는 차이가 있다.

혈연선택(kin selection)은 근친 간 유전자를 공유하기 때문에 이타성이 생기고 협력을 하게 된다는 것이다. 집단선택 이론가들과 혈연선택 이론가들은 서로 각자의 이론으로 상대 이론을 설명할 수 있다고 주장한다.

한편, '상호성'이란 간단히 말하면 원인과 결과가 상응한다는 원리이다. 원인에 상응하는 결과가 주어진다는 것은 자연의 원리이다. 콩을 심었는데 팥이

자라는 법은 없다. 자동차에 5만원어치 기름만 주유했는데 갑자기 10만원어치 주행을 할 수 있게 되는 일은 일어나지 않는다. 사회적 상호작용도 대체로 마찬가지이다. 가는 말이 고와야 오는 말이 곱다. 당신이 주기 때문에 나도 주는 것이다.105) 또 10시간을 열심히 일했는데, 두어 시간밖에 일하지 않은 사람과 똑같은 보수를 받는다면 그러한 관계는 오래 지속되지 못할 것이다.

하지만 사람들 사이 관계는 이 상호성이 종종 흐트러진다. 배반을 하는 자가 더 큰 득을 본다. 정직하게 사는 사람이 잘 살아야 하는데 실제 사회는 꼭 그렇게 되지만은 않는다. 협력의 문제도 마찬가지이다. 협력자는 배반자보다 더 큰 보수를 받아야 하는데, 오히려 배반자가 더 큰 이득을 얻게 되는 수가 많다.

협력에 대한 연구들의 대부분은 이 상호성이 교란되는 것을 방지하는 방법에 대한 연구이다. 위에서 언급한 직접적 상호성은 당사자가 배반을 처벌한다. 간접적 상호성은 배반자가 당사자 아닌 사람들로부터도 평판 등을 기준으로 응징 받는다. 누군가 나를 보고 있을 것이라는 사실도 영향을 준다. 공간선택이나 집단선택은 믿을 수 있는 사람들 사이에서만 상호작용이 반복되도록 함으로써 상호성을 실현시켜준다.

위 다섯 가지 협력의 발생 방식은 근시안적으로 행동하는 동물의 세계에서도 나타난다. 물론 사람들이 살아가는 사회에서도 위 다섯 가지 방식이 작동하고 있음은 분명하다. 그러나 이들 이론들은 이타심을 설명하는 데에는 유용하지만 인간사회의 경우에는 또 다른 유형의 상호성이 존재한다.

직접적 상호성이나 간접적 상호성 등은 모두 사람에 따라 달리 대한다는 것을 말한다.106) 즉 이전에 나에게 배반으로 대했던 사람이면 나도 배반으로 대한다. 또 나에게 배반으로 대하지 않았어도 다른 사람에게 나쁜 짓을 한 사람을 나는 상대하지 않는다. 그러므로 상호성 기제는 모두 행위자가 어떤 사람인지에 대한 정보가 있어야 한다. 그래서 흔히 직접 상호성을 실현하려면 얼

---

105) "DO UT DES"라는 말이 있는데 "네가 주어서 나도 준다."라는 의미로 상호주의(相互主義, reciprocity)를 나타내는 라틴어 법언(legal maxim)이다.
106) 그래서 노왁은 상호성 작동과정에서 언어의 중요성을 강조한다. 협력의 진화는 언어의 진화에 도움을 받았다는 것이다. 특히 평판과 소문에 의존하는 간접적 상호성의 경우 언어의 협력 기능을 이해해야 한다고 주장한다(Nowak, 2012: ch.9).

굴이 필요하고 간접 상호성을 실현하려면 이름이 필요하다고 한다.

일반화된 상호성

하지만 얼굴도 이름도 필요하지 않은 상호성이 있다. 바로 일반화된 상호성 (generalized reciprocity)이다. 일반화된 상호성은 상대가 과거에 어떤 선택을 한 사람인지에 대한 정보를 필요로 하지 않는다. 단지 이전 자신의 경험만이 잣대가 된다. 과거에 누구에겐가 협력으로 대했더니 좋은 결과를 얻을 수 있었다는 자신의 경험만이 전략선택의 준거가 된다(Pfeiffer et al., 2005). 그러므로 상대의 평판을 몰라도 되고, 그가 네트워크로나 공간적으로 자신과 연결되어있지 않은 사람이라도 협력이 가능하다.

앞서 제6장에서 웹상에서의 상호성에 대해서 살핀 바 있다. 인터넷에서 교환되는 것은 주로 정보이고 전통적 선물교환 방식과는 달리 주는 자와 받는 자가 특정되지 않으므로 개인 간에 상호성이 작동하기 어렵지만, 웹 전체적으로는 상호성이 작동한다. 예컨대 특정 사이트(site) 가입자가 올린 유용한 정보로 그가 직접 보상받지는 못하지만 다른 사람이 올린 유용한 정보를 자신도 사용할 수 있다. 이런 커뮤니티나 네트워크 차원에서 이루어지는 교환을 '일반화된 교환(generalized exchange)'이라고 하였다.

일반화된 교환은 일종의 공유제도로 매우 유용한 집단지성 방식의 하나이다. 능력 있는 사람이 즉각적인 보답을 기대하지 않고 업로드하고 필요한 사람이 다운로드하므로 전통적 선물교환보다 더 관대하다. 이처럼 웹상에서 이루어지는 상호성은 일반화된 상호성의 논리구조를 가지고 있다.

다만, 일반화된 상호성은 두 가지 문제가 있기는 하다. 하나는 상대방의 협력의 이득만 취하는 의도적인 무임승차(free ride)의 문제이고, 다른 하나는 협력이 상대방의 무관심이나 명시적인 거절로 중단되는 경우이다. 다시 말해 일반화된 상호성은 사회적 딜레마의 구조를 가진다. 상대방에게 필요한 협력을 하였지만 상대방이 언제 어떻게 어느 정도로 내가 호의를 베풀지 알 수는 없다. 상대방의 배반이 확실하다면 협력을 할 이유는 없다. 그렇지만 일반화된 상호성은 그러한 문제들을 모두 감안한다. 이들 문제에 집착할 경우 일반화는 어렵기 때문이다.

마샬 살린스(M. Sahlins)는 일반화된 상호성(generalized reciprocity)을 같은 취지로 사용하면서 이에 대비되는 부정적 상호성(negative reciprocity), 그리고 균형적 상호성(balanced reciprocity)으로 나눈다(Sahlins, 1972). 균형적 상호성은 팃포탯으로 주는 만큼 되갚는 방식이고, 부정적 상호성은 주지는 않고 받기만 하려는 방식이며, 일반화된 상호성은 주기는 하되 그에 대한 대가를 당장 돌려받지 않아도 좋다는 방식을 말한다. 이 분류는 이념형으로 보아야 하며 실제로는 일반화된 상호성과 균형적 상호성을 대비시킨 것이다. 한편, 정보재가 유통되는 웹상에서는 일반화된 상호성이 더 효율적으로 작동되는 것으로 알려져 있다.107)

일반화된 상호성의 근거는 조직이나 사회 전체적으로 또 장기적으로는 상호성이 실현될 수 있다는 강력한 믿음에 기초하고 있다. 노왁이 사회가 확장하고 번성하기 위해서는 직접적 또는 간접적 상호성만으로는 부족하다거나, 집단이 전문화된 구성원들을 포용할 수 있다고 주장하는 근거도 바로 여기에 있다(Nowak, 2012: ch.2). 실제 여러 논문에서 두 그룹으로 나눈 구성원으로부터 수개월간 행동 데이터를 분석한 결과 직접적이거나 평판에 따른 간접적 상호성보다는 일반화된 상호성이 장기적으로 더 효과적이었다는 실험 결과가 도출되고 있다.

이 일반화된 상호성 수준이 높아지면 그 사회의 전반적 협력의 양은 매우 많아질 것이다. 이 점은 우리 사회를 건강하게 만드는 데 매우 중요한 시사점을 준다. 이 일반화된 상호성이 확장될 경우 당사자와 전혀 무관한 사람들도 호혜적인 상호작용을 할 가능성이 높아지기 때문이다. 일반화된 상호성이 높은 집단은 그렇지 않은 집단에 비하여 경쟁력이 높다. 이러한 현상은 호혜적 관계의 사회적 확장 또는 일반화된 상호성의 사회적 확장이라고 말할 수 있다. 이러한 관계의 확장은 앞에서 본 네트워크 이론에서 작은 세상 네트워크나 심지어 무작위 네트워크에서도 가능하다. 다만, 일반적 상호성 수준이 높아

---

107) 앞 장에서 컬록은 커뮤니티나 네트워크 차원에서 이루어지는 교환을 "일반화된 교환 (generalized exchange)"이라 하고, 이와 대칭되는 말은 "제한된 교환(restricted exchange)"이라고 하였다.

지는 데에는 부분적으로 구성원의 개별적인 기여나 희생이 수반되었을 가능성이 높다.

사회적 휴리스틱(social heuristic)

자신과 무관한 사람들과의 협력 가능성이 현대 사회가 직면하고 있는 가장 중요한 과제이다. 현대사회는 그 규모가 크기 때문에 사람들의 익명성이 높아진다. 그래서 익명적 개인들 사이에서도 협력을 가능하게 만드는 일반화된 상호성이 중요해진다. 이 일반화된 상호성을 만들어 내는 기제를 가리켜 사회적 휴리스틱(social heuristic)이라 부른다(Jordan et al., 2015: 93). 휴리스틱이란 완벽한 추론을 거쳐 어떤 선택을 하는 것이 아니라 자신이 가지고 있는 불충분한 정보나 경험에서 개략적으로 어림해서 자신의 의사결정을 하는 것을 말한다.

사회적 휴리스틱이란 자신의 과거 경험상 대체로 남을 배반으로 대하는 것보다 협력으로 대할 때 더 좋은 결과를 얻는다는 것을 알게 되어, 어떤 상대를 만나든 협력을 기본 행위양식(default behavior)으로 삼게 된다는 것을 말한다. 하지만 사회적 휴리스틱이 저절로 얻어질 수 있는 것은 아니다. 사회에 배반전략을 택하는 사람이 많다면 배반당한 경험을 가진 사람이 늘어날 것이고, 그렇게 되면 사회적 휴리스틱은 배반이 좋은 전략이라고 알려 줄 것이다. 사기가 난무하고 배반자가 이득을 보기 쉬운 사회에서는 착하게 사는 것보다 악인이 되어야만 살아남을 수 있다는 경험칙이 사람들의 생각을 지배할 것이다.

장기간에 걸쳐 협력의 문화가 뿌리내린 사회에서만 사회적 휴리스틱을 통해 일반화된 상호성이 나타날 수 있다. 그러므로 협력의 문제는 결국 문화의 문제로 귀착된다. 협력의 거버넌스에 대한 위의 논의는 아래와 같이 요약할 수 있다.

(1) 협력의 문제는 비영합 게임에서만 존재한다.
(2) 상호성의 확립이 협력의 기본 조건이다.
(3) 상호성의 최종적 형태는 일반화된 상호성이다.
(4) 일반화된 상호성은 사회적 휴리스틱으로 만들 수 있다.
(5) 사회적 휴리스틱은 단기간에 만들어지지 않는다.

협력으로 집단지성 구현하기

이타적 유전자

인간은 개인적 존재인 동시에 사회적 존재이다. 개인적 존재이기 때문에 사람들은 서로 다른 목표를 서로 다른 방식으로 추구한다. 또 인간은 불가피하게 사회를 이루고 산다. 그래야 다른 동물들과의 생존경쟁에서 살아남을 수 있기 때문이다. 개인성(individuality)과 사회성(sociality)이란 두 모순된 속성을 함께 가지고 있는 이 "인간의 조건"은 우리의 삶에 어떤 영향을 줄까?

『리바이어던』의 저자 토마스 홉스는 인간이 미물인 개미나 꿀벌처럼 원만한 집단생활을 하지 못하는 이유로 여섯 가지를 든 바 있다. 첫째, 인간은 끊임없이 명예와 지위를 찾아 경쟁하는 반면 동물들은 그렇지 않다. 둘째, 인간은 사적이익과 공동이익이 일치하지 않는다. 사람들이 추구하는 일차적 즐거움이 타인과의 비교를 통한 우월감이기 때문이다. 셋째, 인간은 이성을 사용하므로 항상 자기 생각이 타인의 생각보다도 더 옳다고 믿는다. 그래서 지배받기보다 지배하기를 좋아한다. 넷째, 인간은 동물들과 달리 정교한 언어를 가지고 있어서 진실과 거짓을 사실과 다르게 포장할 수 있다. 이로 인해 평화가 교란된다. 다섯째, 동물들은 어느 정도 안락함에 이르면 만족하고 조용해지지만, 사람은 만족할 줄 모른다. 여섯째, 사회생활을 하는 동물들은 집단 속에서 자연적으로 화합하지만, 사람들 간 화합은 상호 간의 약속에 의해서만 가능하다. 그러나 이 인위적 약속은 늘 깨어질 위험에 노출되어 있다(Hobbes, Leviathan, 1651: 17장).

홉스의 지적은 개인임과 동시에 사회 속의 존재라는 인간의 이원적 정체성에서 비롯되는 문제점들이다. 협력의 딜레마도 바로 이 인간 특유의 양면성에 기인한다. 우리의 관심은 그 해결책이다. 홉스는 '리바이어던의 창설'을 그 해답으로 내놓았다. 그러나 이 해법은 인간의 사회성을 중시한 나머지 개인성의 가치를 경시했다는 점에서 문제가 있다. 남보다 더 우월한 존재가 되고 싶어 하고 자기이익을 앞세우는 인간의 개인성은 절대권력으로 눌러야 할 무조건적인 악일까? 아담 스미스(Adam Smith)는 그렇지 않다고 말한다. 그는 홉스와 정반대로 『국부론』(The Wealth of Nations, 1776)의 첫머리에서 개인성이 사회성에 우선한다고 주장했다. '우리가 매일 식사를 마련할 수 있는 것은 푸줏간·양조장·빵집 주인의 자비심 때문이 아니라 그들의 이기심 때문'이라는 유명한 명제가 바로 그것이다. 그는 사람들로 하여금 하고 싶은 대로 하게 놔두면 인간의 사회성은 자연적으로 실현된다고 주장했었다.

홉스와 스미스 중 누구의 주장이 옳을까? 『펭귄과 리바이어든』(The Penguin and the Leviathan: How Cooperation Trumps over Self-interest, 2011)의 저자로 유명한 요차이 벤클러(Y. Benkler)는 '리바이어던'과 '보이지 않는 손'이라는 두 고전적 해법을 모두 비판하고 "이타적 유전자(Unselfish Gene)"라는 제3의 길을 내놓는다. 홉스는 근시안적 이기심을 지닌 인간들을 그대로 놔두면 서로를 파멸시킬 것이라고 했지만, 벤클러는 그대로 놔두더라도 알아서 잘 협력할 것이라고 주장한다. 또 스미스의 말처럼 사람들이 자기이익만 열심히 추구하는 것만으로는 사회가 발전할 수 없고 서로 힘을 합쳐 문제를 해결해 나가는 협력적 존재 양식이 필요하다고 보았다.

벤클러가 이처럼 협력에 대해 낙관론을 펴는 이유는 무엇일까? 그것은 "이타적 유전자(Unselfish Gene)"라는 벤클러 특유의 인간관 때문이다. 사람은 자기이익만이 아니라 타인과의 협력도 추구할 줄 아는, 태생적으로 이타적 유전자를 지닌 존재라는 것이다. 그의 주장을 뒷받침할 생물학적 근거는 아직 확실하지 않다. 벤클러가 자신의 주장을 뒷받침해 줄 유력한 이론적 논거로 거론하고 있는 것은 앞서 서장에서 설명한 리처슨 등이 내놓았던 "유전자 - 문화 공진화론"이다. 인류가 만든 문화와 인간이 함께 상호작용하면서 진화를 이룬다는 것이다.

사실, 앞에서 살펴보았듯이 협력에 관한 이론은 셀 수 없이 많다. 그리고 인간의 본성에 관한 주장도 제각각이다. 논리학에서는 "자비의 원칙(principle of charity)"이라는 흥미로운 논증 방식이 있다. 결론이 부당하다는 확증이 없을 때는 타당한 것으로 해석한다는, 말하자면 '선의 해석'의 원칙이다. 이 원칙에 따르면 우리는 홉스나 스미스의 말보다 벤클러의 주장에 동의해도 좋을 것이다.

상호성과 이타성

이 연구의 목적은 협력을 통해 집단 내 구성원들의 상호작용을 최적화함으로써 집단지성으로 전체 체계의 성과를 극대화하는 방안을 찾으려는 것이었다. 최적화 방안으로서의 협력은 어떤 집단이나 사회가 갈등을 해소하고 시너지를 잘 발휘하도록 구성원들의 행동을 친집단적 또는 친사회적으로 조절하고 유도하는 것을 말한다. 집단 간의 경쟁과 대결이 치열해지는 시대에는 집단의 구성원들뿐 아니라 집단 간의 협력도 긴요하다.

우리는 본문 서장에서 협력은 유인(incentive)의 문제이고, 집단지성은 정보(information)의 문제라고 한 바 있다. 그동안 협력 문제를 탐구해온 진화생물학자들과 사회과학자들은 영역의 이질성에도 불구하고 서로의 연구 결과를 활용하여 협력 유인의 접점을 찾아왔다. 예컨대 마틴 노왁(M. Nowak)은 사회과학적 합리적 선택이론의 영역에 있는 게임이론을 생명체의 진화이론에 적용하고자 한 학자들의 상상력과 이기적 유전자이론 등이 양 영역의 경계를 허물었다는 점을 높이 평가하고 있다(Nowak & Highfield, 2012).

학자들은 진화와 협력의 주체가 유전자인지, 세포인지, 개체인지, 집단인지,

종인지 또는 협력의 동인이 경제적 요인인지, 사회적 요인인지, 이타적 요인인지, 자기완성 욕구인지 등에 대한 치열한 논쟁을 거쳐 왔다. 그 결과 그들은 대체로 상호편익이나 호혜성 또는 상호성과 이타주의를 대표적인 협력의 유인으로 제시하여 왔다. 이들의 연구 결과를 종합하면 협력의 공통된 두 가지 유인 요소로 '상호성'과 '이타심'을 추출할 수 있다.

상호성(reciprocity)이 가지는 가장 큰 딜레마는 상대방의 선의나 악의에 대해 어느 정도로 보상과 처벌을 하여야 할지를 판단하기 어렵다는 점이다. 직접적 상호성인 팃포탯(tit for tat)은 주는 만큼 갚는 것으로 비인간적인 느낌을 준다. 평판에 대해 반대급부를 주는 간접적 상호성도 크게 다르지 않다. 장기적인 협력을 위해서는 선의에 대해 조금 더 보상하고, 배반에 대해 조금 덜 보복한다면 바람직할 것이다. 그렇지만 배반의 경우에는 동일한 정도의 보복을 하기 쉽지 않고, 보복의 정도가 증가하는 것이 일반적이다. 이렇게 할 경우 협력은 어렵고 게임은 중단되며 죄수의 딜레마로 귀결될 수밖에 없다. 어떤 경우에는 협력을 하는 동기가 상대방으로 하여금 장래에 되갚도록 하는 의무감을 심어두기 위함일 수도 있다.

이 책에서는 '일반화된 상호성'을 내세워 직·간접적 상호성의 한계를 극복하고자 하였다. 본문 '협력의 미래'에서 논의한 일반화된 상호성이론은 얼굴도 이름도 필요하지 않고 상대의 평판을 몰라도 되며 네트워크나 공간적으로 연결되어있지 않은 사람과 먼 미래까지 예상하면서 협력할 수 있음을 보여 준다. 이 상호성은 사회적 휴리스틱을 통한 개인들의 경험으로 이루어지므로 협력의 문화가 확산되어 있는 사회에서는 유용하다.

이타심(altruism)은 경제적이거나 사회적인 요소를 넘어 협력의 유인으로 인정받는 가장 근본적인 협력의 요소이다. 본문의 '협력의 방법' 중 자기이행(self-enforcement) 영역에서 논의한 이타심의 기제들은 공감, 연민, 인의예지, 도덕규범 등이었다. 이들은 사상가들의 지혜로 찾아낸 것으로 일반화된 상호성 이론을 보충할 수 있는 강력한 협력의 도구이자 훌륭한 재료들이다.

우리는 앞서 합리성에 기초한 모든 게임이론들에서 일정 부분 이타심을 확인한 후 누구에게나 어느 정도의 이타심을 도출해 낼 수 있음을 알게 되었다. 특히 본문에서는 가상공간인 웹(web)상에서는 쉽게 이타심이 발휘되어 협력이 잘 이루어짐을 확인할 수 있었다. 찰즈 다윈이 일반화한 자연선택(natural selection)에서 출발하여 그동안 학자들이 정립해온 혈연선택, 네트워크 상호성, 집단선택, 공감반응, 이타적반응, 부산물적 호혜주의(by-product mutualism), 유전자-문화 공진화론 등 각종 협력이론들의 이면에는 의도적이건 아니건 이타심이 자기희생을 수반한 협력의 동인으로 작용하고 있음을 알 수 있다.

이타심은 본성이자 도덕규범이다. 그렇지만 이기심과 이타심의 스펙트럼이 워낙 넓어 어떠한 상황에서도 이타심이 발현된다는 보장이 없다. 따라서 협력의 지속을 위해서는 일반화된 상호성이 앞서거나 전제되는 것이 바람직하다. 일반화된 상호성은 별다른 조건 없이 협력의 여지를 최대한 확대해 준다. 심지어 이기적인 사람에게도 협력을 이끌어 낼 수 있다. 일반화된 상호성의 확산은 사회적 연대의 강화로 나타난다. 한편, 유전적인 친족관계에서 비롯되는 호의적 반응이나 평판 등의 사회관계나 자기완성을 지향하는 인간의 욕구들이 이타심으로 작용하여 일반적 상호성을 보완할 수 있을 것이다. 아담 스미스도 시장을 스스로 작동하게 하는 합리적 동기의 저변에 도덕 감정이 작용한다고 하지 않았던가. 그런 점에서 이타심과 상호성은 전혀 다른 차원의 개념이지만 협력의 유인으로서는 상보적이다.

그럼에도 불구하고 인간사회에서는 일반화된 상호성이나 이타주의만으로 무임승차나 죄수의 딜레마나 공유지의 비극과 같은 협력의 딜레마들을 완전히 극복하지는 못한다. 이들 문제는 규범이나 법률과 같은 제도의 확립을 통해 보상과 처벌로 권위 있게 해결하거나, 조화로운 문화를 형성하여 해소하여야 한다. 다만 제도가 만든 하이어라키가 협력과 질서를 유지하는 경우에는 상호작용이나 수용이 쉽게 일어나지는 않는다. 제도의 발전은 장기적으로 문화의 진화를 통해 이루어져야 한다.

협력의 양상, 여건과 지속

본문에서는 협력의 구체적인 상호작용 양상을 네트워크와 공간적 구조 및 네트워크 유형에서 다루었다. 노드(nod) 간 연결망인 네트워크는 협력의 양상을 보여준다. 우리가 가진 정보나 생산된 지식은 각종 네트워크를 통하여 공유되고 재생산된다. 작은 세상 네트워크에서는 협력이 신속하게 전파되고 확장된다. 척도 없는 네트워크는 협력을 촉진시켰으나, 협력의 진화에는 무작위 네트워크가 더 유리하다는 것을 확인하였다. 전체적으로 보면 협력의 유형을 정립하기 위한 네트워크 이론은 보다 세밀한 연구가 필요하다.

본문은 또 가상공간인 웹(web)상에서 이루어지는 협력의 양상을 별도로 분석하였다. 웹상에서는 공공재의 일종인 정보재의 영향으로 유저들의 기여의 정도가 높아 협력이 쉽게 이루어짐을 보았다. 그러나 웹 공간에서의 협력은 정보재의 특성 외에도 사용자, 공급자를 모두 고려할 수 있는 설명이 필요하다. 웹이 조작에 취약하다는 점이나 사이트의 흥미를 유발하여야 한다는 점 등이 그것이다. 따라서 웹에서의 협력에 대한 연구도 지속되어야 한다.

추가로 고려하여야 할 사항은 협력의 여건 또는 구조의 문제이다. 이는 협력의 시작과 지속 그리고 종료에 직접적으로 영향을 미친다. 협력에 앞서 상대방에 대한 정보의 획득과 공유, 상대방과 소통하는 언어의 선택과 소통채널의 확보, 협력의 조건에 대한 균형 등이 필요하다. 협력의 여건 자체가 불충분하거나 당사자 간 균형이 맞지 않을 경우에는 상호성이나 이타심이 발휘될 여지가 적고 협력의 시작이나 지속이 어려울 가능성이 많다. 협상(negotiation)의 문제라면 그 조건들을 모두 충족하게 될 때 협력이 더 쉬워질 수도 있다. 협력의 여건은 신뢰를 확보하기 위한 전제이기 때문이다.

마이클 코헨 등은 협력의 지속을 위한 사회적이고 집단적인 구조를 탐구한 바 있다(Cohen, Michael et al., 2001). 그들은 협력의 지속에는 유지 비용, 협력의 구조적 특징, 상호작용 양상 등이 변수로 작용함을 발견하고, 협력의 지속을 위한 가장 중요한 처방으로 '미래의 그림자'를 확대할 것을 주문하고 있다. 액셀로드는 게임의 반복이 협력의 딜레마를 극복하고 협력을 낳는 것을 실험을 통하여 증명하기도 하였지만, 협력의 지속을 위해서는 게임 당사자 간 상호작용을 가급적 자주 짧게 반복시킬 수 있도록 구조화하는 것이 필요하다고 하였다. 그 이유는 지속적인 협력을 위해서 미래의 불확실성을 심리적으로 줄여주어야 하기 때문이다. 지속적인 협력은 협력의 시작 못지않게 중요한 과제이다. 앞으로 관련 연구가 더욱 확산되기를 기대한다.

협력을 통해 지성으로

협력의 최종 목적은 정보와 지식의 최적화인 집단지성의 구현이다. 우리는 일상적인 생활을 영위하면서 정보의 대부분을 타인으로부터 얻는다. 이런 사회적 정보 취득은 적극적으로 조언을 구하여 얻거나, 소극적으로 타인의 행동에 대한 관찰이나 타인이 남긴 흔적의 발견으로 얻거나, 도서관에서 책을 보거나 빌리는 행위를 통해서 이루어진다. 이렇게 본다면 우리는 일상적인 생활 속에서 협력을 통해 집단지성을 구현해 나가는 셈이다.

협력의 틀이 완성되면 질서를 형성하게 되고 질서의 형태로서 거버넌스를 구축하여 집단의 문제를 해결하는 집단지성을 발휘할 수 있게 된다. 우리는 본문에서 거버넌스의 유형인 하이어라키나 헤테라키 또는 아나키적 질서가 협력에 각기 다른 장점을 발휘함을 알 수 있었다. 예컨대 하이어라키가 협력의 딜레마를 해소하는 데는 유용하지만 사회 내 지식의 동원과 확장 가능성을 고려한다면 헤테라키가 좋을 것이다. 다만 거버넌스의 형태는 유동적이므로 아나키와 하이어라키 사이의 변화를 염두에 두어야 한다.

또한 본문에서는 자기조직화를 통해 자연계나 인간사회에서도 스티그머지(stigmergy)로 협력이 이루어지고 집단지성이 구현될 수 있음을 설명하였다. 개체들은 집단속에서 자기 정렬, 시간적 분업, 공간적 분업이나, 맞춤(alignment), 밀어냄(repulsion), 당김(attraction) 등의 로컬규칙을 거쳐 조직화하게 되며, 최적의 협력과 집단지성을 위한 조합을 만드는 과정에서 주변의 흔적인 스티그머지를 활용한다.

나아가 본서는 복잡계를 구성하는 개체들에 대해 그들의 협력적 행동양식을 설정해 주는 세 가지 행위자기반 모형을 다루었다. 개체들이 랜덤에 기초해 행동하는 유형, 몇 가지 행동규칙에 따르는 유형 또는 스스로 목적을 설정하여 합리적으로 행동하는 행위자라고 가정하는 유형 등이었다. 그중에서 마지막 유형인 복잡행위자(complex agent) 모형에서는 게임이론으로 각종 딜레마 사례를 제시하고 그 딜레마를 풀어내는 방법들을 논의하였다. 그 결과 각기 죄수의 딜레마는 이행강제 장치가, 사슴사냥 게임은 신뢰가, 치킨게임은 조정이 필요함을 강조하였다.

조직이나 집단이 성과를 내고 혁신을 지속하기 위해서는 구성원들 간의 협력뿐만 아니라 개개인의 능력의 증진, 독립성과 다양성의 확보, 심의와 투표, 집단화, 편향의 예방 등 집단지성의 원리가 필요하다. 결국 집단지성은 개인의 능력에서 출발하여 협력과 질서를 거쳐 완성되는 길고 복잡한 과정의 축적인 셈이다. 따라서 집단지성의 여러 원리들은 협력의 마지막 요소라고 간주해도 무방하다.

한편 서장에서 적시한 바와 같이 협력과 집단지성이란 두 단어가 동의어로 해석되어서는 안 된다. 구성원들 간 응집력(cohesion)을 통해 목표를 공유하며, 자기희생이 많을수록 그 조직 또는 사회의 협력 수준은 높아질 것이다. 그러나 의견이 획일화되면 빈약한 정보로 인해 객관적인 평가를 못하게 될 것이고, 그로 인해 집단사고(groupthink)로 빠질 가능성이 있다. 반면 집단지성에 유리하다는 이유로 다양성(diversity)을 무조건 증가시키는 것도 바람직하지 않다. 다양성의 과도한 증가는 집단의 정체성을 약화시킬 수 있기 때문이다. 협력과 집단지성은 이처럼 상호 보완적이면서도 양극단을 피해야 하는 긴장관계로 보아야 한다.

협력의 유토피아를 위하여

이 책은 집단 속에서 구성원들이 협력을 통하여 질서를 만들고 집단지성을 구현하는 방법에 대한 이론적 논의이다. 협력을 위한 윤리와 철학을 다룬 것은 아니다. 그럼에도 불구하고 저자는 호모 에티쿠스(homo ethicus)에 대한 기대를 버릴 수 없다. 앞서 제시한 사슴사냥 게임과 치킨게임에서 양보(concession)와 배려(consideration)는 사회생활을 위한 최고의 덕목임을, 그리고 신뢰(trust)와 조정(mediation)이 없이는 세상에 존재하는 사회적 딜레마는 극복하기 어려움을 보았다. 행복한 사회는 협력이 넘치는 사회이다. 철학자이자 윤리학자였던 버트런드 러셀은 인류를 구원할 유일한 길은 협력이라고 하였다. UN 자문기구인 SDSN(Sustainable Development Solutions Network)이 강조하는 '사회적 관용'(social generosity), 카네기멜론 대학의 아니타 울리(Anita Woolley) 교수가 발견한 '사회적 감수성'(social sensitivity) 등은 협력의 주요 지표이다.

협력이 없다면 진화도 창발도 불가능하다. 역사는 협력하는 집단은 번성하고 협력을 하지 못하는 집단은 쇠퇴하였음을 보여 준다. 공동체가 만들어져서 협력이 필요해진 것이 아니라 협력의 필요성이 공동체를 탄생시켰다. 지속가능하고 풍요로운 미래를 위해서는 협력과 질서의 본질을 이해하고 집단지성의 동학을 파악할 필요가 있다. 액설로드는 성공이란 상대를 눌러서 이기는 것이 아니라 협력을 이끌어 내는 데 있다고 하였다. 단기적인 팃포탯으로 나은 보수를 획득하거나 손실을 줄이는 것이 아니라 장기적인 협력의 이익을 도모하는 것이 궁극적인 목적이기 때문이다.

미국의 유명 컬럼니스트인 로버트 라이트는 『넌제로: 인간운명의 논리(Non zero: The Logic of Human Destiny)』(Wright, 2000)에서 "현대 문명의 스토리는 넌제로 상호작용(nonzero interactions)의 스토리"라고 말한 바 있다. '넌제로'란 비제로섬 게임에서처럼 제로가 되지 않는다는 뜻이다. 복잡계와 같이 사회가 더욱 복잡하고 전문화될수록 상호의존적이 된다는 것이다. '넌제로 상호작용'이란 곧 협력을 가리키는 다른 표현이다. 그의 말처럼 인간 문명의 역사는 '협력기술 발전'의 역사이고, 앞으로도 그러할 것이다.

지금까지 집단의 문제를 협력과 질서로 해결할 수 있는 원리와 방법을 찾는 여정을 함께하였다. 협력은 단순한 산술적 결합이 아닌 화학적 융합이다. 협력은 자기조직화나 합리적 선택으로 질서를 이루고, 일정한 질서 내에서 공유를 통하여 시너지(synergy)를 낳거나, 변이(variation)를 만들며, 나아가 창발(emergence)을 창조해 낸다. 가급적 많은 사람들이 일반적 상호성과 이타심으로 '넌제로 상호작용'을 지속한다면 피에르 레비가 그린 '유토피아적 집단지성 공동체', 볼테르가 꿈꾼 '팽글로시안의 세상'이 올 수 있다고 믿는다. 협력은 이처럼 인간의 과거와 현재 그리고 미래를 통찰하면서, 초연결사회로의 변화를 설명하고 사회적 연대를 강화하기 위해 반드시 필요한 연구과제이다. 우리가 협력과 집단지성에 더한층 관심을 가져야 할 이유가 여기에 있다.

초등학교 6학년 국어교과서에 실려 있는 노원호의 시 '행복한 일'을 읽고 협력과 질서 그리고 집단지성의 시대적 의미와 사회적 가치를 음미하면서 이 책을 마무리한다.

누군가를
보듬고 있다는 것은 행복한 일이다.
나무의 뿌리를 감싸고 있는 흙이 그렇고
작은 풀잎을 위해 바람막이가 되어 준 나무가 그렇고
텃밭의 상추를 둘러싸고 있는 울타리가 그렇다.
남을 위해
내 마음을 조금 내어 준 나도
참으로 행복하다.
어머니는 늘
이런 행복이 제일이라고 하셨다.

집단지성 개념의 이해

여기에서는 협력과 질서의 종착점인 집단지성에 관한 기본적인 이해를 돕기 위하여 저자의 책『집단지성의 원리』(2022) 중에서 서론에 해당하는 부분을 발췌, 보완하여 소개한다. 그 이유는 협력과 질서의 연구는 결국 집단지성을 발휘하기 위한 전제라고 보기 때문이다. 부록 1은 집단지성의 개념, 이 시대에 집단지성이 중요하게 대두된 이유, 집단지성의 역사, 집단지성 관련 연구주제들, 기본 모형들과 유형별 특징을 다룬다.

집단지성의 개념 정의

피에르 레비(P. Levy)는 집단지성에 대한 관심을 대중화시키는데 중요한 역할을 한 것으로 평가되고 있다. 레비는 "모든 것을 다 아는 사람은 없지만 누구나 무엇인가를 조금씩은 알고 있기 때문에 완전한 지식은 인류 전체에 퍼져 있다"(Levy, 1997: 38)는 관점에서 집단지성의 중요성을 주장했다. 이 말은 전체로서의 결합이 온전히 이루어질 때 인간의 지적 능력이 완전해질 수 있음을 시사한다.

톰 애틀리(T. Atlee)는 집단지성을 "지성을 이해하기 위한 새로운 패러다임"임을 강조하고, 오케스트라가 악기들의 단순한 합 이상이듯이, 개인들이 각자 개별적으로는 만들어낼 수 없는 "다양성의 응집적 통합"이 집단지성이라고 본다(Atlee, 2003: xi). 그는 집단지성이란 기존 용어가 다양한 유형의 지적 공동작업들을 모두 포괄하지 못하고 있다면서 '공동지성(co-intelligence)'이라는 새로운 용어를 제창하기도 했다(Atlee, 1999: 4-10).

레비와 함께 집단지성의 발전사에서 중요한 위치를 차지하는 사람이 제임스 서로위키(J. Surowiecki)이다. 레비가 "집단지성(collective intelligence)"이란 용어를 대중화시켰다면, 서로위키는 "대중의 지혜(wisdom of crowds)"에 대한 학문적 관심을 불러일으킨 기폭제적 역할을 한 인물로 평가되고 있다. 서로위키는 집단지성이란 말을 쓰지 않고 그냥 "대중의 지혜(wisdom of crowds)"라고 칭했다. "우리는 나보다 더 똑똑하다"라는 명제에 기초한다. "문제해결 방안을 찾거나 혁신을 추진하거나 현명한 의사결정을 내려야 할 때, 특히 미래를 예측할 때 소수의 엘리트보다 평범한 대중이 더 현명하다"(Surowiecki, 2005: xvi-xvii)는 것이다.

이상의 논의를 종합하면 집단지성은 "집합적 문제해결 능력"(Heylighen, 1999: 278)으로 이해될 수 있다. 조금 수정한다면 집단지성이란 "집합적으로 어려운 문제를 해결하는 능력"이라고 말할 수 있겠다. 다시 말해 의식이 있는 개체들이 집단을 이루어 집단 내외부에서 협력하거나 경쟁하면서 문제를 해결해 나가는 것을 말한다.

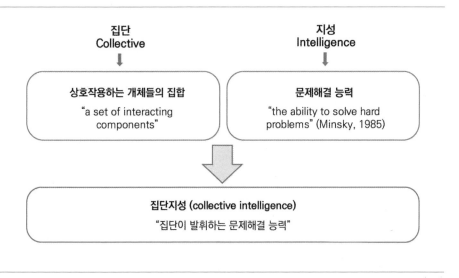

[부록 1-1] 집단지성의 개념

집단과 지성의 의미

'집단지성'이란 단어의 두 구성요소 중 "집단(collective)"이란 "다수의 개체들이 모인 것"을 가리키는 말로, "집단"보다는 "집합"이 본뜻에 더 가깝다.[108] 개체들이 모여서 만들어지는 집합체는 그 결속의 정도가 매우 다양하다. 무리(swarm), 다중(multitude), 군중(crowd), 폭중(mob), 운동(movements)과 같이 경계가 유동적이고 존속기간이 일시적인 경우가 있는가 하면, 사회(society)나 공동체(community)처럼 그 경계가 약간은 불분명하지만 지속성을 갖는 집합체도 있고, 경계가 분명하고 동시에 지속성을 갖는 팀(team), 단체(association), 조직(organization), 위원회(committee)와 같은 집합체도 있다. 더구나 필요에 따라 임의로 설정되는 통계적 의미의 집단도 있다. 집단지성에서 말하는 '집단'은 이 모든 유형의 집합체를 포괄하는 상당히 느슨한 의미로 사용되고 있다. 집단 속의 개체들이 일정기간 상호작용을 하고 있다면 집단으로 볼 수 있다는 뜻이다.

집합체의 지성이 왜 문제가 되는가? 모든 지적인 성취물들이 개인의 능력에만 의존하는 것은 아니며, 개인은 어떤 형태로든 사회 속에서만 존재하기 때문이다. 화성에 탐사선을 보내거나 뛰어난 인공지능을 만드는 일은 집단적인 협업이 없이는 불가능하다. 인공지능 자동차나 비행기의 작동에도 수많은 소프트웨어 프로그램, 1억 개 이상의 코드가 필요하다고 하는데 이는 뛰어난 천재 1명의 힘으로는 해결할 수 없는 난제들이다. 축약어로 DIY(do it yourself)의 시대가 아니라 DIT(do it together) 또는 DIWO(do it with others) 시대가 된 것이다.

집단지성의 두 번째 단어인 "지성(intelligence)"이 무엇을 가리키는지 한마디로 설명하기는 쉽지 않지만 일반적으로 지성은 인지적(cognitive) 능력을 가리킨다. '인지'라 함은 지각, 이해, 기억, 생각, 사고, 추론, 예측, 구상, 행동, 협력

---

108) 이론적으로는 두세 사람이 모여도 집단이라고 할 수 있다. 조슈아 울프 솅크(JW. Shenk)는 2014년 『둘의 힘(Powers of Two: How Relationships Drive Creativity)』이라는 책에서 두 사람만으로도 위대한 창조적 성과를 만들어 내고 있음을 설명하고 있다. 또 한자어 중에는 '三人成虎'라고 하여 세 사람이 모이면 없는 호랑이도 만들어 낼 수 있다고 하면서 세 사람의 힘을 표현하고 있다. 물론 다수가 모일수록 안정적인 집단지성이 만들어짐은 물론이다.

등 인간의 두뇌에 의한 감성적이거나 논리적인 모든 유의미한 의도적 활동을 포괄한다. 그러므로 대부분의 정신활동이 인지적 활동에 속한다. 지성은 대개 인간의 지적능력을 가르키지만 사실 모든 생명체는 지성을 갖고 있다. 다만, 그 정도에 차이가 있을 뿐이다. 더구나 지금은 컴퓨터나 각종 기계의 지능도 인정되고 있다. 학자들은 대체로 지성을 "문제해결 능력"을 가리키는 데에 의견을 모으고 있다.

지성을 문제해결 능력(problem-solving ability)이란 관점에서 사용하고 있는 대표적인 학자는 인공지능(AI) 연구의 선구자로 잘 알려진 마빈 민스키(M. Minsky)다. 그는 지성(intelligence)을 "어려운 문제를 해결하는 능력(ability to solve hard problems)"으로 이해할 수 있다고 말했다(Minsky, 1985: 71).

빅데이터와 집단지성

빅데이터란 '대량, 대규모 데이터'라는 의미를 가진 새로운 유형의 데이터를 가리키는 말이다. 집단지성에서는 집단을 이루는 개체들이 가진 정보로 간주한다. 빅데이터는 규모(volume), 다양성(variety), 속도(velocity)의 세 측면에서 전통적 데이터와 크게 다르다. 그 양이 방대하고, 그 구성이 매우 이질적이며, 나아가 데이터의 갱신 속도가 너무 빠르기 때문에 전통적인 데이터 수집이나 처리 그리고 저장의 체계로는 다루기 어렵다. 그래서 '빅데이터'라는 새로운 개념으로 관련된 여러 가지 문제들을 다룬다. 데이터의 수집(mining)과 처리(processing) 그리고 저장(storing)이 빅데이터의 주요 연구 분야이다.

빅데이터는 인터넷 등 사회적 연결망의 폭발적 증가와 컴퓨터 성능의 고도화에 바탕을 두고 있다. 거대한 사용자 집단이 끊임없이 만들어내고 있는 이 빅데이터들에서 어떤 가치를 어떻게 뽑아내느냐가 점차 웹기반 집단지성의 핵심 과제 중의 하나로 부상하고 있다(Leung, 2018; Moshirpour & Alhajj, 2018).

다만, 집단지성에서는 지성의 요소가 빅(big) 데이터에 한하지 않는다. 데이터가 많을수록 좋겠지만 소수의 개체들이 가진 데이터도 소중하며, 데이터의 질 그리고 다양성을 중요하게 다룬다. 또한 데이터들은 집단지성으로 모을 수 있을 만큼 조건이 충족되어 있지 않고 가공되지 못한 상태이므로 바로 집단지성으로 연결시키는 데는 무리가 있다. 일부 데이터가 과다하게 반영되거나 무의미하거나 오류가 있거나 조직 가능성이 있을 수도 있기 때문이다.

우리는 의도적이건 비의도적이건 각종 데이터(Data)의 생산에서 출발하여 사람과 사람, 사람과 기계 나아가 기계와 기계간의 네트워크(Network)를 형성하고 인공지능(AI)을 통해 동력화하는 이른바 DNA 시대에 살고 있다. 빅데이터를 이용한 집단지성은 다음 장에서 보게 될 범주적 집단지성에 해당하며, 범주적 집단지성의 관점에서 보면 집단지성은 빅데이터의 지적인 결과물이라고 할 수 있다.

창발과 환원

'창발(emergence)'이라는 개념은 이 책 끝부분에서 다룰 복잡계 이론에서 중심적 위치를 차지하며, 집단지성에서 나타날 수 있는 지성의 결과물로서 중요한 의미를 가진다. 그 기본적인 의미는 "부분의 합으로 환원될 수 없는 새로운 속성이 체계수준에서 나타남"이다. 다시 말해 상위 수준의 특성 중에서 그것을 이루는 하위 수준의 특성들 속에 존재하지 않는 새로운 환원 불가능한 특성이 나타나는 현상이다. 개체수준으로의 환원불가능성은 비선형(nonlinear)이란 말로 표현되기도 한다. 집단지성에 대한 문제의식은 구성원들이 가진 지성의 단순한 합 이상의 새로운 지적 능력이 집단차원에서 나타난다는 인식에 바탕을 두고 있다. 그러므로 개념적으로 집단지성은 창발 현상과 분리될 수 없다.

창발주의(emergentism)와 대비되는 개념으로 환원주의(reductionism)는 복잡하고 높은 단계의 현상보다는 하위 단계의 요소로 세분화하여야 명확하게 설명할 수 있다고 본다. 사물이 특정방식으로 작동하는 것은 구성요소들의 특징때문이라는 것이다. 이들 구성요소들은 가장 단순하고 보편적인 원리를 따른다고 한다. 물체는 원자들의 집합이므로 원자를 이해하여야 물체를 이해할 수 있다고 보는 것, 특정 사상을 이해하기 위해서는 사상의 기초가 되는 기본관념들을 이해하여야 한다는 것 등은 환원주의식 접근이다. 그동안 과학은 환원주의가 주류였으나, 최근에는 창발 개념이 재조명되고 있다. 집단지성 또는 복잡계에서 창발 개념은 전체가 그 부분들을 합쳐놓은 것 보다 항상 크거나 다르거나 새롭다는 것을 강조한다. 개체들이가진 하나하나의 속성과 개체들이 모여서 상호작용을 통하여 만들어 내는 전체적인 속성은 크게 다르다. 복잡계는 환원주의적인 분석로는 이해하기 어렵다.[109]

집단지성 연구에서 '창발' 개념이 가장 잘 적용될 수 있고 또 가장 많이 사용되는 경우가 군집지성의 영역이다. 지능이 부족한 개미나 꿀벌들이 이루어 내는 놀라운 성과들을 보면 창발이라는 단어를 사용하지 않고서는 다른 적절한 표현방법이 없어 보일 정도이다. 그러나 인간집단의 경우는 사정이 조금 다르다. 특히 웹에서의 집단지성 현상들은 창발 여부를 경험적으로 확인할 방법이 별로 없어 보인다. 예컨대 위키피디아의 경우를 보자. 여러 행위자들의 기고로 사전이 만들어진다. 그렇다면 이 집단지성의 결과로 나타난 위키피디아라는 사전의 출현은 창발인가? 여러 영역에서 진행되고 있는 크라우드소싱은 모두 창발로 간주되어야 하는가?

집단지성을 '인지적 창발(cognitive emergence)'로 표현하는 학자들이 많다. 대개 개인 수준에서 존재하지 않았던 문제해결 능력이나 지식 등이 집단차원에서 나타난다고 보기 때문이다. 하지만 이때의 개인 수준으로 환원될 수 없는 문제해결 능력이나 지식의 경계가 어디인지가 반드시 명확한 것은 아니다. 콘럼프와 보뮐은 집단지성의 맥락에서의 '창발' 개념은 문제해결 능력 혹은 지식이라는 관점에서 파악될 수 있으며, 따라서 창발은 개인들의 문제해결 능력의 산술적 합에서 집단지성으로 인해 더해진 부분으로 볼 수 있다고 말하고 있다(Kornrumpf & Baumöl, 2012). 이런 관점에서 보면 개인들의 지적 능력 수준이 낮은 경우에는 더 뚜렷이 관찰될 수 있을 것이다.

예컨대 개미의 경우에는 개체들 지성의 산술적 합이 적기 때문에(개미 한 마리의 지성 수준은 낮다) 창발 현상이 극적으로 인식되지만, 스포츠 팀 등 인간사회의 경우 집단의 능력이 개인들의 능력의 합으로 환원될 수 있는 부분이 많기 때문에 창발이 별로 극적으로 인식되지 않을 것이다. 결국 창발은 구성원들이 집단지성의 결과를 얼마나 새로운 것으로 인식하느냐의 문제라 하겠다. 집단 규모가 클수록, 그래서 한 개인이 담당하는 기여가 적을수록, 집합적 결과는 더

---

109) 복잡계에 대해서는 이 책의 뒷부분에서 자세히 다룬다.

욱 의외성을 띠게 될 것이다.

창발과 대비되는 또 다른 개념은 '합력(合力, resultant)'이다. 이전의 책에서는 단순히 '결과'라고 표현하였었다. '합력'라는 용어는 둘 이상의 힘이 하나로 합쳐진다는 의미로 창발 개념과는 달리 비선형성, 비환원성을 인정하지 않는다. 창발 현상은 인식 상의 문제일 뿐이고, 존재론적 차원에서는 부분으로 환원될 수 없는 전체 차원의 새로운 속성은 존재하지 않는다는 입장이다. 그래서 전체 차원에서 나타나는 새로운 속성들은 모두 부분들의 상호작용의 '합력(resultant)'으로 간주하는 것이 더 적합하다는 것이다. 예컨대, 뉴턴의 법칙에서는 시간은 되돌릴 수 없으며 우리는 어린 시절로 되돌아갈 수 없다. 사람들은 비행기는 만들지만 새는 만들지 못하며 생명체를 만든 사람은 없다고 보는 것이다. 창발이냐 합력이냐의 문제는 집단지성 연구에서 자주 다루어지지는 않는 주제이다. 이 문제는 집단지성 차원의 문제가 아닌 보다 근본적인 철학적 주제일 수 있다.

왜 집단지성인가?

집단지성(collective intelligence)에 관한 최근의 검색결과는 폭증하고 있다. 예컨대 구글의 2021년도 검색결과는 13억회를 넘어서고 있다.[110] 여기에 집단지혜(collective wisdom), 군집지성(swarm intelligence) 등 유사개념을 포함시키면 이보다 훨씬 많다. 또 영어 이외의 언어까지도 고려해야 한다.

집단지성이라는 개념이 왜 정보화시대에 와서 비로소 중요한 연구 주제로 부각되었을까? 인터넷의 발달로 인하여 우리는 지식이 양적 질적으로 급속하게 팽창하는 시대에 살고 있다. 아울러 이들 지식을 실어 나르는 네트워크의 증가속도도 비례하여 증가하고 있다. 생산된 지식은 각종 네트워크를 통하여 공유되고 재생산되면서 각 집단의 문제해결을 위해 활용되고 있다. 이처럼 지식의 고도성장과 이를 실어 나르는 네트워크의 발전은 우리가 '집단지성 시대'에 살고 있음을 뜻한다.

집단지성 시대에는 인터넷이나 스마트폰 등 사회연결망(SNS)을 쉽게 만들어

---

110) 권찬호(2022: 14-15) 참조

주는 기기들의 발달로 사람들 간의 관계가 그 빈도나 강도 그리고 다양성의 측면에서 매우 촘촘해졌고, 이로 인해 다수의 개인들이 하나의 새로운 집단을 형성하기 쉬워졌다. 오늘날 메타버스(Metaverse)는 웹(Web) 3.0이라는 가상공간에서 사람들이 자유롭게 만나 소통하게 하고 있다. 이렇듯 정보의 교환이 원활해지고 정보의 흐름이 폭증하는 것은 곧 사람들 간 상호작용의 폭증을 뜻하고 이것은 곧 집합체들의 폭증을 뜻하기도 한다. 이 새로운 유형의 집합체들이 발휘할 수 있는 문제해결 능력에 주목하게 된 것은 자연스럽다고 하겠다.

역사적으로 보아도 인류의 위대한 업적들은 개인보다는 집단의 힘으로 완성된 경우가 대부분이었다. 피라미드 건축, 대운하의 건설이나 우주선의 발사나 최근의 코로나19 예방주사약의 조기 제조, 케냐의 엘리우드 킵초게(Eliud Kipchoge)가 달성한 마라톤 2시간 이내 기록 등은 많은 사람들의 협업을 통하여 가능한 기적들이었다. 인류가 최고 수준의 집단지성을 발휘한다면 그동안 삶을 위협해온 암이나 바이러스의 퇴치, 사회적 갈등이나 전쟁의 공포 제거, 불확실한 미래 예측 등의 어려운 과제들도 풀어낼 수 있을 것이다. 인터넷을 통한 기술적 집단화 가능성이 증대된 오늘날에는 집단의 역량을 쉽게 키울 수 있기 때문이다. 이렇게 본다면 우리의 지적 활동을 제대로 이해하기 위해서는 지성의 주체를 개인이 아니라 집단으로 설정하는 것이 더 유용하다. 여기에 집단지성 연구의 근본적인 의의가 있다.

집단지성 연구의 역사

"집단지성"이라는 용어가 학술적 의미로 사용되기 시작한 것은 1800년대부터였다. 물론 이때는 분석적 개념이 아니라 어떤 현상을 표현하는 묘사적 용어로 사용된 것이다. 예를 들면, 의사인 그레이브(R. Graves)는 1842년에 집단지성이란 말을 의학적 지식이 가속적으로 발전되는 현상을 묘사하는 데 사용했고, 정치철학자인 펌로니(J. Pumroy)는 1846년의 글에서 집단지성이란 말을 국민들의 주권이 확장되는 현상을 묘사하는 데에 사용한 바 있다. 그리고 쉴즈(C. Shields)는 1889년의 저서에서 과학을 일종의 집합적 노력이라고 설명하는 맥락에서 이 말을 사용하기도 했다. 집단지성이란 말을 현대적 의미와 유사하게 사용하기 시작한 것은 1906년 사회학자 레스트 와드(L. Ward)에 의해서이다. 그는 "사회가 얼마나 진화하느냐하는 것은 집단지성에 달려있다. 집단지성이 사회에 대해 갖는 관계는 두뇌가 개인에 대해 갖는 관계와 같다"(Ward, 1906: 36)고 말한 바 있다.

이 시점에 미국에서 곤충학자 윌리엄 모턴 휠러(W. M. Wheeler)가 개미(ant) 등 사회적 곤충에 대한 연구를 통하여 집단의 지성이 발휘되는 현상을 발견하였다. 그는 명시적으로 집단지성이나 군집지성이라는 용어를 사용하지는 않았지만 개미들이 스스로 내뿜는 페로몬 냄새를 맡으며 움직이면서 전체로서 초유기체(superorganism)를 형성하여 집을 짓는 등 고도의 창발적 행위를 할 수 있다는 것을 설명하였다(Wheeler, 1910; 1911).

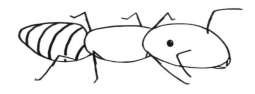

[부록 1-2] 개미 이미지(황지온 그림)

제목에 "집단지성"이라는 말이 있는 최초의 학술적 글은 심리학자 데이비드 웩슬러의 연구에서 발견할 수 있다. 그는 집단지성을 "개인들이 그들의 자원을 한 곳에 모음으로써 과업의 성취수준을 높이려는 모든 협력활동"으로 정의하고, 그 원리를 정보와 생각들이 서로 얽힘으로써 새로운 것을 만들어내는 일종의 공명현상으로 보았다(Wechsler, 1971: 905, 907). 또 집단지성이 개인들의 지적 능력에 비해 반드시 효율적이지 않을 수는 있으나 일반적으로 혁신적 성격을 띠는 경우가 많다고 말함으로써 집단지성의 창발적 성격을 언급하기도 했다.

1980년과 1990년대에는 집단지성이라는 말이 곤충의 행동으로부터 로봇의 집단적 행동, 그리고 컴퓨터에 의해 연결된 인간집단의 협력을 묘사하는 데에

점점 더 많이 사용되기 시작하였다. 존 스미스, 피에르 레비, 프랜시스 헤일리겐 등이 집단지성의 문제를 본격적으로 다루기 시작했다. 스미스와 레비는 책의 제목에 "집단지성"을 사용한 최초의 학자들이기도 하다. 스미스의 책은 컴퓨터를 이용한 집단적 작업에 연구의 초점을 맞추고 있고, 레비는 가상공간에서의 정보의 교환문제를 인류학적 관점에서 조망하였다는 점에 특징이 있다.

집단지성이라는 용어가 대중화되기 시작한 것은 2000년대부터이다. 이 시기 대표적 연구로는 츠바(T. Szuba), 서로위키(J. Surowiecki), 해밀턴(C. Hamilton) 등을 들 수 있다. 이 중 집단지성 개념의 확산에 특히 중요한 역할을 한 것은 레비와 서로위키의 저술이다(Landemore, 2012a; Malone & Bernstein, 2015).

집단지성에 관한 학술회의가 처음 열린 것도 이 무렵이다. 그리고 집단지성 연구를 중심 주제로 삼는 연구소가 설립되기 시작하였다. 캐나다의 오타와 대학이 2002년에 'Canada Research Chair on Collective Intelligence'를, 그리고 2006년 미국 MIT에서 'Center for Collective Intelligence'를 설치하였다. 수년 전부터 상명대학교를 비롯한 여러 국내대학에서도 집단지성 강의가 개설되고 있다. 나아가 특정 강의들 중에 집단지성 사례들이 소개되는 경우가 점점 증가하고 있음을 볼 수 있다.

한편 집단지성의 원류를 멀리 아리스토텔레스에서부터 찾는 랑드모어(Landemore, 2012a)의 논의도 유의할 만하다. 어떤 개념의 시원을 고대의 권위 있는 사상가에서 찾는 학자들의 일반적 취향의 표출로 볼 수도 있겠지만, 아리스토텔레스의 정치사상에는 플라톤과 달리 당시 폴리스 시민들의 건전한 상식의 가치를 높이 평가하는 시각이 더러 포함되어 있는 것도 사실이다. "다수는 개인적으로는 탁월한 사람이 아니더라도 함께 모이면, 개인적으로가 아니라 집합적으로, 몇몇 뛰어난 사람들보다 더 훌륭하다. 이것은 마치 연회에 한 사람이 음식을 마련하는 것보다 많은 사람들이 준비했을 때가 더 좋은 것과 같다."(Aristotle, 1995: III, 11)라는 구절이 그 대표적인 예이다. 의식했던 의식하지 않았던 인류가 출현한 시점부터 인간 사회에 집단지성이 작동하기 시작했다. 집단지성을 촉진한 계기는 문자의 발명이었다.

그러나 과거에는 집단지성을 의도적으로 활용하기는 어려웠다. 전통적인 모임에서 분산되어 있는 지성의 파편들을 하나로 취합하는 것은 쉬운 일이 아니었기 때문이다. 공간적으로는 많은 사람들이 한 곳에 모이기가 쉽지 않고 시간적으로도 기록도구와 전파수단의 한계로 인해 정보의 유통과 축적에 제한이 있었다. 근대에 이르러 매스미디어와 SNS의 광폭적 발달이 지식의 유통에 큰 역할을 담당하였다. 나아가 미디어는 소통의 도구로써 뿐만 아니라 지식의 생산과 재생산에도 기여하였고, 무엇보다 대중의 지적수준을 크게 증가시켰다. 뒤에 집단지성의 원리에서 설명하겠지만 집단의 전체적인 지식수준의 증가여부는 집단지성의 핵심요소 중의 하나이다. 특히, 국가차원의 집단지성의 구현인 민주주의의 실현과 제도화에 대한 미디어의 기여는 평가되어야 할 것이다.

그럼에도 불구하고 상당기간 동안 이들 아날로그 미디어도 일정한 수준에 머물러 있었다. 아날로그(analog)는 원자와 분자로 구성된 물질, 즉 자연의 신호인 빛, 소리, 속도, 힘의 평면적이고 연속적인 가공만 가능한 상태였다. 이 아날로그 세계의 제약을 극적으로 돌파시킨 것이 디지털(digital) 환경이다. 디지털 기술은 정보의 유통을 빠른 속도로 이루어지게 하였다. 연속적이 아닌 이산적인 수치인 비트단위를 통하여 정보나 지식의 기록, 저장, 교환, 삭제, 편집, 창안 등을 엄청나게 빨리 이루어지도록 만들 수 있기 때문이다. 그 결과 이른바 '롱테일(long tail) 지성'들을 필요에 따라 호출, 결합, 변형, 공유하는 것이 비약적으로 쉬워졌다. 바로 이것이 정보화 사회 이후 집단지성의 개념이 전면에 부상하게 된 원인이 되었다.

집단지성 관련 연구 주제들

현재 집단지성의 연구 주제는 매우 다양하다. 순수 이론적인 문제와 개념 정의부터 시뮬레이션, 사례연구, 실험, 시스템 디자인, 복잡계 이론, 네트워크 이론, 웹 디자인, 인공지능, 인지연구, 조직연구, 미디어 연구, 민주주의 등에 이르기까지 다양한 주제가 연구대상이 되고 있고, 또 수학, 물리학, 심리학, 공학, 생물학, 심리학, 교육학, 경영학, 사회학, 정치학 등 자연과학에서 사회과학에 이르기까지 거의 전 학문분야에서 다루어지고 있다.

또 여러 학문 분야 간의 학제적 연구가 이루어지는 경우가 많다. 그 주체도 대학교, 연구소, 기업, 정부, 공동체, 정당연구소, 사회운동가, 자기계발 조직

등으로 다양하게 확산되어 있다. 기업의 경우에는 크라우드소싱(crowdsourcing) 참여경영의 유형인 제안제도(suggestion system)를 많이 활용하고 있다. 최근에는 중고등학교에서도 집단지성의 방법을 교육공학적으로 연구하여 창의성 구현을 위한 학습에 다양하게 활용하고 있다.

집단지성의 모형들

집단지성 이론은 중지(衆智)의 잠재력을 높이 평가하고, 그것을 최대한 활용할 수 있는 방법을 모색하려는 데 목적이 있다. '다수'라는 사실이 왜 중요할까? 무거운 돌을 들어 올리는 경우에는 여럿의 힘을 합치는 것이 좋다는 것은 금방 알 수 있다. 그러나 지식의 문제에 있어서도 그럴까? 여러 사람의 중구난방을 모은다고 해서 새로운 뾰족한 지혜가 만들어질 수 있을까? 집단지성 이론가들의 대답은 "그렇다"이다. 여기에서는 집단지성의 원리를 세 가지 모형으로 나누어 설명한다.

"More is Different"

노벨 물리학상을 받은 필립 앤더슨(P. Anderson)의 논문 "more is different, 많으면 달라진다"(Anderson, 1972)는 복잡계 물리학을 대변하는 명언이다. 분자 등 개체들이 결합하면 기존의 성질과는 다른 새로운 물체가 만들어진다는 것이다. 개별 입자나 단위들이 모여서 만들어낸 집합물은 전혀 다른 성질과 구조를 가진다는 의미이다. 물체는 분해함으로써 이해된다는 환원주의(reductionism)에 대한 반론인 셈이다. 이 '새롭다'는 의미는 양적 선형적으로 다를 뿐 아니라 질적 비선형적으로 다르다는 뜻을 가진다. 심지어 물질들이 결합하여 생명을 탄생시키기도 한다. 이러한 현상을 앞서 말한 창발(emergence)라고 한다.

지식의 결합은 산술적인 결합과는 다르다. 양적 변화뿐 아니라 질적 변화를 가져올 수 있기 때문이다. 지식 자체가 다의적이며 겉으로 표현되는 형식지

(Explicit Knowledge)만이 지식이 아니라 암묵지(Tacit Knowledge)도 존재하는 다층적인 구조를 가지고 있기 때문에 지식들의 결합의 결과는 예측하는 것 이상의 새로운 지식을 낳을 수 있다. 도무지 선택을 할 수 없는 어려운 문제를 가진 두 사람이 모여서 토론을 하다보면 바른 방향을 찾을 수도 있고, 구성원들이 특정 현안에 대해 어느 정도의 지식이 있는 경우에는 다수의 생각들을 평균함으로써 바른 선택을 할 수도 있으며, 구성원 중 한사람의 생각을 발전시키다보면 진리에 가까울 수도 있기 때문이다.

집단지성의 원리에 대해서 랑드모어는 "중지"의 원리를 설명하는 이론모형으로서 (1) 콩도르세 배심원 정리, (2) "취합의 기적", 그리고 (3) "다양성이 능력을 이긴다 정리(Diversity Trumps Ability Theorem)"의 세 가지를 든 바 있다(Landemore, 2012a). 그 외 스콧 페이지는 통계모형과 인지모형 두 가지에 대해 수학적 모형을 제시한 바 있으며, 안드리안 버뮬은 통계모형, 인지모형, 진화모형의 세 가지로 나눈 바가 있다(Page, 2007b; Hong & Page, 2012; Vermeule, 2012).

통계모형

통계적 모형은 구성원들의 분산된 지성을 통계적으로 취합하는 것이다. 이 설명모형은 가장 일찍부터 발견되었고, 또 많이 알려져 있다. 고전적인 예로는 대수의 법칙(law of large numbers)을 들 수 있다. 대수의 법칙은 표본의 크기가 증가할수록 그 통계적 결과가 모집단에 접근한다는 것을 말한다. 대수의 법칙은 유명한 콩도르세의 배심원 정리(Condorcet Jury Theorem)의 기반이 되고 있다.

배심원 정리는 선택지가 양자택일일 경우, 구성원들이 정답을 택할 확률이 무작위 확률보다 조금이라도 더 높고, 투표자들이 독립적으로 투표하며, 공동의 목적을 위해 진지하게 투표한다면, 집단의 규모가 커질수록 다수의 결정이 옳을 확률이 높아진다는 것이다. 1785년 콩도르세가 만든 이 정리는 1950년대 던컨 블랙(Black, 1958)에 의하여 재발견되었고 그 후 많은 해석이 이루어졌다.

콩도르세 정리와 유사하지만 조금 다른 각도에서 통계적 논리로 접근한 것이 스콧 페이지(S. Page)이다. 그는 "다양성이 능력을 이긴다 정리(Diversity Trumps Ability Theorem)", 혹은 "대중이 평균을 이긴다 법칙(Crowd Beats Averages

Law)" 등을 제시했다. 페이지의 논리대로 만일 인지적 다양성(cognitive diversity)이 집단지성의 핵심적 요인이라면 구성원의 수가 많은 집단일수록 인지적 다양성이 비례해서 클 가능성이 높으므로, 다른 조건이 동일할 경우, 다수가 더 현명하다는 추론이 가능하다.

그래서 랑드모어는 다양성이란 표현까지도 제거한 "숫자가 능력을 이긴다 정리(Numbers Trump Ability Theorem)"를 주장하며 민주주의에 대한 '인식론적' 정당성의 기초를 찾으려 한 바 있다(Landemore, 2012c). 정치적 의사결정 과정에 가능한 한 많은 사람을 참여시키는 것이 집합적 의사결정의 질을 높이는 방법이므로 포용적 참여(inclusive participation)에 기반을 두고 있는 민주주의가 정당화될 수 있다는 것이다. 이 이론들은 제2장 이하에서 자세히 다룬다.

통계적 모형은 집단지성의 원리에 대해 가장 간명하면서도 형식성 높은 이론적 근거를 제공해 준다는 점에서 그 중요성이 크다. 콩도르세 정리와 다양성 정리에 따르면 집단지성의 품질은 첫째, 구성원들의 지성 수준이 높을수록 높아지며, 둘째, 구성원들 간 다양성이 클수록 높아진다.

통계적 모형은 수학적 엄밀성으로써 집단지성의 존재가능성과 타당성을 뒷받침해 준다는 점에서 그 가치가 매우 크다고 하겠다. 그러나 몇 가지 한계가 있다. 통계모형은 무엇보다도 범주적 집단만을 대상으로 하고 있다. 다른 유형 즉 실체적 집단지성의 형성 과정에 대해서는 아무런 설명을 제공하지 못하고 있다. 뿐만 아니라 침의에 대해 긍정적인 역할을 부여할 수 없다는 점도 한계이다.

인지모형

통계모형에서는 개인들의 오류가 서로 상쇄하는 방향으로 작용함으로써 집단 차원에서 오류가 줄어드는 것으로 설명하지만, 인지적 설명모형은 통계적 원리만으로 집단지성 현상의 배후에 작용하는 비밀을 모두 설명할 수는 없다고 본다.

인지적 설명모형에서는 지성을 세계에 대한 이해 능력으로 본다. 그래서 집단지성을 단순히 대수의 법칙이 작용한 결과가 아닌 세계관의 취합으로 보는 관점에 서 있다. 세계관이라 함은 각 개인들이 가지고 있는 인지모형(cognitive model)을 말한다.

인지적 설명모형의 논리는 세 가지로 요약할 수 있다. 첫째, 개인들이 가지고 있는 인지모형은 서로 다르다. 둘째, 개인들의 인지모형은 항상 불완전하다. 셋째, 집단지성은 개인들의 불완전한 인지모형들이 결함됨으로써 보다 완전한 세계상을 얻게 되는 원리에 기초해 있다.

개인의 인지모형이란 개인이 세계를 보는 인식의 틀을 가리킨다. 이 인지모형은 조금씩 다른 명칭으로 불리기도 한다. 존 홀랜드(Holland, 1995)는 "내부모형(internal model)"이라 부르며, 그것을 인지심리학에서 말하는 스키마(schema)와 같은 의미라고 설명했다. 개인들이 가지고 있는 내부모형들은 각기 다를 수밖에 없다. 경험이 다르고 의도가 다르고 살아가는 방식이 다르기 때문이다. 예컨대 같은 장미꽃을 보더라도 어떤 사람은 아름답다고 생각하지만, 어떤 사람은 팔면 돈이 되겠다고 하여 사업과 연관시킬지도 모른다. 반면 멋진 시상(詩想)을 떠올릴 사람들도 있을 것이다.

세계에 대한 개인들의 이해가 항상 불완전하다는 것은 충분히 납득할 수 있다. 개인이 아무리 똑똑하더라도 사물들의 모든 측면을 고려할 수는 없기 때문이다. 인지적 설명모형의 원리는 장님 코끼리 만지기 우화로써 쉽게 설명할 수 있다. 다리를 만진 사람은 코끼리가 기둥 같다고 하고, 몸통을 만진 사람은 코끼리가 벽과 같이 생겼을 것이라고 여긴다. 또 귀를 만진 사람은 부채같이 생겼을 것이라고 상상한다.

개인들의 이 부정확한 인식조각들을 함께 잘 합치면 어떻게 될까? 보다 완전한 코끼리 모습을 얻을 수 있을 것이다. 인지적 설명모형에서는 개인들의 불완전한 정보나 경험으로 판단하는 휴리스틱들이 취합됨으로써 집단적으로 놀라운 결과가 나오는 것이 집단지성의 원리라고 주장한다.

통계모형에서는 각 개인이 나름대로의 완전한 세계상을 제시하고, 그 다수의 세계상들을 겹쳐놓았을 때 중복되지 않는 부분을 제거하는 원리를 사용한다. 그러나 인지모형은 편차들을 제거하는 방식이 아니라 그것들을 조립하는 원리에 기초해 있다. 그러므로 두 모형 모두 구성원들의 다양성이 핵심적 중요성을 갖지만 그 다양성이 작용하는 방식은 다르다고 할 수 있다.

진화모형

통계모형이나 인지모형에서는 동시적 집단화(개별지성들이 동시적으로 투입되어 집단지성으로 전환되는 과정)를 상정하고 있다. 그리고 대부분의 경우 참가자들이 정확한 답을 만들기 위해 의도적으로 노력하는 것으로 가정한다. 그러나 실체적 집단지성의 경우 이 두 요건이 충족되는 경우는 드물다. 진화모형에서는 이 두 요건이 완화된다. 진화모형은 통시적(diachronic)이고 비의도적인 집단화를 상정한다.

진화모형에서는 통계모형이나 인지모형과 달리 집단구성원들이 의도적으로 정확한 집합적 결정을 추구하는 것을 상정하지 않는다. 오히려 보이지 않는 손 메커니즘과 같은 자연발생적 집단화에 의존한다. 이 경우 집단지성은 개별적 행동의 집합으로 나오기는 하나 어떤 의도적 설계에 의한 것은 아니다. '보이지 않는 손(invisible hand)'의 과정이 집단차원의 효율적인 상호작용 구조를 찾게 만드는 것으로 간주한다. 체계 내 어느 행위자도 충분한 정보를 가지고 있지 않아도 보이지 않는 손에 의해 집합적 수준에서 효율적 취합이 이루어진다는 것이다. 시장에서의 생산과 교환에 관한 분산된 정보가 가격이라는 전체 시장 차원의 정보를 만들어내듯이, 진화모형에서도 개별지성들의 자연조화에 의해 집단지성이 출현하는 것으로 가정한다.

하지만 진화모형의 핵심은 보이지 않는 손이 아니라 통시성에 있다. 과거의 어떤 의사결정이나 선택에 대한 정보가 현재에 투입됨으로써 현재의 결정이 정교화 되는 과정에 관심을 집중시킨다. 그러므로 비동시성에 대한 고려가 진화모형의 핵심이다. 어떤 시점에서의 개인의 판단과 집단의 판단을 비교하는 것이 아니라 같은 문제에 대해 이전의 결정과 이후의 결정에 대한 비교가 논의의 중심을 차지한다.

다중에 의하여 모인 지식들은 오류가 있을 경우에 다른 참여자들에 의하여 수정되고 보완되면서 발전한다. 더구나 구성원 개인이 가졌던 지식이나 인식 또는 세계관이 시간이 지남에 따라 점진적으로 또는 급격히 변화하여 완전히 바뀔 수도 있다. 자기검증 기능이 있기 때문에 가능한 일이다. 집단지성은 따라서 시점과 종점이 뚜렷하지 않고 동적이며 순환적(circulation)이라고 할 수 있다.

칼슨과 제이콥슨은 밈(meme)의 개념을 도입하여 집단지성의 진화문제를 다룰 것을 제안하고 있다(Carlsson & Jacobsson, 2013). 이들이 주장하는 핵심은 문화적 유전자인 밈(meme)을 집단지성의 저장장치로 보자는 것이다. 밈은 주지하듯이 도킨스(Dawkins, 1976)가 제안한 말로서, 한 시대의 사상, 종교, 이념, 관습 등 인간의 삶과 관련된 다양한 정보가 담긴 어떤 사회의 문화적 유전자를 가리키는 말이다. 개체의 유전자(gene)처럼 사회의 집단 차원 정보도 밈을 통해 통시적으로 전달된다는 것이다. 그러므로 한 사회의 집단지성이 역사 속에서 어떻게 변화되어 가는지를 밈 개념을 이용하여 설명할 수 있다는 것이다. 하지만 칼슨과 제이콥슨은 진화모형을 그리 성공적으로 그려내지는 못하고 있다.

진화모형의 사례는 군집지성과 복잡계 이론 등에서 다수 소개된다. 예컨대 꿀벌들이 꽃밭을 찾아 단체로 이동하거나, 철새들이 무리를 지어 먼 거리를 이동하거나, 잎꾼개미들이 정교한 집을 짓는 등의 사례들이 그것이다. 진화모형의 사례들은 반드시 사회적 곤충 등 동식물의 경우에 한정된 것은 아니다. 인터넷 서점에서 이 책을 산 사람이 구매한 다른 책을 추천하는 경우, 구글의 페이지 랭크 시스템 등이 진화모형을 응용한 사례라고 할 수 있다.

위 세 모형이 이론적으로는 별개이기는 하지만 엄격히 구분되는 것은 아니다. 예컨대 인지모형은 구성원의 능력의 보완에 큰 도움이 되고, 그 결과로 통계모형을 통하여 집단지성의 품질을 높일 수 있게 된다. 통계모형의 취합과정에서 심의는 독립성을 해칠 수 있지만 인지단계에서는 심의가 큰 도움이 된다. 지식들이 창고에서 저장되어 있다가 숙성이 된 이후에 다시 가공하여 활용될 경우에는 진화모형의 논리가 적용될 것이다. 공사영역에서 다수 활용되고 있는 크라우드소싱 제안제도는 이 방식을 많이 사용하고 있다.

유형별 특징

통계모형, 인지모형, 진화모형에 대비되는 집단지성의 유형은 통계적 집단지성, 협력적 집단지성과 군집적 집단지성이다. 여기서는 통계적 집단지성과 협력적 집단지성의 특징을 비교하고자 한다. 군집지성은 개체로서 곤충 등 동물을 포함한 영역으로 집단지성의 원형으로서 별도로 분석해야 한다.

통계적 집단지성을 서로위키(Surowiecki) 유형이라고 하는데, 서로위키가 집단이 실체적이 아니라 임의로 설정되는 통계적 범주에 의해 만들어지는 형태를 중요하게 간주하였기 때문이다. 이 범주적 집단의 구성원들은 각기 독립적이다. 따라서 공동의 목표가 없거나 있더라도 자각하지 못하기 때문에 당연히 공동의 이익을 달성하기 위한 논의가 존재하지 않는다. 심의가 존재하지 않는 범주형 집단이 만들어 내는 집단지성이 바로 서로위키 유형에 해당한다. 서로위키 유형은 의견의 독립성을 강조한다.

서로위키는 개인들 간의 과도한 의견교환이 견해의 독립성을 해친다고 보아 심의에 부정적이다. 그는 "어떤 상황에서 집단은 놀랄 만큼 똑똑하며, 때로는 집단 가운데 가장 똑똑한 사람보다 더 현명한 판단을 내린다"고 한다. 서로위키는 "문제해결 방안을 찾거나 혁신을 추진하거나 현명한 의사결정을 내려야 할 때, 특히 미래를 예측할 때 소수 엘리트보다 평범한 대중이 더 현명하다"면서 "이제까지의 통념이나 상식에 반하는 주장 같지만 이는 기업 운영, 학문 연구, 경제 시스템, 일상생활에서 실제로 일어나는 일들"이라고 주장한다 (Surowiecki, 2005: xi-xiv). 서로위키 모형에서 가장 중요한 것은 의견의 다양성이다. 가령 모든 사람들의 견해가 같다면 아무리 많은 수의 견해를 모아봤자 한 사람의 견해와 다를 바 없을 것이다. 그러므로 다양성이 클수록 집단화의 가치가 더 커질 것임은 쉽게 예상할 수 있다.

협력적 집단지성은 레비(Levy) 유형이라고 한다. 레비의 강조점은 집단이 개인보다 더 우수하다는 것이 아니라, 인류사회에 퍼져있는 이 엄청나게 풍부한 지적 자원들이 파편화되어 그 잠재적 가능성을 제대로 발휘하지 못해왔다는 자각에 놓여있다. 그러므로 이 "완전한 지식은 인류 전체에 퍼져있다"라는 인식에서 출발하여, 이 인류 공동자산의 가치를 어떻게 극대화할 것인가를 고민한다

레비 유형은 집단이 실체적이고 또 구성원 사이에 심의가 존재하는 경우를 가리킨다. 이때 심의란 구성원들이 집단의 목표를 자각하고 의식적으로 행동하며, 또 구성원들 간에 공동의 목표를 효과적으로 달성하려면 어떻게 행동해야 하는지에 대해 논의하는 것을 가리킨다. 구슬이 서 말이라도 꿰어야 보배

라는 속담 속에 들어있는 문제의식 즉 어떻게 분산되어 있는 지식자원들을 하나의 실로 꿸 것인가가 레비의 중심 주제인 것이다. 이상의 논의를 바탕으로 두 모형 간 비교표를 제시하면 다음과 같다.

구분	통계적 유형(서로위키형)	협력적 유형(레비형)
유형	범주형	실체형
구성원	독립적으로 존재	실체적으로 협력적
심의여부	심의 없음, 개성 존중	심의 필요, 합의 존중
접근방식	과학적 접근	인류학적 접근
주체	인간, 생물	인간
논리	"집단은 가장 똑똑한 사람보다 현명하다"	"모든 것을 아는 사람은 없지만 우리 모두 조금씩은 무엇인가를 알고 있다"
조건	독립성, 분권화, 다양성, 집단화	탈이기성, 환대(hospitality), 공감, 공유(지식), 협력
과제	취합의 정교화, 통계	협력의 극대화, 조정
저해요인	집단사고, 사회적 증거	사회적 딜레마
행위자	단순(랜덤) 행위자	복잡(전략적) 행위자
사례	크라우드소싱, 빅데이터	시장, 국가 등 meta agent, 위키피디아 등 가상세계

[부록 2-1] 통계적 집단지성과 협력적 집단지성의 비교

집단지성 원리의 미시적 영역인 집단 구성원들의 투표, 다수결과 배심원 정리, 심의와 공론화, 군집지성과 군집행동 등의 통계적 심의적 군집적 지성의 유형, 집단의 판단 방법인 평균의 원리, 상태추정, 추정과 예측, 다양성 정리, 집단판단의 오류, 가상공간성 웹 기반 집단지성, 크라우드소싱, 집단지성의 조건, 편향, 편향의 예방 등은 저자의 『집단지성의 원리』(2022)를 참고하기 바란다.

참 고 문 헌

1. 국내 자료

권찬호. (2012). "기초자치단체 조직진단을 통한 정보화조직의 위상 연구." 한국지
　　역정보화학회지, 15(2), 77－102.

권찬호. (2018). 『집단지성의 이해』. 박영사.

권찬호. (2019). "정보재의 특성이 집단지성의 형성에 미치는 영향 연구: 정보재와
　　공공재의 차이점을 중심으로." 한국공공관리학보, 33(2), 59－78.

권찬호. (2020). "집단지성 시대의 민주주의 연구: 집단지성의 요건들이 인지민주
　　주의에 주는 시사점을 중심으로," 의정논총, 15(2), 89－116.

권찬호. (2021). "콩도르세의 배심원정리로 본 집단지성 민주주의의 가능성." 비교
　　민주주의 연구, 17(1), 5－31.

권찬호. (2022). 『집단지성의 원리』. 박영사.

김기형. (2009). "정책연구에서 복잡성이론의 유용성 및 적용가능성에 관한 연구."
　　행정논총, 47(2), 281－312.

김명철 역, Fisher, L. (2012). 『보이지 않는 지능』(*The Perfect Swarm: The Science
　　of Complexity in Everyday Life*, 2009). 위즈덤하우스.

김영욱. (2020). 『루소 연민이론 해석사: 체계화의 시도와 그 이후, Études de
　　Langue et Littérature Françaises 122, 정치패러다임의 모색』. 오름.

김한식. (1979), 실학의 정치사상, 일지사.

민병원·나정민. (2006). "창발성의 철학적 개념과 사회과학 방법론." 제1회 복잡계
　　컨퍼런스. 2006년 12월.

박세일·민경국 역. Smith, A. (2009). 『도덕감정론(개역판)』. 비봉출판사.

박은수 역, Rousseau, J. J. (2012). 『사회계약론 외』. 사단법인 올재.

박종화. (2018). 『집합적 행동논리와 사회적자본 담론』. 대영출판사.

신중섭. (2013). "도덕 감정과 이기심— 아담 스미스를 중심으로." 철학논총, 새한
　　철학회 논문집, 73(3), 109－133.

윤기호. (1999). "정보재의 특징, 판매방식 및 정책이슈." 정보통신정책, 11(3):
　　1－17.

윤영수·채승병. (2005). 『복잡계 개론』. 삼성경제연구소.

이명석. (2002). "거버넌스의 개념화." 한국행정학보, 36(4), 321－338.

이정우. (2009). "경쟁이냐 협력이냐." 열려라 경제, 한겨레 2009.3.1.

이항우. (2009). 『집단지성의 신뢰성 제고방안 - 위키피디어 사례를 중심으로』. 한
　　국정보문화진흥원.

이항우. (2009). "네트워크 사회의 집단지성과 권위." 경제와 사회, 84, 278 - 303.

이희은. (2009). "위키피디어 정보의 기술문화적 함의." 언론과학연구, 9(2),
　　461 - 497.

정약용. (1974). 『與猶堂全書』. 전7권. 경인문화사, 영인.

정태인. (2012). "정태인의 '네박자로 가는 사회적 경제' (8)," 1 - 4.

정형채 · 최화정 역, 존 밀러. (2017). 『전체를 보는 방법 - 박테리아의 행동부터 경
　　제현상까지 복잡계를 지배하는 핵심 원리 10가지』. 에이도스.

조용현. (2002). 『작은 가이아』. 서광사.

최성환 역, R. Zoll. (2008). 『오늘날 연대란 무엇인가?』. 한울출판사.

최정규. (2007). 『이타적 인간의 출현: 도킨스를 넘어서』. 뿌리와 이파리.

최창현 외. (2007). 『복잡계(複雜系)와 동양사상(東洋思想)』. 지샘.

최태현. (2014). "자기조직적 거버넌스의 재고찰, 설계와 창발개념의 통합을 중심
　　으로." 행정논총, 52(2), 67 - 90.

허준석 역, 마틴 노왁 · 로저 하이필드. (2021). 『초협력자 - 세상을 지배하는 다섯
　　가지 협력의 법칙』. 사이언스북스.

황주성 · 오주현. (2010). 『디지털 컨버전스 환경에서 자기조직화 원리의 이해』.
　　정보통신정책연구원.

황주성 · 최서영. (2010). "집단지성의 유형에 따른 참여자 특성 분석." 사이버커뮤
　　니케이션학보, 27(4), 257 - 301.

2. 영문 자료

Andreoni, James. (1989). "Giving with Impure Altruism: Applications to Charity
　　and Ricardian Equivalence." *Journal of Political Economy*. 97(6):
　　1447 - 1458.

Arendt Hannah. (1964). Eichmann in Jerusalem - A Report on the Banality
　　of Evil. 김선욱 역. (2006). 『예루살렘의 아이히만』. 한길사.

Aristotle. (1995) *Politics*. Translated by Ernest Barker Oxford University Press.

Ashby, R. (1947). "Principles of the Self - Organizing Dynamic System." *Journal
　　of General Psychology*, 37, 125 - 128.

Atlee, T. (1999). "Co - Intelligence and the Holistic Politics of Community
　　Self - Organization." *The Permaculture Activist*, 4 - 10

Atlee, T. (2003). *The Tao of Democracy. Using Co—Intelligence to Create a World That Works for All.* Cranston, Rhode Island.

Atlee, T. (2012). *Empowering Public Wisdom: A Practical Vision of Citizen—led Politics.* North Atlantic Books.

Aulin—Ahmavaara, A. Y. (1979). The Law Of Requisite Hierarchy. *Kybernetes.* 8(4), 259—266.

Axelrod, R. (1984). *The Evolution of Cooperation.* New York: Basic.

Ball, P. (2004). *Critical Mass: How One Thing Leads to Another.* Macmillan.

Bandura, A. (1977). *Social Learning Theory.* Eanglewood Cliffs.

Barabasi, L. (2002). *Linked, How Everything is Connected to Everything else and What It Means.* Plume Editors.

Batson, C. D. (2011). *Altruism in Humans.* Oxford University Press.

Batty, M. (2006). "Hierarchy in Cities and City Systems." In *Hierarchy in Natural and Social Sciences*(pp. 143—168). Springer, Dordrecht.

Benkler, Y. (2011). *The Penguin and the Leviathan: How Cooperation Trumps over Self—interest.* Crown Business.

Benkler, Y. (2011). *The Penguin and the Leviathan: How Cooperation Trumps over Self—interest.* Crown Business.

Bennett, D. J. (1998). *Randomness.* Harvard University Press.

Bertness, Mark. (2020). *A Brief Natural History of Civilization: Why a Balance Between Cooperation.* Yale University Press.

Bevir, M. (2007). *Encyclopedia of Governance.* Sage.

Bevir, M. (2013). *Governance: A Very Short Introduction.* Oxford, UK: Oxford University Press.

Bevir, Mark. (2013). *Theory of Governance,* UC Berkeley.

Bicchieri, C. (1990). "Norms of Cooperation." *Ethics,* 100(4), 838—861.

Black, D. (1958). *The Theory of Committees and Elections.* Cambridge University Press, Cambridge, UK.

Boettke, P. J. & Leeson, P. T. (2002). Hayek, Arrow, and the Problems of Democratic Decision—making. *Journal of Public Finance and Public Choice,* 20(1), 9—21.

Bonabeau, E. (2009). "Decisions 2.0: The Power of Collective Intelligence." *MIT Sloan Management Review,* 50(2), 45—52.

Bonabeau, E., Dorigo, M. & Theraulaz, G. (1999). *Swarm intelligence: From Natural to Artificial Systems.* Oxford University Press, New York.

Bonabeau, E. & Meyer, C. (2001). "Swarm Intelligence: A Whole New Way to Think About Business." *Harvard Business Review*, 79(5), 106−114.

Boons, F. & Gerrits, L. (2008). "Between Self−organization and Government: a Complexity Perspective on the Rise and Fall of the Hierarchical State." In *Conference Proceedings: European Consortium for Political Research ECPR*. Essex.

Bornstein, G., Erev, I., & Rosen, O. (1990). "Intergroup Competition as a Structural Solution to Social Dilemmas." *Social Behaviour*, 5(4), 247−260.

Börzel, T. A. & Risse, T. (2010). "Governance without a State: Can It Work?." *Regulation & Governance*, 4(2), 113−134.

Bowles S. & Gintis, H (2002). "Behavioural science: Homo reciprocans." *Nature*, volume 415, 125−128.

Buchanan, M. (2003). *Nexus: Small Worlds and the Groundbreaking Theory of Networks*. WW Norton & Company. 강수정 역. 『넥서스, 여섯개의 고리로 읽는 세상』. 세종연구원.

Camerer. C. (2004). "Behavioral Game Theory." In C. F. Camerer, G. Loewenstein & M. Rabin, eds. *Advances in Behavioral Economics*. Princeton University Press.

Carlsson, B. & Jacobsson, A. (2013). "An Evolutionary View of Collective Intelligence." In *International Conference on Agents and Artificial Intelligence*, ICAART (Vol. 2).

Castelfranchi, C. (2000). "Engineering Social Order." in *International Workshop on Engineering Societies in the Agents World*, 2000 (August): 1−18.

Christakis, N. A & J. H Fowler. (2009). *Connected: The surprising power of our social networks and how they shape our lives*. Little, Brown Spark.

Cohen, Michael D., Rick L. Riolo & Robert Axelrod. (2001). "The Role of Social Structure in the Maintenance of Cooperative Regimes." *Rationality and Society*. Sage Journals. Volume 13, Issue 1.

Condorcet, J. A. N. (1994). *Foundations of Social Choice and Political Theory*. E. Elgar, Brookfield, VT. Trans. and eds. by I. McLean and F. Hewitt.

Condorcet, J. A. N. (1995). "An Essay on the Application of Analysis to the Probability of Decisions Rendered by a Plurality of Votes." In *Classics of Social Choice*, ed. and trans. I. McLean & A. Urken, 91−112. Ann Arbor: University of Michigan Press.

Couzin, I. D., Krause J., James R., Ruxton G.D., Franks N.R. (2002). "Collective

Memory and Spatial Sorting in Animal Groups." *Journal of Theoretical Biology*, 218, 1−11.

Crumley, C. L. (1995). "Heterarchy and the Analysis of Complex Societies." *Archeological Papers of the American Anthropological Association*, 6(1), 1−5.

Davis, M. H. (1983). "Measuring individual differences in empathy: Evidence for a Multidimensional Approach." *Journal of Personality and Social Psychology*, 44, 113−126.

Dawkins, R. (1976). *The Selfish Gene*. Oxford University Press.

Diefenbach, T. (2013). *Hierarchy and Organisation: Toward a General Theory of Hierarchical Social Systems*. Routledge.

Doan, A., Ramakrishnan, R. & Halevy, A. (2011). "Crowdsourcing Systems on the World−Wide Web," *Communications of the ACM*, 54(4), 86−96.

Downs Anthony. (1957). "An Economic Theory of Political Action in a Democracy," *Journal of Political Economy*. Volume 65, Number 2: 135−150.

Dugatkin, L. A. & Mesterton−Gibbons, M. (1996). Cooperation among Unrelated Individuals: Reciprocal Altruism, By−product Mutualism and Group Selection in Fishes. *BioSystems*, 37(1−2), 19−30.

Durkheim, E. (1994). *The Division of Labor in Society*. The Macmillan Press Ltd.

Ekeh, P. (1974). *Social Exchange Theory: The Two Traditions*. Cambridge. Harvard University Press.

Elliott, M. A. (2007). Stigmergic Collaboration: A Theoretical Framework for Mass Collaboration (Doctoral dissertation).

Elster, J. (1979). *Risk, Uncertainty and Nuclear Power*. Sage Journals.

Elster, J. (1989). *The Cement of Society, A Study of Social Order*. Cambridge University Press.

Elster, J. (2003). "Marxism, Functionalism, and Game Theory." In Matravers. al, ed. *Debates in Contemporary Political Philosophy*(pp. 22−40).

Elster, J. (2007). *Explaining Social Behavior, More Nuts and Bolts for the Social Sciences*. Cambridge University Press.

Erdos, P. and A. Renyi. (1960) "On the Evolution of Random Graphs." *Publications of the Mathematical Institute of the Hungarian Academy of Sciences*, 5, 17−61.

Festinger, Leon. (1954). *A Theory of Social Comparison Processes*. Volume: 7, Issue: 2, 117−140.

Fisher, L. (2009). *The Perfect Swarm: The Science of Complexity in Everyday*

Life. Basic Books.

Fiske, Susan & Shelley Taylor. (2020). *Social Cognition : From Brains to Culture*. Sage Publications Ltd.

Fleischer, M. (2005). "Foundations of Swarm Intelligence: From Principles to Practice." arXiv preprint nlin/0502003.

Floridi, L. (2010). *Information: A Very Short Introduction*. OUP Oxford.

Gächter, S. & Herrmann, B. (2009). Reciprocity, Culture and Human Cooperation: Previous Insights and a New Cross−cultural Experiment. *Philosophical Transactions of the Royal Society B: Biological Sciences*, 364(1518), 791−806.

Gauthier. (1983). "Critical Notice of Jon Elster −Ulysses and the Sirens: Studies in Rationality and Irrationality." *Canadian Journal of Philosophy*, 13(1), 133−140

Goyal, S., Van Der Leij, M. J., & Moraga−González, J. L. (2006). "Economics: An Emerging Small World." *Journal of Political Economy*, 114(2): 403−412.

Grasse, P. −P. (1959). "Une Nouveau Type de Symbiose." *Nature*(Paris), 3293, 385−389.

Haken, H. (1977). *Synergetics: an Introduction: Nonequilibrium Phase Transitions and Self−organization in Physics, Chemistry, and Biology*. Springer.

Hamilton. W. D. (1963). "The Evolution of Altruistic Behavior." *The American Naturalist*, Volume 97, Number 896, 354−356.

Hardin, G. (1968). "The Tragedy of the Commons." Science, 162: 1243−1248.

Harris C D. and E L. Ullman. (1945). Chapter "The Nature of Cities." from *Annals of the American Academy of Political and Social Science. The Urban Geography Reader*. 2005. Routledge.

Hart, J. A., & Prakash, A. (eds.). (2000, 2003). *Globalization and Governance*. Routledge.

Hayek, F. A. (1945). "The Use of Knowledge in Society." *The American Economic Review*, 519−530.

Hayek, F. A. (1948). *Individualism and Economic Order*. University of Chicago Press.

Hayek, F. A. (1998). *Law, Legislation and Liberty: a New Statement of the Liberal Principles of Justice and Political Economy. vol. I,II,III*. Routledge.

Hazen, R. M. (2005). *Genesis: the Scientific Quest for Life's Origin*. National Academies Press.

Helbing, D. & Johansson, A. (2009). Cooperation, Norms, and Conflict: A Unified Approach (pp. 09 – 09). *SFI Working Paper*.

Heylighen, F. (1999). "Collective Intelligence and its Implementation on the Web: Algorithms to Develop a Collective Mental Map." *Computational and Mathematical Organization Theory*, 5(3), 253 – 280.

Heylighen, F. (2002). "The Science of Self – organization and Adaptivity." In L. D. Kiel (ed.) *Knowledge Management, Organizational Intelligence and Learning, and Complexity, in The Encyclopedia of Life Support Systems*, ELSS Publishers, Oxford.

Heylighen, F. (2009). "Evolution of culture, memetics." In *Encyclopedia of Complexity and Systems Science*(pp. 3205 – 3220). Springer New York.

Heylighen, F. (2013). "Self – organization in Communicating Groups, The Emergence of Coordination, Shared References and Collective Intelligence, Complexity Perspectives on Language." *Communication and Society*, 117 – 149

Heylighen, F. (2016a). Stigmergy as a universal coordination mechanism I: Definition and Components. *Cognitive Systems Research*, 38, 4 – 13.

Heylighen, F. (2016b). Stigmergy as a Universal Coordination Mechanism II: Varieties and Evolution. *Cognitive Systems Research*, 38, 50 – 59.

Hippel, W. V. (2018). *The Social Leap*. New York, NY USA, Harper Collins.

Hirshleifer, J. (1995). "Anarchy and Its Breakdown." *Journal of Political Economy*, 103(1), 26 – 52.

Hobbes, Thomas. (1651). *Leviathan*. Createspace Independent Publishing Platform.

Hodgson. G. (2006). "What Are Institutions?" *Journal of Economic Issues*, xl(1).

Holland, J. H. (1995). *Hidden Order, How Adaptation Builds Complexity*. Addison Wesley.

Hölldobler, B. & Wilson, E. O. (1994). *Journey to the Ants: a Story of Scientific Exploration*. Harvard University Press.

Hölldobler, B. & Wilson, E. O. (2009). *The Superorganism: the Beauty, Elegance, and Strangeness of Insect Societies*. WW Norton & Company.

Holmdahl, L. (2005). *Complexity Theory and Strategy: a Basis for Product Development*. Retrieved June, 22, 2014.

Hong L. & Page, S. (2012). "Some Microfoundations of Collective Wisdom." In

Landemore, H. & Elster, J., eds. *Collective Wisdom, Principles and Mechanisms*, Cambridge, Cambridge University Press. 56−71.

Hong, L. & Page, S. (2004). "Groups of Diverse Problem Solvers Can Outperform Groups of High−ability Problem Solvers." *National Acad Sciences*, PNAS November 16, 2004. 101 (46), 16385−16389

Hong, L. & Page, S. (2008). "Interpreted and Generated Signals." *Journal of Economic Theory*, 144(5), 2174−2196.

Hoyt, H. (1939). *The Structure and Growth of Residential Neighborhoods in American Cities*, Washington, D.C.: Federal Housing Administration.

Husserl, Edmund. (1931). *Méditations Cartésiennes: Introduction a La Phénoménologie*(english trans. Gabrielle Peiffer and Emmanuel Lévinas (1970). Paris: A. Colin.

Janis, I. L. (1971). Groupthink. *Psychology today*, 5(6), 43−46.

Jaques, E. (1991). In Praise of Hierarchy. In *Markets, Hierarchies and Networks: The Coordination of Social Life*, Thompson, G. (Ed.). Sage.

Jessop, B. (1998). "The Rise of Governance and the Risks of Failure: the Case of Economic Development." *International Social Science Journal*, 50(155), 29−45.

Johnson, N. (2007). *Simply Complexity: A Clear Guide to Complexity Theory*. One World Publications.

Jordan, J., Peysakhovich, A. & Rand, D. G. (2015). "6. Why We Cooperate." In *The Moral Brain: A Multidisciplinary Perspective*. Cambridge, MIT Press.

Kahane, Adam. (2017). *Collaborating with the Enemy: How to Work with People You Don't Agree with or Like or Trust*. Berrett−Koehler Publishers, Inc.

Kauffman, S. (1993) *The Origins of Order, Self−organization and Selection in Evolution*. Oxford University Press.

Kauffman, S. (1996). *At Home in the Universe: The Search for the Laws of Self−organization and Complexity*. Oxford University Press.

Kennedy, James & Russell Eberhart, (2001). *Swarm Intelligence*. Morgan Kaufmann Publishers.

Keohane, R. & Nye, J. (2000). "Governance in a Globalizing World." In R. Keohane ed. *Power and Governance* in *a Partially Globalized World*(pp. 1−41). London: Routledge.

Kittur, A., Suh, B., Pendleton, B. A. & Chi, E. H. (2007, April). "He Says, She Says: Conflict and Coordination in Wikipedia." In Proceedings of the

SIGCHI Conference on Human Factors in Computing Systems (pp. 453－462). ACM.

Kollock, P. (1998). "Social Dilemmas, The Anatomy of Cooperation." *Annual Review of Sociology*, 24(1), 183－214.

Kollock, P.(1999). "The Economies of Online Cooperation: Gifts and Public Goods in Cyberspace." In Marc Smith and Peter Kollock eds. *Communities in Cyberspace*. London: Routledge.

Kooiman, J. (2003). *Governing as Governance*. London: Sage.

Kornrumpf, A. & Baumö, U. (2012). "Towards a Model for Collective Intelligence, Emergence and Individual Motivation in the Web 2.0." Braunschweig: Institut für Wirtschaftsinformatik.

Kramer, R. M., & Brewer, M. B. (1984). "Effects of Group Identity on Resource Use in a Simulated Commons Dilemma." *Journal of Personality and Social Psychology*, 46(5), 1044－1057

Kropotkin, P. (1904). *Mutual Aid: A Factor of Evolution*. Cosimo Inc.

Kuznetsov, S. (2006). "Motivations of Contributors to Wikipedia." *ACM SIGCAS Computers and Society*, 36(2), 1.

Landemore, H. E. (2010) "Majority Rule and the Wisdom of Crowds: the Task－Specificity of Majority Rule as a Predictive Tool"(August 17, 2010). Available at SSRN:https://ssrn.com/abstract ＝1660577.

Landemore, H. E. (2012a) "Collective Wisdom, Old and New." In Landemore, H. & Elster, J., eds. *Collective Wisdom, Principles and Mechanisms*. Cambridge University Press.

Landemore, H. E. (2012b). "Democratic Reason－ the Mechanisms of Collective Intelligence in Politics." In Landemore H. and Elster, J. (Ed.), *Collective Wisdom Principle and Mechanisms*. Cambridge University Press.

Landemore, H. E. (2012c). "Why the Many are Smarter than the Few and Why It Matters." *Journal of Public Deliberation*, 8(1).

Landemore, H. E. (2013). *Democratic Reason: Politics, Collective Intelligence, and the Rule of the Many*. Princeton University Press.

Landemore, H. E. (2017). "Beyond the Fact of Disagreement? The Epistemic Turn in Deliberative Democracy." *Social Epistemology*, 31(3), 277－295.

Landemore, H. E. & Elster, J., eds. (2012). *Collective Wisdom, Principles and Mechanisms*. Cambridge University Press.

Lane, D. (2006). "Hierarchy, Complexity, Society." In *Hierarchy in Natural and*

Social Sciences. Springer Netherlands, 81–119.

Leung, C. K. (2018). "Big Data Analysis and Mining." In Khosrow–Pour, M. (ed.), *Encyclopedia of Information Science and Technology*(pp. 325–417), IGI Global.

Levy, P. (1994). *L'intelligence collective: Pour une anthropologie de cyberspace. Les Editions La Déouverte.* 권수경 역. (2002)『집단지성: 사이버공간의 인류학을 위하여』. 문학과지성사.

Levy, P. (1997). *Collective Intelligence: Mankind's Emerging World in Cyberspace.* Basic Books.

Levy, P. (1998). *Becoming Virtual Reality in the Digital Age.* Da Capo Press.

Levy, P. (2005). "Collective Intelligence: A Civilization: Towards a Method of Positive Interpretation." *International Journal of Politics, Culture, and Society.* 18(3/4): 189–198.

Levy, P. (2010). "From Social Computing to Reflexive Collective Intelligence." The IEML Research Program. *Information Sciences,* 180, 71–94.

Mak, V. & Rapoport, A. (2013). "The Price of Anarchy in Social Dilemmas: Traditional Research Paradigms and New Network Applications." *Organizational Behavior and Human Decision Processes,* 120(2), 142–153.

Malone, T. W. (2018). *Superminds: The Surprising Power of People and Computers Thinking Together.* Little, Brown Spark.

Malone, T. W. & M. S. Bernstein. (2015). *Handbook of Collective Intelligence.* MIT Press.

Malone, T. W., Laubacher, R., and Dellarocas, C. (2010): "Harnessing Crowds: Mapping the Genome of Collective Intelligence." *MIT Sloan School Working Paper,* 4732–09.

Maslow, A. H. (1943). A Theory of Human Motivation. *Psychological Review,* 50(4), 370–96.

McCulloch, Warren S. (1945). "A Heterarchy of Values Determined by the Topology of Nervous Nets". *The Bulletin of Mathematical Biophysics,* June, 1945.

Messick, D. M. et al. (1983). "Individual Adaptations and Structural Change as Solutions to Social Dilemmas." *Journal of Personality and Social Psychology,* 44(2), 294–309.

Meuleman, L. (2008). *Public Management and the Metagovernance of Hierarchies,*

Networks and Markets: The Feasibility of Designing and Managing Governance Style Combinations. Springer Science & Business Media.

Milgram, S. (1967). "The Small World Problem." *Psychology Today*, 2, 60−67.

Milgram, Stanley, Leonard Bickman, and Lawrence Berkowitz. (1969). "Note on the Drawing Power of Crowds of Different Size." *Journal of Personality and Social Psychology*, 13(2), 79.

Miller, D. (1992). Deliberative Democracy and Social Choice. *Political Studies*, 40(1_suppl), 54−67.

Miller, H. John. (2015). *A Crude Look at the Whole*. Basic Books.

Miller, N. R. (1986). "Information, Electorates, and Democracy: Some Extensions and Interpretations of the Condorcet Jury Theorem." *Information Pooling and Group Decision Making*, 2, 173−192.

Miller, N. R. (1996). "Information, Individual Errors, and Collective Performance: Empirical Evidence on the Condorcet Jury Theorem." *Group Decision and Negotiation*, 5(3), 211−228.

Minsky, M. (1985). *The Society of Mind*. New York, A Touchstone Books.

Moshirpour, M., Far, B. & Alhajj, R., eds. (2018). *Highlighting the Importance of Big Data Management and Analysis for Various Applications*. Springer.

Niebuhr, Reinhold. (1932). *Moral Man and Immoral Society: A Study in Ethics and Politics*. WJK Press.

North, D. (1990). *Institutions, Institutional Change, and Economic Performance*. Cambridge Univ. Press.

Nov, O. (2007). "What Motivates Wikipedians?." *Communication of the ACM*, 50(11): 60−64.

Nowak, M. A. (2006). "Five Rules for the Evolution of Cooperation." *Science*, 314(5805), 1560−1563.

Nowak, M. A. (2011). "Evolving Cooperation." *Journal of Theoretical Biology*, 299, 1−8.

Nowak, M. A. May, R. M. & Sigmund, K. (1995). "The Arithmetics of Mutual Help." *Scientific American*, 272, 76−81.

Nowak, M. A., Sigmund, K. & El−Sedy, E. (1995). "Automata, Repeated Games and Noise." *Journal of Mathematical Biology*, 33(7), 703−722.

Nowak, M. & Highfield, R. (2011). *Supercooperators: Altruism, Evolution, and Why We Weed Each Other to Succeed*. New York: Free Press.

Nowak, M & R. Highfield, R. (2012). *Super Cooperators − Altruism, Evolution and Why We Need Each Other to Succeed.* Free Press.

Offe, C. (2009). "Governance: An "Empty Signifier"?" *Constellations*, 16: 550−562.

Olson, M. (1965). *The Logic of Collective Action.* Cambridge, MA: Harvard University Press.

Ostrom, E. (2015). *Governing The Commons: the Evolution of Institutions for Collective Action.* Cambridge University Press.

Page, S. (2007a) *The Difference: How the Power of Diversity Creates Better Groups, Firms, Schools and Societies.* Princeton University Press.

Page, S. (2007b). "Making the Difference: Applying a Logic of Diversity." *The Academy of Management Perspectives*, 21(4), 6−20.

Paquet, G. (1999). *Governance through Social Learning Vol. 2.* University of Ottawa Press.

Park, R. E. & Burgess, E. W, eds. (1925). *The City*(1st ed.). Chicago, IL: University of Chicago Press.

Parunak, H. V. D. (2005). Expert Assessment of Human−Human Stigmergy. *Analysis for the Canadian Defence Organization, Altarum Institute*, Ann Arbor, Michigan.

Pearson, K. (1905). "The Problem of the Random Walk". Nature. 01 July 1905.

Pfeiffer, T., Rutte, C., Killingback, T., Taborsky, M. & Bonhoeffer, S. (2005). "Evolution of Cooperation by Generalized Reciprocity." Proceedings of the Royal Society of B: *Biological Sciences*, 272(1568), 1115−1120.

Pierre, J. & Peters, G. (2005). *Governing Complex Societies: Trajectories and Scenarios.* Palgrave MacMillan.

Polanyi, K.(1944). *The Great Transformation: The Political and Economic Origins of Our Time.* Beacon Press

Powell, W. (1990). "Neither Market nor Hierarchy." Research in Organizational Behavior, 12, 295−336.

Prestone, D. Stephanie. (2022). *The Altruistic Urge.* Columbia University Press. 허성심 역. (2023). 『무엇이 우리를 다정하게 만드는가』, 알레.

Prigogine, I. & Stengers, I. (1997). *The End of Certainty.* Simon and Schuster.

Rafaeli, S. et al. (2008). "Knowledge Building and Motivations." in Wikipedia.

Rheingold, H. (1993). *The Virtual Community: Homesteading on the Electronic Frontier.* Addison−Wesley.

Rheingold, H. (2003). *Smart Mobs: The Next Social Revolution.* Basic books.

Richerson P.J., R.T. Boyd, and J. Henrich. (2003). Cultural Evolution of Human

Cooperation, In *Genetic and Cultural Evolution of Cooperation*. Hammerstein, P. (ed.). MIT press.

Richerson, P. J. & Boyd, R. (2008). *Not by Genes Alone: How Culture Transformed Human Evolution*. University of Chicago press.

Robert Wright. (2000). *Nonzero: The Logic of Human Destiny*. Vintage Books.

Ronacher, B. & Wehner, R. (1999). "The Individual at the Core of Information Management." In *Information Processing in Social Insects*(pp. 277–286), Birkhäer, Basel.

Russell, Bertrand. (1967). *The Autobiography of Bertrand Russell*. Routledge

Sahlins, Marshall. (1972). *Stone Age Economics*. Aldine– Atherton, Chicago, ch. xiv.

Saint–Exupéry, Antoine de. (1943, renewed 1971). The Little Prince, A Harvest Book Harcourt, Inc.

Sally, D. (1995). "Conversation and Cooperation in Social Dilemmas: A Meta–analysis of Experiments from 1958 to 1992." *Rationality and so–ciety*, 7(1), 58–92.

Santos, F. C. & Pacheco, J. M. (2005). "Scale–free Networks Provide a Unifying Framework for the Emergence of Cooperation." *Physical Review Letters*, 95(9). 098104.

Schelling, C. T. (1960, 1980). *The Strategy of Conflict*. Harvard University.

Schneider, M. & Somers, M. (2006). "Organizations as Complex Adaptive Systems: Implications of Complexity Theory for Leadership Research." *Leadership Quarterly*, 17, 351–365

Schneider, V. (2012). "Governance and Complexity." Levi–Faur, D., ed. *The Oxford Handbook of Governance*. Oxford University Press. 129–142.

Schrödinger, Erwin. (1951). *What is life?* Cambridge.

Schut, M. C. (2007). *Scientific Handbook for Simulation of Collective Intelligence*. Creative Commons license.

Schut, M. C. (2010). "On Model Design for Simulation of Collective Intelligence." *Information Sciences*, 180, 132–155.

Schweitzer, F. (2007). *Brownian Agents and Active Particles: Collective Dynamics in the Natural and Social Sciences*. Springer Science & Business Media.

Selten, R. (1991). "Evolution, Learning, and Economic Behavior." *Games and Economic Behavior*, 3: 3–24. p.3

Sethna, J. (2011). *Statistical Mechanics: Entropy, Order Parameters, and Complexity(Vol. 14).* Oxford University Press.

Shenk, J. W. (2014). *Powers of Two: How Relationships Drive Creativity.* An Eamon Dolan Book.

Siegfried, T. (2006). *A Beautiful Math: John Nash, Game Theory, and the Modern Quest for a Code of Nature.* National Academies Press. 이정국 역. (2010). 『호모 루두스』. 자음과 모음.

Simon, H. (1962). The Architecture of Complexity. *Proceedings of the American Philosophical Society,* ISSN 0003−049X, 106(6): 467−482.

Simon, H. (1977). *Models of Discovery.* D. Reidel Publishing Company.

Simon, H. (1979) *Models of Thought.* New Haven: Yale University Press.

Smith, J. (1994). *Collective Intelligence in Computer−Based Collaboration.* Hillsdale, NJ: Lawrence Erlbaum.

Smith, J. & Szathmary, E.. (2001). *The Major Transitions in Evolution.* Oxford University Press.

Smith, L. (2007). *Chaos: a Very Short Introduction (Vol. 159).* Oxford University Press.

Spencer, H.(1881). The Study of Sociology. C. Kegan Paul.

Strogatz, S. H. (2000), *Nonlinear Dynamics and Chaos.* Westview Press.

Surowiecki, J. (2005). *The Wisdom of Crowds.* Random House LLC.

Thompson, G. (Ed.). (1991). *Markets, Hierarchies and Networks: The Coordination of Social Life.* Sage.

Tomasello, M. (2009). *Why We Cooperate.* MIT press.

Torvalds, Linus. (1993). "The Choice of a GNU Generation, An Interview with Linus Torvalds." *Meta,* 1(November),

Udehn, L. (2001). *Methodological Individualism: Background, History and Meaning.* Routledge.

UN. (1995). *Our Global Neighbourhood: The Report of the Commission on Global Governance.* Oxford: Oxford University Press.

Van Lange, P. A. M. Joireman, J., C. D. Parks & E. Van Dijk. (2013). "The Psychology of Social Dilemma: A Review." *Organizational Behavior and Human Decision Processes,* 120, 125−141.

Vermeule, A. (2012). "Collective Wisdom and Institutional Design." Landemore, H. & Elster, J., eds. *Collective Wisdom: Principles and Mechanisms.* chap.14.

Von Baeyer, H. C. (2003). *Information: The New Language of Science*. Harvard University Press.

Von Bertalanffy, L. (1969). *General System Theory*. George Braziller, Inc. New York.

Vygotsky, L. S. (1978). *Mind in Society: The Development of Higher Psychological Processes*, Cole, M. & Scribner, S.(Trans), Harvard University Press.

Waheduzzaman. (2007). "Good Governance in Developing Countries Like Bangladesh: Gap between Theory and Practice." Paper presented at the *22nd ANZAM Conference in the University of Auckland*, New Zealand.

Ward, A., Sumpter, D., Couzin, I., Hart, P., Krause, J. (2008). "Quorum Decision Making Facilitates Information Transfer in Fish Shoals." *Proceedings of the National Academy of* 105, 6948−6953.

Ward, L. F. (1906). *Applied Sociology*. Boston: Ginn and Co.

Watts, D. & Strogatz, S (1998). "Collective Dynamics of 'Small−World' Networks." *Nature*, n.393: 440−2, 1998.

Wechsler, D. (1971). "Concept of Collective Intelligence." *American Psychologist*, 6(10), 904−907.

West, S. A., Griffin, A. S. & Gardner, A. (2007). Social Semantics: Altruism, Cooperation, Mutualism, Strong Reciprocity and Group Selection. *Journal of evolutionary biology*, 20(2), 415−432.

Wheeler, W. M. (1910). *Ants, Their Structure, Development and Behavior*. New York, Columbia University Press.

Wheeler, W. M. (1911), "The Ant−colony as an Organism." *Journal of Morphology*, 22(2), 307−325.

Wilson, E. O. (2012). *The Social Conquest Of Earth*. Norton & Company.

Zaki, N. A. M. (2011). *The Von Neumann and Moore Neighborhoods for Laplace Equations*. Universiti Teknologi Malaysia.

Zhang, Y., Aziz−Alaoui, M. A., Bertelle, C., Zhou, S. & Wang, W. (2014). "Emergence of cooperation in non−scale−free networks." *Journal of Physics A: Mathematical and Theoretical*, 47(22), 225003.

찾 아 보 기

ㄱ

가상공간 213

간접적 상호성
 (indirect reciprocity) 65, 101

갈등의 전략
 (the Strategy of Conflict) 56

강한 상호성(strong reciprocity) 101

개인성(individuality) 208

거듭제곱 법칙(power law) 23, 36, 38

거버넌스 214

거주지 분리현상 112

결정론적 카오스
 (deterministic chaos) 179

경로의존성 37

경쟁 58

경험재(experience good) 137

공간선택(spatial selection) 203

공간적 분업 163

공감능력(sympathy) 85

공감반응이론
 (empathy altruism theory) 90

공공재(public goods) 25

공공재 게임(Public Good Game) 82

공리주의(utilitarianism) 98

공생(symbiosis) 167

공유(sharing) 167

공유지의 비극
 (tragedy of commons) 81, 192

공정성 규범(fairness) 98

공정한 관찰자(impartial spectator) 88

과학적 관리론
 (scientific management) 54

구심적 힘 158

국부론(The Wealth of Nations) 88

군집행동(swarm behavior) 165

굿거버넌스(good governance) 29

규모의 경제 136

글로벌 거버넌스
 (global governance) 29

긍정성 편향
 (social desirability bias) 92

깃허브(Github) 66

ㄴ

나뉨과 섞임 58

내쉬균형점(Nash Equilibrium) 58

너그러운 팃포탯
 (Generous TFT, GTFT) 104

넌제로 216

네겐트로피(Negentropy) 59

네이버(Naver) 52

네트워크 212

네트워크모델 68

네트워크 효과(network effect) 138

노드(node) 24, 114, 121

누피디아(Nupedia)   42
니콜라스 코페르니쿠스
 (N. Copernicus)   69

ㄷ

다양성(diversity)   17, 215
다음(Daum)   52
다핵심이론
 (Multinuclear Urban Theory)   113
당김(attraction)   166
닻내림 효과(anchoring effect)   75
도구적 합리성   73
도덕감정론(The Theory of Moral
 Sentiments)   88
도덕적 인간과 비도덕적 사회   109
독재자 게임(dictator game)   93
동심원이론
 (concentric zone theory)   112
둘의 힘   67

ㄹ

라플라스의 유령   45
랑드모어   232
랜덤(random)   45
랜덤워크(random walk)   174
러셀(Bertrand Russell)   85
레비(Levy) 유형   236
로지스틱 사상(logistic map)   180
로컬 거버넌스   29
롱테일(long tail) 지성   228
루소   85
리눅스(Linux)   67
리바이어던(Leviathan)   90, 108
리저널 거버넌스   29
링겔만 효과(Ringelmann Effect)   190

ㅁ

마코프 과정(markov process)   176
맞춤(alignment)   166
맹자   85
무어 이웃(Moore neighborhood)   177
무임승차(free ride)   105, 137
무작위 네트워크
 (random network)   121
무정부주의자   44
무질서   44
문명의 자연사(A Brief Natural History
 of Civilization)   63
문제해결 능력
 (problem-solving ability)   221
미래로부터의 추방
 (future ostracism)   116
미래의 그림자   105
민관 파트너십(PPPs)   29
밀어냄(repulsion)   166

ㅂ

반복게임   103
방관자효과(bystander effect)   92, 190
배려(consideration)   189
배반의 유혹   130, 202
배심원 정리
 (Condorcet Jury Theorem)   231
베르누이 사상(Bernoulli map)   180
변이(variation)   200
보수의 기억범위   130
복잡계   26, 38, 214
복잡적응계
 (complex adaptative system)   153
복잡행위자(complex agent)   172, 182, 214
부동의의 동의   57

부산물적 호혜주의
  (By-product Mutualism)   8
부존 효과(endowment effect)   75
분리이론(the segregation model)   113
분산적 질서   23
브라운 행위자(brownian agent)   170
브레인스토밍   67
비경합적(non-rival)   191
비교하는 습관   58
비배제적(non-excludable)   191
빅데이터   221
빅토르 위고   60

ㅅ

사단설(四端說)   85
사슴사냥 게임(stag hunt game)   185
사이버네틱스   159
사회비교이론
  (Theory of Social Comparison)   59
사회성(sociality)   5, 208
사회적 감수성(social sensitivity)   215
사회적 관용(social generosity)   215
사회적 기업   29
사회적 분업   164
사회적 정보(social information)   13
사회적 휴리스틱(social heuristic)   207
사회진화론   62
사회화(socialization)   109
상수적 합리성
  (parametric rationality)   76
상위 거버넌스(meta-governance)   41
상호반응지수(interpersonal reactivity
  index, IRI)   92
상호부조론(Mutual Aids)   62
상호성(reciprocity) 64, 135, 141, 203, 211

상호이행(mutual enforcement)   111
상호작용   157
상호제약(mutual constraints)   155
상호주관성(inter-subjectivity)   55
생기론(vitalism)   173
서로위키(J. Surowiecki)   227
서로위키(Surowiecki) 유형   236
선물경제(gift economy)   145
선택(selection)   200
선택적 상호작용   121
선형이론(sector theory)   112
선호의 안정성   73
선호적 연결
  (preferential attachment)   122
세포자동자(cellular automata) 모형
  171, 176
손실기피 성향   75
슈퍼게임(super game)   118
스위칭(switching)   167
스콧 페이지(S. Page)   231
스탠포드 감옥실험(Stanford Prison
  Experiment)   95
스티그머지(stigmergy)   14, 161, 214
시간적 분업   163
식별가능성   120
신공공관리론   29
신제도주의   36
심적회계 방식(mental accounting)   75

ㅇ

아노미집단(anomic group)   169
아담 스미스   85
아름다운 수학(A Beautiful Math)   77
아리스토텔레스   227
아이작 뉴턴(I. Newton)   69

악의 평범성(banality of evil)   95

안정성과 적응성   40

암묵지(tacit knowledge)   22, 231

양떼 효과(herding effect)   61

양립가능성   20

양보(concession)   189

어린왕자(Le Petit Prince)   52

엔트로피(Entropy)   59

연대의식(solidarity)   56

연민(pitié)   85

열등균형(deficient equilibrium)   188

예측가능성(predictability)   21

예측불가능성   46

온광효과(warm－glow effect)   92

완비성(completeness)   73

외부성(externality)   134

외부효과(external effect)   134

욕구의 단계(hierarchy of needs)   59

원심적 힘   158

윌리엄 모턴 휠러
   (W. M. Wheeler)   165

유인의 문제   5

유전자－문화 공진화(gene－culture
   coevolution)   11, 210

유토피아   216

유튜브(Youtube)   52

응집력(cohesion)   215

응집성(cohesion)   17

이기적 유전자(The Selfish Gene)   62

이타심(altruism)   211

이타적 반응이론
   (altruistic response theory)   91

이타적 유전자(Unselfish Gene)   209

이타적 인간의 출현: 도킨스를 넘어서
   96

이타적 처벌(altruistic punishment)
   101

이타적 행동의 진화   61

이타주의(altruism)   64, 141

이행성(transitivity)   73

익명성   190

인간불평등 기원론   89

인식행동모형(perception action model)
   102

인위적 질서   21

인지모형(cognitive model)   233

인지적 창발(cognitive emergence)
   223

인지적 한계   75

일반화된 교환(generalized exchange)
   146

일반화된 상호성(generalized
   reciprocity)   205, 211

일상 속의 칸트주의(everyday
   Kantianism)   98

2×2 게임   183

6단계 분리이론(six degrees of
   separation)   124

ㅈ

자기 거버넌스(self－governance)   26

자기정렬   163

자기조직화(self－organization)   26,
   159

자기효능감(self efficacy)   97

자비의 원칙(principle of charity)   210

자생적 질서   21

자연 선택   199

자율성(Autonomy)   141

작은 세상   38

작은 세상 네트워크(small world network)　121
잠김효과(lock – in effect)　138
적합도(fitness)　7, 200
적화 증후군 (enemyfying syndrome)　57
전략적 합리성(strategic rationality)　76
전역적　20
전염효과　113
전지(omniscience)　74
정규 네트워크(regular network)　121
정보의 문제　5
정보재(information good)　136
제3섹터　29
제노비스 신드롬 (Genovese Syndrome)　190
제안제도(suggestion system)　229
제한된 교환(restricted exchange)　146
제한된 합리성(bounded rationality)　54, 75
조화게임(harmony game)　9, 79
좁은 세상 실험(small – world experiment)　124
죄수의 딜레마 (Prisoner's Dilemma)　81
죄수의 딜레마(prisoner's dilemma) 게임　184
주관적 기대효용　72
지속성　120
직접적 상호성　101
진화론자　65
진화모형　234
집단사고(groupthink)　109, 215
집단선택(group selection)　61, 102, 203

집단행동(collective action)　82
집단화(aggregation)　163

ㅊ
창발(emergence)　27, 222
척도 없는 네트워크(scale – free network)　121
천재모델　68
체계(system)　154
초연결사회 (Hyper – connected Society)　4
초협력자(Supercooperators)　4
촉진집단(promotional group)　169
최소행위자(minimalistic agent) 모형　171
최적화(optimization)　162
최후통첩 게임(ultimatum game)　93
치킨게임(chicken game)　187

ㅋ
카오스(chaos)　171
카오스의 신화　180
커뮤니티(community)　64, 141
콩도르세　231
크라우드소싱(crowdsourcing)　229

ㅌ
토러스(torus) 구조　176
통계모형　232
퇴계 이황　86
트랜킬라이저(Tranquilizer) 전략　104
특권화된 집단(privileged group)　149
팃포탯(TFT)　104

ㅍ

팽글로시안   216
페이스 메이킹(pace making)   167
페이지랭크 시스템   162
펭귄과 리바이어던: 어떻게 협력이
    이기심을 이기는가   133
평판(reputation)   65, 141
포괄적응도   61
폰 노이만 이웃(von Neumann
    neighborhood)   177

ㅎ

하이어라키(hierarchy)   15
합력(合力, resultant)   224
합리적 무지(rational ignorance)   168
합리적 선택 접근법(Rational Choice
    Approach)   71
행위자기반 모형
    (agent-based model)   169
혈연선택(kin selection)   61, 203
협력가능성   21
협력의 딜레마   7, 212
협력의 여건   213

협력의 위험   202
협력의 지속   213
협력의 진화
    (the Evolution of Cooperation)   66
협업(collaboration)   53
형식지(explicit knowledge)   22
호모데우스(Homo Deus)   62
호모 에티쿠스(homo ethicus)   215
확실성 효과(certainty effect)   75
환원주의(reductionism)   222, 230

기타

compassion   90
empathy   90
sympathy   90
The Evolution of Cooperation   103
茶山 정약용   87
梅月堂 김시습   86
栗谷 이이   86
主氣派   86
主理派   86
惠崗 최인기   87
花潭 서경덕   86

권찬호 정치학박사

- (前) 상명대 인문사회대학 행정학부교수로서 서울캠퍼스 교학부총장, 교육혁신원장, 대학원장, 대외홍보처장 등을 역임하였으며, 2023년 2월 황조근정훈장을 수여하였다. 현재 상명대 수탁기관인 서울 은평구평생학습관장으로 근무하고 있다.
- 중앙대 행정학과(학사) 및 정치외교학과(박사), 미국 노스웨스턴대 정치학과(MA 및 PhD 코스웍 이수), 독일 라이프치히대 교육학과(교환 교수), 서울대 국가정책과정(제57기) 등에서 행정학, 정치학, 외교학, 교육학, 정책학 분야를 두루 전공하였다.
- 행정고시 제22회에 합격하여 정무장관실 총무과장, 국무총리실 정무담당관, 대통령비서실 정무수석실 행정관, 제도개선비서관, 의전비서관 등을 역임하였으며, 주)시애틀총영사관 제11대 총영사로 재직 중 건강한 동포사회의 구축을 위해 노력하였다.
- 학술 논문으로 민주시민교육의 제도화, 글로벌 거버넌스, 사회혁신 사례, 조직문화, 집단지성 시대의 민주주의 등을 연구하여 발표하였고, 주요 저서로 정책결정과 당정협의(2006), 민원행정 제도연구(2008), 집단지성의 이해(2018), 집단지성의 원리(2022) 등이 있다.

협력의 원리

초판발행	2023년 9월 1일
지은이	권찬호
펴낸이	안종만 · 안상준
편 집	양수정
기획/마케팅	박부하
표지디자인	이은지
제 작	고철민 · 조영환
펴낸곳	(주) 박영사
	서울특별시 금천구 가산디지털2로 53, 210호(가산동, 한라시그마밸리)
	등록 1959. 3. 11. 제300-1959-1호(倫)
전 화	02)733-6771
f a x	02)736-4818
e-mail	pys@pybook.co.kr
homepage	www.pybook.co.kr
ISBN	979-11-303-1803-5 93350

정 가   22,000원